安庆师范大学学术著作出版基金资助

美国女性教育史学史

HISTORY OF AMERICAN WOMEN'S EDUCATION

诸　园◎著

中国社会科学出版社

图书在版编目（CIP）数据

美国女性教育史学史／诸园著. —北京：中国社会科学出版社，2017.10
ISBN 978 - 7 - 5161 - 8937 - 5

Ⅰ.①美…　Ⅱ.①诸…　Ⅲ.①妇女教育 - 教育史 - 美国　Ⅳ.①G776

中国版本图书馆 CIP 数据核字（2016）第 221723 号

出　版　人	赵剑英
责任编辑	任　明
特约编辑	李晓丽
责任校对	石春梅
责任印制	李寡寡

出　　　版	中国社会科学出版社
社　　　址	北京鼓楼西大街甲 158 号
邮　　　编	100720
网　　　址	http：//www.csspw.cn
发 行 部	010 - 84083685
门 市 部	010 - 84029450
经　　　销	新华书店及其他书店

印刷装订	北京市兴怀印刷厂
版　　　次	2017 年 10 月第 1 版
印　　　次	2017 年 10 月第 1 次印刷

开　　　本	710×1000　1/16
印　　　张	15
插　　　页	2
字　　　数	244 千字
定　　　价	58.00 元

摘　　要

　　教育史学史是对教育史学科的反思。美国女性教育史学史研究的主要
任务是阐述美国女性教育史学自身发展的过程及其规律，探讨美国女性教
育史学的历史发展与社会、政治、经济和文化之间的关系，为外国教育史
学的发展和繁荣提供成果借鉴和历史思考。美国女性教育史学有广义和狭
义之分。从广义上说，涉及美国女性教育的史学著述都属于美国女性教育
史学的研究范畴，其研究者不限于女性。从狭义上说，主要指女性史学者
以女性主义理论为指导、从女性主义视角撰写的女性教育史，其研究者和
研究对象都是女性。

　　本研究主要沿着显性和隐性两条主线展开。显性主线是对美国女性教
育史学的确立、发展及转向历程的较为全面的研究。本书从传统、现代和
后现代的历史视角，将美国女性教育史学的历史发展分为三个历史阶段：
20 世纪 60 年代之前为传统女性教育史学的确立阶段；20 世纪 60—90 年
代为现代女性教育史学的发展阶段；20 世纪 90 年代之后为后现代女性教
育史学的阶段。隐性主线则依据不同历史时期的女性主义理论流派包括自
由主义女性主义、激进主义女性主义和后现代女性主义，分别选取社会性
别、差异和公民身份等分析框架来研究美国女性教育史学发展的历史轨
迹。在整个写作过程中，这两条主线如经线与纬线，交叉渗透，并行
不悖。

　　全书主要分为导论、正文和结语三个部分。正文部分包括五章内容：
第一章研究了美国女性教育史学从缺席到确立的历史进程。笔者将其分为
四个阶段，即美国女性教育史学的缺席（17 世纪末至独立战争）、溯源意
识的兴起与美国女性教育史学的发端（独立战争至南北战争）、美国女性
教育史学初创（南北战争至 20 世纪初）和美国女性教育史学的确立（20
世纪初至 20 世纪 60 年代）。殖民地时期的清教徒对女性教育的叙述重在
鼓励女性成为好母亲和好妻子。建国以后，研究者将目光聚焦于精英妇女

史和教会史中的女性教育史。美国妇女教育协会的年度报告成为研究该时期美国女性教育史学发展的重要文献。在美国史学专业化和欧洲女性高等教育史学的影响下，南北战争以后出现了美国女子学院史，标志着美国女性教育史学的初步创立。20世纪初，在第一次女权运动中产生的早期自由主义女性主义思想影响下出现了一批专业教育史家：古德赛尔确定了美国女性教育史学的基调。托马斯·伍迪的《美国女性教育史》则宣告了美国女性教育史学的确立。

第二章研究了美国女性教育史学的创立者托马斯·伍迪及其经典著作《美国女性教育史》。伍迪提出了"女性教育"的新概念，围绕"女性是否应该接受教育""男女智力是否平等"以及"是否应该实行男女同校制"三个方面的论争，深刻阐述了社会发展和女性解放运动对女性教育的影响。在新旧史学的交替时期，伍迪坚持兼收并蓄的原则，探索出研究美国女性教育史的"中间模式"，以百年来美国女性教育不断进步和发展为逻辑主线，撰写了一部具有里程碑意义的美国女性教育史。

第三章论述了战后美国女性教育史学从传统转向现代的发展历程。该时期最显著的特征是女性主义理论正式介入美国教育史学领域。本章重点研究了战后美国女性教育史学发展的两条路径或两种重要流派，即"女性主义教育批判派"和"女性中心论派"，前者主张摒弃传统女性教育史学的辉格传统，认为学校加强了美国社会阶级、种族和性别分层，后者则要求将女性放在历史的中心位置，强调女性在教育发展历程中的"主体性"，认为女性是历史的发起者和创造者，而非牺牲者和受害者。

第四章研究了"女性中心论派"的重要代表人物芭芭拉·米勒·所罗门的女性教育史学思想。在其经典著作《与知识女性同行：一部美国女性与高等教育史》中，所罗门以"社会性别"和"差异"为分析范畴，对美国女性争取受教育权的历史进行了综合性研究。从女性主义和整体教育史观出发，她将女性史、机构史和性别史结合起来，在记录显性史实的基础上又挖掘了大量隐性史实，深刻呈现出美国女性教育史的全貌。

第五章研究了美国女性教育史学向新文化史转向的历程。在后现代主义、新历史主义和全球化的时代背景下，琳达·艾森曼通过自己的努力使美国女性教育史学实现了文化转向和语言学转向。本章重点分析了艾森曼的两部经典著作《美国女性教育历史大词典》和《战后美国女性高等教育史，1945—1965》。艾森曼的历史贡献主要在于，将"历史词典"的编纂模式引入美国女性教育史学；从"意识形态竞争"对美国女性教育的影响的角度论述了美国女性教育史学的文化转向；从"公民身份"的分析范畴研究了培养女性公民的教育目的。作为一位具有历史使命感的历史学家，艾森曼还预测了在全球化背景下未来美国女性教育史学的发展趋势，提出了美国女性教育史学未来可供选择的解释框架。

总的说来，美国女性教育史学具有学术化和政治化的双重特征，其对我国教育史学发展有一定的启示：为更好地应对学术危机，教育史研究要提高自身的学术性；教育史研究要理性地追求自由、平等和公正；教育史的撰史原则是把握好史学与政治间的关系。

关键词：美国女性教育史学；女性主义；历史发展；转向；趋势

ABSTRACT

Historiography of education reflections on the subject of history of education. The main task of historiography of women's education in the United States is to expound the process and the rules, and explain the relationships between women's education and social, politics, economy, culture, then critically analyze the traditional of American educational historiography under the mainstream male hegemony, finally providing the results for reference and historical thinking in order to melt the crisis and to promote the development and prosperity of educational historiography. American women'educational historiography has broad sense and narrow sense, broadly speaking, all the historiography of education as long as involving women is the broadest sense; in narrow sense, mainly refers that the feminist scholars under the guide of feminism to write the history of women's education for women, the researchers and the research objects are all women.

In fact, this article mainly have two main lines, the dominant line is the whole evaluation for the establishment、 development and turning of the historiography of women's education in America, the author defined the time before 1960s as the establishment of the traditional women's education historiography, from the 1960s to the 1990s is defined as developmental phrase of modern women's education historiography, after the 1990s is defined as the postmodern women's education historiography. Hidden line is feminist theories in different historical periods, including liberalism feminism, radical feminism and postmodern feminism, respectively selected the analysis framework of gender、 differences and citizenship to study the historical development trajectory, the two lines paralleled in women's education historiography during the entire process of writing.

The full text is divided into three parts, including an introduction, body and conclusion. The body includes five chapters, the first chapter used historical textual approach to focus on the process and main features of American traditional historiography of women's education. The author divides the traditional historiography of American women's education into four stages: infancy period (from 17th Century to the War of Independence), the start-up period (from the Revolutionary War to the Civil War) specialization phase (from the Civil War to the Early 20th Century) and the establishment period (from the Early 20th Century to the 1960s). In colonial period, the puritans wrote the history of women's education to promote and encourage women to be a good wife or a good mother. After the establishment of nation, the historians influenced by patriotic historical tone, focused on the elite women's history and records of women's education in the church history, the most valuable historical wealth during this period is the annual reports of American women's educational association. After the civil war, the professional history of America led the women's education historiography in America under the influence of European women's education historiography and come to specialization, the historiography of female college as an independent form of historiography. At the beginning of the 20th century, the early liberal feminism influenced a group of professional education historian, Goodsell laid the outline of American traditional women's education historiography, and then Thomas woody under his influence, wrote a book of *A history of women's education in the United States*, which declared the traditional women's education historiography formally established. The second chapter focuses on Thomas Woody and his classic book *A History of Women's Education in the United States*. Thomas Woody accepted Goodsell's progressive idea of educational historiography, and developed it into a unique idea " conflict, reform and progress". From the start of the innovative concept of "women's education", around three arguments "Whether women should receive education"、 "Whether men and women have equal intelligence"、"Whether practice coeducation", Woody explained the influence of women liberation and social development for women's education. Woody explored out a "middle mode" in a transition from the old to the new historiography, he attached importance to economic

explanation method, referenced to a large number of official historical data and
the second historical data, with one hundred American women education pro-
gress and development for the main logical line, built a monumental historiogra-
phy of women's education in the United States.

The third chapter discusses the postwar American women's education histo-
riography from traditional to modern; the most prominent feature is that the fem-
inist theory went into the field of historiography of education in the United
States. The author mainly explains "two paths": Revisionist historian advocated
to abandon the Whig tradition, and denied that the school strengthened the so-
cial class, race, gender stratification; they thought that the school not only lib-
erated the humanity but also restricted the humanity. As a result, the develop-
ment of historiography of women's education is an experience both progressive
history and backward history. Radical historian thought that women should be put
into the center of the history, emphasized "human agency", they put women
as the initiator rather than the victim.

The fourth chapter researches the representative Barbara Miller Solomon
and her classic *In Company of Educated Women: A History of Women and High-
er Education in America*. Solomon used the analysis of the "gender "and "differ-
ence", synthetically described American women fight for access. Solomon ad-
hered to the overall idea of women's education historiography, focusing on the
relationship between women's inner desires and external influences. She com-
bined the secondary historical data and the raw materials, put women's history、
gender history and the history of institutions together, on the basis of dominant
historical records, mined a large amount of hidden historical facts in order to
render the outline of the whole educational historiography of American women.

The fifth chapter discusses that the American women's education historiog-
raphy turns to the new cultural history. With the background ofpostmodernism,
new historicism and globalization, Linda Eisenmann led American women edu-
cation historiography realize the cultural turn and linguistic turn. The author fo-
cuses on analyzing the two classics: *The Historical Dictionary of Women's Edu-
cation in the United States* and *Higher Education for Women in Postwar America*,
1945—1965. Eisenmann's contributions focus on three aspects: First of all, she

led "historical dictionary" compilation mode into the historiography of women's education in the United States. The author analysis of the women's education historiography of linguistic turn, according to the analysis framework of Hayden White. Secondly, she researched "competing ideologies" and discussed the cultural turn. Eisenmann points out that woman faced four ideologies: patriotic, economic, cultural and psychological ideologies, which affected the women's choice for university, the setup of curriculum in university, and the ability of women in the professions. Finally, she used the analysis of "female citizenship", putting forward to developing the educational purpose of female citizens. As a historian with historical sense of mission, Eisenmann also studied the trend of American women's education historiography, and put forward to the alternative explanation frameworks in the future.

In a word, the women's education historiography has academic and political features. The certain enlightenment for our historiography of education includes that historiography of education research need to improve their academic facing academic crisis; the research for educational historiography should seek the goals of freedom, equality and justice; the principle of writing history need grasp well the relationship between historiography and politics.

Key Words: American women's educational historiography; Feminism; Development; Turns; Trends

目　　录

导论 ……………………………………………………………… (1)

一、选题的意义 ………………………………………………… (1)

二、文献综述 …………………………………………………… (5)

三、相关概念界定 ……………………………………………… (19)

四、本书结构和研究方法 ……………………………………… (23)

第一章　美国女性教育史学的创立 ………………………………… (26)

第一节　殖民地时期：美国女性教育史学的缺席 …………… (27)

第二节　溯源意识的兴起：美国女性教育史学的发端 ……… (29)

一、"美国妇女教育协会"及其年度报告 …………………… (29)

二、教会史中的女子教育 ……………………………………… (31)

三、演讲稿、沉思录与书信中关于妇女教育的记载 ………… (32)

四、精英妇女史中有关妇女教育的零星记录 ………………… (38)

第三节　女子学院史学：美国女性教育史学的初步创立 …… (39)

一、欧洲女权运动和欧洲女性高等教育史学 ………………… (40)

二、美国女权运动和美国女子学院史学 ……………………… (42)

第四节　《美国女性教育史》：美国女性教育史学的确立 …… (49)

一、美国女性教育史学确立的宣言书

——古德赛尔的《女性教育》 …………………………… (50)

二、美国女性教育史学确立的标志

——托马斯·伍迪的《美国女性教育史》 ……………… (52)

本章小结 ………………………………………………………… (53)

第二章　美国女性教育史学的创立者托马斯·伍迪 …………… (55)

第一节　国家荣誉勋章获得者 ………………………………… (55)

第二节　进步主义史观影响下的美国女性教育史 …………… (57)

一、新史学背景下的进步主义史学思潮 ……………………… (57)

　　二、冲突、改革与进步的女性教育史观 ……………………（60）

　第三节　美国女性教育的历史赞歌 ………………………………（65）

　　一、"女性教育"的一个崭新概念 ………………………………（65）

　　二、女性教育与女性解放二者之间的关系 ……………………（68）

　　三、在特定社会背景下对女性教育的三个思考 ………………（69）

　　四、美国女性教育直线进步的四段历程 ………………………（71）

　第四节　美国女性教育史学的里程碑 ……………………………（72）

　　一、新旧史学罅隙中的"中间模式" …………………………（72）

　　二、《美国女性教育史》的历史地位和影响 …………………（77）

　　本章小结 …………………………………………………………（80）

第三章　战后美国女性教育史学的发展 ……………………………（82）

　第一节　战后美国女性教育史学发展的历史背景 ………………（83）

　　一、美国教育史学的内部危机 …………………………………（84）

　　二、女性主义介入美国教育史学的外部动力 …………………（88）

　第二节　"女性主义教育批判派"对美国女性教育史学的

　　　　　修正 ………………………………………………………（93）

　　一、批判的前提假设：规律一致性 ……………………………（93）

　　二、批判美国教育史学中的"性别主义" ……………………（94）

　　三、对美国传统女性教育史观的批判 …………………………（98）

　　四、"女性主义教育批判派"代表人物吉尔·凯·康威 ……（100）

　第三节　"女性中心论派"对美国女性教育史学的修正 ………（104）

　　一、"女性中心论派"先驱格尔达·勒纳的美国女性史

　　　　研究 …………………………………………………………（105）

　　二、"女性中心论派"的女性教育史观 ………………………（109）

　　本章小结 ………………………………………………………（112）

第四章　"女性中心论派"代表人物所罗门 ………………………（114）

　第一节　哈佛学院首位女副院长 ………………………………（114）

　第二节　女性主义视角下的美国女性教育史 …………………（116）

　　一、受教育权：揭秘美国女性教育史的钥匙 ………………（117）

　　二、遭遇：影响女性大学经历的多重因素 …………………（120）

　　三、进步：女性主义理论和实践推动女性教育的发展 ……（123）

　第三节　丰富女性的集体记忆：所罗门的整体教育史观 ……（128）

一、女性内在愿望与外在影响之间的互动 ……………… (129)

二、女性史、机构史和性别史的融合 …………………… (130)

三、显性史实与隐性史实的结合 ………………………… (132)

第四节　走向综合：美国女性教育史研究的新模式 ……… (132)

一、走向综合 ……………………………………………… (133)

二、《与知识女性同行：一部美国女性与高等教育史》的历史

评价 …………………………………………………… (141)

本章小结 ………………………………………………… (144)

第五章　新文化史语境下美国女性教育史学的转向 ………… (145)

第一节　历史学的语言转向和文化转向 …………………… (145)

一、后现代主义与语言学转向 …………………………… (146)

二、从历史主义到新历史主义 …………………………… (146)

三、从新社会史到新文化史 ……………………………… (149)

第二节　艾森曼的女性教育史学思想 ……………………… (150)

一、艾森曼的生平及著作 ………………………………… (151)

二、意识形态竞争：艾森曼的女性教育史观 …………… (152)

三、培养女性公民：艾森曼的女性教育目的观 ………… (160)

四、历史词典：艾森曼的女性教育史学编纂模式 ……… (164)

第三节　全球史观下美国女性教育史学的分析框架 ……… (175)

一、全球史观下美国女性教育史学的呈示 ……………… (176)

二、未来可供选择的分析框架 …………………………… (178)

本章小结 ………………………………………………… (181)

结语 ………………………………………………………… (183)

一、美国女性教育史学发展的三个历史时期 …………… (183)

二、学术化与政治化

——美国女性教育史学的双重特征 ………………… (195)

三、美国女性教育史学对我国教育史研究的启示 ……… (206)

参考文献 …………………………………………………… (210)

导　论

一、选题的意义

教育史学史是研究和阐述教育史学本身发展史的学科，主要任务是梳理教育史学发展的历史脉络，考察历史知识的积累过程、历史编纂方法的演变过程、总结教育史学在其发生、发展及其历史演变过程中的规律，并揭示其未来发展方向的研究。教育史学史是以教育史学作为研究对象的。教育史学史研究，有利于教育史学科摆脱自身危机，为教育史学发展添加历史活力和人文支持。[①]

美国女性教育史学史研究属于教育史学史的研究范畴，它以美国女性教育史学作为研究对象，研究内容包括对美国女性教育史学发展脉络的梳理、对美国女性教育史学及其研究成果的再反思、对美国女性教育史学编纂方法的探究、对美国女性教育史学家的教育观和教育史观的分析，总结美国女性教育史学自身发生、发展及其历史演变规律，并揭示其未来发展趋势等。

美国女性教育史学史作为美国教育史学史的重要研究领域之一，包含了对许多问题的思考：教育史学如何论述女性？女性如何论述教育史学？女性是否可以在教育史学中安身立命？女性对教育史学的贡献如何？女性主义对教育史学的贡献如何？什么是女性教育史学？教育史学有性别吗？教育史学将如何揭示性别的命运？

美国女性教育史学史研究绝不是要在教育史学领域为女性开辟一块独属的乐园，也绝不是寻求一种凌驾于男性至上的女性权利，更不奢求一种以女性至上的社会模式取代父权制的社会模式，而是希望能够从性别的角

---

① 郑刚：《教育史学史：中国教育史研究的新兴领域》，载《教育研究与实验》2013 年第 2 期，第 35 页。

度重新审视美国教育史学的发展，然而这种性别视角一直以来都被忽视了。因此，从根本上说，美国女性教育史学史的叙事逻辑是反对二元对立的模式本身，要追求的是两性相容的多元逻辑，研究重点是梳理美国女性教育史学在不同的历史时期呈现的不同史学特点，将隐藏在美国教育史学图景下不同女性的教育经历挖掘出来，寻找女性被忽视、被遗忘的真实原因，承认女性在社会进步和人类解放历程中的作用，深度分析女性教育史学产生发展的背景、原因及未来趋势。就此而言，美国女性教育史学史研究既是一种填补式的研究，也不否定传统的以男性为主导的美国教育史学存在和发展的意义。

（一）选题的理论价值

1. 美国女性教育史学史研究是美国教育史学研究的重要组成部分

作为战后美国教育史学的流派之一的美国女性教育史学，从理论建构到研究方法上都明晰地展现了自身的本体论价值：第一，拥有卓有成效的史学研究群体。第二，拥有多部有重大影响的学术成果。第三，拥有独特的理论范式与研究方法。第四，在研究取向上有自己的侧重点。对美国女性教育史学的研究，无疑对丰富和完善美国教育史学的研究有重要的意义。

2. 美国女性教育史学史研究为美国教育史学研究提供一种崭新的文化视角

"女性主义"（feminism）认识论是美国女性教育史学史研究的精髓，作为一种社会思潮，女性主义早已深得世人关注。该思潮源于妇女解放运动，但在 20 世纪下半叶的发展中，超越自身而成为一种价值观念，成为人文社会科学、甚至自然科学研究的认识论原则。事实上，作为一种文化视角，女性主义以社会性别为镜头透视各个学科的历史与现状，理论与实践，并在这种透视中，通过批评和建构来承载和刷新各个领域。

当以女性主义视角来审视学术领地时，首要任务就是反思和批判各门学科中的学术传统。女性主义介入美国教育史学后也义无反顾地投入到批判实证主义、本质主义的行列中。首先，女性主义从三个方面对实证主义认识论进行批判：谁可以拥有知识：男性或女性抑或男性和女性？什么可以称为知识：男性主导的经验抑或历史边缘的女性经验？知识是什么：一种普遍的绝对理性抑或部分的相对认知？其次，女性主义坚决反对"性别本质论"。美国女性主义哲学家马乔里·米勒（Marjorie C. Miller）认为：“本质的本性无法预见性地界定一个人可能是什么，能够做什么。”①

在美国女性教育史学史研究中，女性主义应该坚持两个立场：第一，作为一种学术立场，女性主义并不是一种与男性相对立的、单一的学术视角，而是以性别为视角透视各个学科的历史与现实、理论与实践，通过批评和建构来承载和刷新各个领域。② 由男性主导的美国教育史学并没有提供普遍的视角，而仅反映了某些特权人的体验和历史。第二，作为一种政治立场，女性主义要面对的是现实社会中女性群体的实际困境，要直面女性遭遇的种种不公平的待遇。美国教育史学作为一门学科有其固有的学科发展规律，教育史学研究不应被性别化了的“理性”一统天下，美国女性教育史学的呈现只是希望用性别化的理性审视美国教育史学，不仅是对教育史学的丰富和完善，更是对教育史学的延伸和拓展。女性教育史学研究汲取了后现代主义强调多元、异质和差异的成果，在方法论中增添一个全新的维度“社会性别”的分析工具，这样做的目的并非要在美国教育史学中开辟一条女性路线，而是要鼓励更多的史学家以女性主义的视角审视美国教育史学以及其他国家教育史学的历史发展。传统美国教育史学只讲了半边故事，而以女性主义的视角来重新反思美国教育史学则更强调不同人由于生活体验和具体情境而产生的洞察力，力图弥补传统美国教育史学在“普遍性”和“人类性”外表下的女性和边缘人的缺席。

3. 美国女性教育史学史研究力图革新美国教育史学史研究的方法论

女性主义方法论是美国女性教育史学史研究的方法论基础，主要指学者们分析和说明美国教育史学研究中如何运用女性主义或应该怎样运用女性主义，以确立自己的学术地位。美国社会学者桑德拉·哈丁（Sandra G. Harding）认为女性主义方法论有三个特点：第一，以女性经验作为新的理论来源。第二，以为女性服务作为新的研究目的。第三，将有着特定阶级、种族、文化、性别假设、观念、行为历史的个体作为研究主体。③ 美国女性学者舒拉米特·雷恩哈茨（Shulamit Reinharz）将女性主义方法论概括为：女性主义是一种研究视角，不是一种研究方法；女性主义运用

---

① 邱仁宗：《女性主义哲学与公共政策》，中国社会科学出版社 2004 年版，第 55 页。

② 肖巍，《作为一种学术视角的女性主义》，载《学习时报》2005 年 7 月 4 日。

③ Sandra G. Harding. *Feminism and Methodology：Social Science Issues*，Bloomington：Indiana University Press，1987. pp. 1 – 15.

多样化的研究方法；女性主义研究包括对非女性主义研究的持续批判；女性主义研究是由女性主义理论所引导的；女性主义研究可能是跨学科的；女性主义研究代表人类的多样性；女性主义研究将作为人的研究者包含在研究范围之内；女性主义研究试图与被研究人之间形成一种特殊的互动关系；女性主义研究常常与读者建立一种特殊的关联。① 女性主义社会学家马乔里·德沃（Marjorie Devault）鲜明地指出："女性主义方法论的核心就是批判，即将现有知识生产的工具视为建构和维护女性压迫的场所。"②

（二）选题的现实意义

从学科定位来看，史学史既是专门史也是学科史，因此，对史学史的定位需要从专门史和学科史两个方面共同切入，在其发展过程中，史学史又和其他学科相互渗透，从而衍生出众多的分支和流派，本书是美国女性教育史学史研究，就是在史学史研究与女性教育研究的交叉中衍生出来的分支学科，其学科性质既具有史学史的特点，也拥有其自身的独特性。因此，美国女性教育史学史研究的现实意义必须从其跨学科的特点出发，从史学史研究和女性教育研究的现实意义出发来综合分析。

首先，作为女性学研究的一个重要组成部分，女性教育研究在西方女性研究中不仅历史悠久，而且在整个西方妇女史运动和教育史中意义重大。美国是女性学的发源地，美国大学成立的女性学与女性教育的研究机构，甚至有专门的女性学的博士和硕士学位项目，这些都表明女性学研究在美国正如火如荼地展开，女性教育史研究丰富和发展了女性学研究内容和理论。我国女性问题研究起步较晚，从1995年在北京召开的第四次世界妇女大会推动女性研究的工作，到1998年北京大学招收女性研究的硕士生，说明女性研究作为社会学科的分支已备受关注，并得到了一定的发展。本研究为我国妇女问题研究和实践提供参考，也有利于促进女性学学科自身的发展。

其次，作为教育学研究的一个重要组成部分，女性教育研究实际上是透过教育的视角进行与妇女有关的理论和实践的跨学科领域。在现代社

---

① Reinharz, Shulamit: *Feminist Methods in Social Research*, New York: Oxford University Press, 1922. p. 240.

② Devault, Marjorie: *Liberating Method: Feminism and Social Research*, Philadelphia: Temple University Press, 1999. pp. 30 – 32.

会，教育是实现人的社会流动的主要手段之一，尤其对于女性来说，女性教育对于促进女性参与社会政治经济社会发展具有重要意义，也对促进教育平等、实现社会和谐起到关键作用。只有教育中两性平等了，才能将这种平等延伸到社会中。同样，社会发展对于女性教育也有一定的影响，在社会发展的进程中，社会经济、政治、文化等因素共同作用于女性，使女性从传统的半球解放出来，女性获得了更多的教育机会和更丰富的教育资源。目前，我国还没有一本专门介绍美国女性教育史的专著，本研究通过搜集大量的史料，梳理了不同历史阶段的美国女性教育史著作，有利于填补我国学界有关美国女性教育及美国女性教育史研究的空白，对我国女性教育的发展有一定的借鉴意义。

最后，作为西方教育史学的一个重要组成部分，本选题的现实意义在于促进外国教育史学科自身发展。尤其对中外教育史教材编写提供新思路，女性教育史学要求将女性的教育经验呈现在教材中，既要强调两性平等也要关注两性差异。

二、文献综述

笔者搜集到的文献主要分为五大类，即女性史、教育史学史、教育史、女子教育史、美国部分大学妇女/妇女教育研究中心网络资料等。上述文献的主要形式有论著、期刊论文、会议论文和网络资源四种。

（一）国外研究综述

笔者将文献分为两类，一类是教育史学研究，另一类是教育史学史研究。

1. 美国女性教育史学史文献

在 20 世纪 60 年代之前，美国教育史学界很少关注女性教育史学史。20 世纪 60 年代，出现了很多美国女性教育史学史方面的论文和书评。如吉尔·凯·康威（Jill Ker Conway，1934—）的《历史视角看美国女性教育》（*Perspectives on the History of Women's Education in the United States*）、马克辛·施瓦兹·谢勒（Maxine Schwartz Seller，1820—1993）的《美国女性教育史：六十年后托马斯·伍迪的经典》（*A History of Women's Education in the United States：Thomas Woody's Classic Sixty Years Later*）、琳达·艾森曼（Linda Eisenmann，1952—）的《为解释美国女性教育史学创造一个框架：来自历史词典编纂学的经验》（*Creating a Framework for Inter-*

preting U. S Women's Educational History：*Lessons from Historical Lexicography*）、玛丽·里奇（Mary Leach）的《女性主义进入教育史》（*Toward Scholarship into History of Education Writing Feminist*）等。

（1）20 世纪 60 年代之前的研究

20 世纪 60 年代之前，虽然在第一次女权运动后，女性主义思潮开始在美国兴起，但女性主义与美国教育史的融合尚未开始，主要表现在：首先，女性主义者没有更深入地研究社会对女性的剥削与女性教育之间的关联。教育没有在女性主义者中首先受到关注的主要原因是在女权运动中，女性主义学者与那些抵触知识分子、将教育与资产阶级特权等同起来的学者之间存在激烈的矛盾，这种矛盾使女性主义理论与实践脱节。[①] 由于资产阶级的阶级偏见使很多女性主义理论家形成了与多数女性的生活经历无关或很少有关联的理论，因此，女性主义者和学者夏洛特·邦奇（Charlotte Bunch）认为："我们既不应该认为女性已经能够读和写了，也不应该忽视教女性读和写的重要性，要把它看作女性主义教育的一部分。"[②] 其次，美国教育史研究与女性主义理论结合不够紧密。20 世纪 70 年代，在很多女性史学或女性主义史学中才开始出现少数系统论述教育的著作。这一时期女性教育史作品主要不是由男性历史学家来撰写，而是由其他行业的学者或有一点儿历史背景的记者来撰写，因此，很多女性主义理论不能很充分地运用到教育史学中。早期的美国教育史学家习惯将个别的女性教育家添加到教育史学著作中，例如，凯瑟琳·比彻（Catharine Esther Beecher，1800—1878）和艾拉·弗莱格·扬（Ella Flag Young，1845—1918）。美国俄亥俄州大学玛丽·利奇教授认为："女性主义进入美国教育史学后，托马斯·伍迪（Thomas Woody，1891—1960）的《美国女性教育史》（*A History of Women's Education in the United States*）就可能被取代。因为伍迪的进步史观以及对于女性地位和机会乐观主义的评价已经不合时宜。"[③]

---

① ［美］贝尔·胡克斯：《女权主义理论：从边缘到中心》，晓征、平林译，江苏人民出版社 2001 年版，第 131 页。

② Bunch Charlotte: Feminism and Education, not by Degree, *Question*, 1979. Vol. V. No. 1. pp. 1 –7.

③ Mary Leach：Toward Writing Feminist Scholarship into History of Education. *Educational Theory*，1990. Vol. 40. No. 1. p. 455.

严格来说，20 世纪 60 年代之前还不能称为"美国女性教育史学"，这一阶段几乎没有关于美国女性教育史学史的著作。

（2）20 世纪 60—80 年代的研究

1974 年，吉尔·康威在《历史的视角看透视美国女性教育》一文中指出：第一，美国女性教育史著作的产生源于解释并记录 18 世纪 90 年代出现的第一代女教师的职业生涯，第一批美国女性教育史教科书主要是记录教育家如艾玛·维尔德（Emma Willard，1787—1870）和凯瑟琳·比彻的发言稿和文稿，在这些教科书中几乎看不到作者号召美国女性学者独立的文字。① 第二，康威还重点提出了两个疑问：一是美国男女同校对于女性来说是否是一段"解放的经历"？二是进入职业领域，男性与女性是否平等？第三，在殖民地和共和国早期，清教徒们重视女性教育的目的是让女性在男性的指导下学习经典著作，而不是考虑为了自己而批判男性主导观念。

1989 年，玛克辛·施瓦茨·谢勒在《教育史季刊》（*History of Education Quarterly*）上发表《美国女性教育史：六十年后托马斯·伍迪的经典》（A History of Women's Education in the United States：Thomas Woody' Classic—Sixty Years Later）一文客观地回顾了《美国女性教育史》的历史价值和意义，首先，伍迪的《美国女性教育史》已问世 60 多年，但是从史料的数量和质量上看仍是经典著作，对今天的研究仍有价值；其次，伍迪的研究是具有开拓性的，如儿童史和家庭史等；最后，伍迪思想也存在一些不足，例如，伍迪忽视了种族和阶级因素的作用，他完全忽视移民妇女的教育，而仅仅强调宗教对女性教育的影响。②

（3）20 世纪 80 年代以来的研究

20 世纪 80 年代以来，后现代女性主义介入美国教育史学，将后现代主义和女性主义的理论加以整合以阐释美国教育史。美国女性教育史家开始从后现代女性主义的理论中找寻根源，反对生理性别与社会性别之间的二元对立，反对传统教育史学将女性作为一个群体，强调女性与男性群的

---

① Jill Ker. Conway, Perspectives on the History of Women's Education in the United States, *History of Education Quarterly*, 1974. Vol. 14. No. 1. p. 1.

② Maxine Schwartz Seller, A History of Women's Education in the United States：Thomas Woody's Classic Sixty Years Later, *History of Education Quarterly*, 1989. Vol. 29. No. 1. p. 97.

对立，从妇女群体内部的差异入手，强调研究少数族裔、黑人、下层女性等边缘女性的教育史，对妇女心理、文化更加关注，使新美国女性教育史学转入一个崭新的阶段。

琳达·艾森曼的《战后美国女性高等教育，1945—1965》（*Higher Education for Women in Postwar America*，1945—1965）[1]、《美国女性教育历史词典》（*Historical Dictionary of Women's Education in the United States*）[2] 堪称美国女性教育史学上的经典著作。2001 年，她在《教育史》（*History of Education*）上发表《为解释美国女性教育史学创造一个框架：来自历史词典编纂学的经验》一文，介绍了其主编《美国女性教育历史词典》的主要思路，阐述了构建美国女性教育史研究框架的必要性，提出了四种崭新的解释框架，包括学校机构（institution building）、网络（networking）、宗教（religion）、金钱（money）。提出未来将致力于用这种框架构建一个更广阔的女性参与史。[3]

1998 年秋季，《哈佛教育评论》（*Harvard Educational Review*）的"书评"专栏，专门评价了艾森曼的《美国女性教育历史词典》一书。一方面，肯定这本著作为广大学者、教师、学生、一般读者提供了一种学术参考，指出使用词典的书写方式是一种创新，其可读性和可用性都非常强。另一方面，从教育史观、史学研究对象、史料选择等方面，将托马斯·伍迪的《美国女性教育史学》与艾森曼的《美国女性教育历史词典》两本史学专著进行了比较研究。首先，艾森曼吸收了伍迪著作中史料的精华，艾森曼的史料比较丰富，包括地理、社会、社会经济多样性；传统的和有选择的教育机构、强调问题、事件、主题而不是个人经验，而伍迪的史料选择多倾向于机构史，略显单一。从这个意义上说，艾森曼的著作是伍迪著作的延伸。其次，伍迪强调美国女性教育的历史是"女性智力解放"的过程，艾森曼则认为美国女性教育的历史是一个从边缘走向主流的不断前进的过程，其中包括正式学校机构——公立学校，以及非正式的学习机

① Linda Eisenmann, *Higher Education for Women in Postwar America*, 1945—1965, Baltimore: The John Hopkins University Press. 2006.

② Linda Eisenmann. ed. *Historical Dictionary of Women's Education in the United States*, Westport: Greenwood Press. 1998.

③ Linda Eisenmann, Creating a Framework for Interpreting US Women's Educational History: Lessons from Historical Lexicography. *History of Education*. 2001. Vol. 30. No. 5. pp. 453 – 470.

会，事实上，"女性智力解放"只是美国女性教育史不断发展过程中制度化教育（公立学校教育）的一部分。最后，在研究对象上，伍迪更多关注精英阶层女性的教育，而艾森曼则主要关注东北部中产阶级以上受教育的女性以及非裔美国女性。[①]

2. 美国女性教育史学文献

（1）20 世纪 60 年代以前的传统美国女性教育史学文献

有人说 20 世纪 60 年代以前不存在女史学[②]。但在这之前，对女性史的研究就已经存在。第一位被承认的女史学家是伊丽莎白·弗里斯·埃利特（Elizabeth Fries Ellet，1818—1877），她在 1848 年撰写了《美国革命时期的女性》（*Women of the American Revolution*）。被誉为"美国女性史学鼻祖"的玛丽·比尔德（Mary Ritter Beard，1876—1958）[③] 的主要著作有《自治地区的女性工作》（*Woman's Work in Municipalities*）、《美国劳工运动简史》（*A Short History of the American Labor Movement*）、《理解女性》（*On Understanding Women*）、《女性眼中的美国》（*America through Women's Eyes*）和《女性在历史中的力量》（*Woman as Force in History：A Study in Traditions and Realities*）。上述承认女性历史角色的著作比之前的著作都更具有综合性。比尔德批判了职业历史学家忽视或者歪曲女性在历史中真实状况的观点，并尝试以女性为中心的历史写作。在女史学家的著作中或多或少都论及了女性受教育的情况，传统的美国女性教育史学就在这些女史学家的著作中开始萌芽和确立。

1790 年，美国马萨诸塞州的萨金特·默里（J. S. Murray，1751—1820）在《论两性的平等》（*On the Equality of the Sexes*）一书中提到的两性平等主要是指女性在受教育方面与男性平等，其理由是女性负有对子女进行家庭道德教化的义务，而不是女性选举权或政治上的平等。正如弗莱克斯纳（E. Plexner）在《世纪之争：美国妇女权利运动》（*Center of Struggle：the Women's Right Movement in the United States*）中指出的那样

---

① Book Notes, Historical Dictionary of Women's Education in the Unites States, *Harvard Educational Review*, 1998. Fall. p. 13.

② Gerda Lerner, *Fireweed：a Political Autobiography*, Philadelphia：Temple University Press, 2002. p. 2.

③ Suzanne Lebsock, "Reading Mary Beard", *Review in American History*, 1989. Vol. 17, No. 2. p. 324.

"为了按照自由和政府的原则教育好她们的儿子，我们的夫人们接受一定程度的特殊的和适当的教育是必要的"①。因此，当时女性主要学习闲暇课程，如圣经、舞蹈、手工、音乐和语言等。1824 年，马萨诸塞成立了第一家女子公立学校，随后美国其他地方的公立学校也陆续对女性开放，19 世纪 30 年代，美国出现了第一家女子高等教育学院。为了记录早期女性教育活动，并解释她们的职业生涯，产生了由女性编写的女性教育史著作，出现了女性主义教育史学的萌芽。②

凯瑟琳·比彻是美国早期著名的教育家，其激进的女性主义教育思想广为人知。1841 年，比彻撰写了《将家庭经济学运用于在家和在学校的年轻妇女》（A Treatise on Domestic Economy for the Use of Young Ladies at Home and at School）一书，讨论了妇女角色在社会中的潜在重要性，认为女性内在的特征决定了适合她们的最好职业就是教师，教师角色是妇女家庭角色的延伸，年轻女性最佳的职业应该是远离纽约等大城市的基督教教师。③ 比彻是一个多产作家，她还撰写了《女性错误的补救措施》（The True Remedy for the Wrongs of Woman: with a History of an Enterprise Having that for its Object）、《女性选举权和女性职业》（Woman Suffrage and Woman's Profession）、《清教徒的女儿们：一系列简短的传记》（Daughters of the Puritans: a Group of Brief Biographies）、《女性作为母亲和教育者的职业：一种反对女性选举权的观点》（Woman's profession as Mother and Educator: with Views in Opposition to Woman Suffrage）等著作。通观其著作可以发现，比彻习惯将社会背景与女性教育结合起来研究，主张女性应该教育孩子，但是女性只有通过自身受教育才能更好地教育孩子，进而达到巩固社会政权、维护社会稳定的作用。尽管肯定女性应该接受教育，但是比彻并没有将女性视为具有主体性（human agency）的个体，说明比彻仍然是传统女性主义狭隘的教育史观的代表。

1853 年，美国学者库仕曼·伍德沃德（Cushman Robert Woodward,

---

① E. Plexner. Center of Struggle: the Women's Right Movement in the United States, Cambridge: Harvard University Press, 1975. p. 7.

② Jill Ker. Conway, Perspectives on the History of Women's Education in the United States. History of Education Quarterly, 1974. Vol. 14, No. 1. pp. 1 – 12.

③ Catharine Beecher, A Treatise on Domestic Economy: For the Use of Young Ladies at Home and at School, New York: Harper and Brothers Publishers, 1849.

1800—1868）发表了题为《美国女性教育的必要》（ *A Lecture：Requisites of American Female Education* ）的演讲。他从"什么是教育"的问题入手，将教育分为"类"（generic）的教育和男人、女人的教育，其中"类的教育"包括拥有相同的种族，同样的身体、精神、道德的一群人的教育，而男人、女人的教育史从狭义的角度来理解教育，认为有些教育适合男性，有些教育则适合女性。因此，伍德沃德从女性所拥有的身体、精神和道德特质等三个方面来探讨女性教育的必要性，认为女性的教育应该符合女性的特质。

　　1929 年，托马斯·伍迪出版了两卷本的《美国女性教育史》，这是一本进步主义教育史观指导下的史学著作，伍迪的观点如下：首先，1919年美国宪法第 19 条修正案是改革的高潮。其次，教育解放是政治解放的基础。最后，提出"女性教育"（Women's Education）的新概念。作为一名传统女性教育史学的代表，伍迪受他那个时代进步史学的影响，奉行单线的进步史观，对通过歌颂美国白人中产阶级女性在公立学校的教育，撰写了一部精英妇女的赞歌，但是他的研究没有考虑到妇女内部的差异，包括种族、民族、阶级等。史料翔实，堪称"珍贵的原始资料读本"。①

　　（2）20 世纪 60 年代以后的美国女性教育史学文献

　　20 世纪 60 年代以来，女性主义者通过各种活动把个人解放的目标同改造社会结合起来，不仅力图从社会政治、经济原因认识女性的处境，也看到女性作为被压迫的群体所承受的心理压力，试图从社会中而不是从男女生的生理性别中来的差异中寻求被迫的根源。在那个时代，美国教育史学也开始从传统史学向新史学迈进，借鉴社会科学的理论和方法进行跨学科的研究，即社会科学史学。美国的教育史学家已不满足于在写作中简单添加妇女教育的内容，而是在历史分析中引入"社会性别"概念。与此同时，涌现出了很多美国女性高等教育著作，美国女性高等教育史学在这一阶段也有了很大发展。

　　20 世纪 80 年代以来，进入西方女权运动的新时期，该时期的美国女性教育史有两个特点：一是与后现代的史学理论紧密相连；二是结合当代政治、经济和科学技术的发展追求教育上的两性平等和公正。后现代女性

------

　　①　Maxine Schwartz Seller, a History of Women's Education in the United States：Thomas Woody's Classic Sixty Years Later, *History of Education Quarterly*, 1989. Vol. 29. No. 1, p. 97.

主义对美国女性教育史学的影响表现在以下几个方面：从本体论上看，努力打破生理性别（sex）与社会性别（gender）之间的二元对立，重点研究社会性别史；从认识论上看，倾向于多元解释，将性别维度与相关因素如政治、经济、种族、阶级、性向等结合起来研究；从方法论上看，倾向于认同文学和史学的写作技巧，对历史表现语言的风格和形式的关注是写作的主要基调。

1978 年，女史学家菲利普斯·斯托克（Phyllis Stock）撰写了《比红宝石还宝贵：美国女性教育史》（*Better Than Rubies：A History of Women's Education*）。[①] 该书追踪了从古典时期到中世纪再到现代的西方女性教育改革的历史，是包括英国、法国、德国、俄国以及美国的很多国家的大跨度的历史描述。斯托克主要关注三个方面：第一，关注女性接受教育的类型。第二，关注课程变革、教师团队的性别和资格以及学生的数量和社会背景。第三，重新界定教育概念，指出教育目的包括性格形成、适应社会角色以及个体的自我实现，区分了正式的和非正式的道德教育、职业教育和知识教育，认为非正式的教育对女性尤为重要，可以弥补正式教育对女性提供机会的不足。但她的研究对象主要是作为一个阶级的妇女，而不是学校中的女性个体。因此，人们无从了解女性个体在学校中受教育的经验，另外，由于资料的限制，斯托克对非正式教育的关注也不够。[②]

1983 年，芭芭拉·布雷泽（Barbara M. Brenzel）撰写了《19 世纪美国女性教育：恳求包括阶级、民族、种族》（History of 19th Century Women's Education：A Plea for Inclusion of Class，Race，and Ethnicity）[③]一文，运用了修正主义教育史学的方法，回顾了 19 世纪公立学校和非正式学校女性教育历史，不仅关注精英妇女如艾玛·维尔德、凯瑟琳·比彻、玛丽·莱昂（Mary Mason Lyon，1797—1849）等教育理论家的教育实践，也关注不同族裔、不同阶级女性争取教育权的斗争。作者运用 19 世纪非常流行的文学著作和教育理论来说明种族、阶级、性别和教育之间

①　Phyllis Stock，*Better than Rubies. A History of Women's Education*，Putnam：The State of New York University Press，1978.

②　Elizabeth S. Cohen，On Doing the History of Women's Education，*History of Education Quarterly*，1979. Vol. 19. No. 1. pp. 154 – 155.

③　Barbara. M. Brenzel. *History of 19th Century Women's Education：A Plea for Inclusion of Class，Race，and Ethnicity*. Wellesley MA：Center for Research on Women. 1983. p. 114.

的关系。

1990 年，乔伊斯·安特丽（Joyce Antler）和萨里·克诺普·比克林（Sari Knopp Biklen）编辑了一本论文集《日益变化的教育：作为激进派和保守派的妇女》（Changing Education：Women as Radicals and Conservators）。这本关于女性主义、理论与教育的论文集包括 17 篇女性主义史学家撰写的论文，分为五个部分："受教育的妇女：挑战与现状"，"母亲、教师、儿童与变化"，"女性教育的非正式文本"，"大学后女性生活方式"，"女性主义教学理论与实践"，"性别、专业化和社会变革"。这本书的最大贡献是从广义上定义了"女性教育"，并指出："女性教育是一个连续的、累积的、甚至是终身学习的过程，而没有局限于课堂和公立学校。"[1] 这一定义颠覆了很多历史文本中认为女性教育只局限于家庭、邻里之间、工作中、妇女俱乐部和妇女协会、大学或学院的观点。综观该论文集可以发现其中的几个特点：一是所有论文都关注性别与知识。二是书中大部分论文都关注具体的教育现象，理论与具体的经历及文本相结合。三是强调女性在不同的情境背景下的女性教育行为，特别强调运用女性主义的观点关注多元化反对二元对立的思想。

1999 年，琳达·艾森曼的《美国女性教育历史大词典》[2]（The Historical Dictionary of Women's Education in the United States）是战后美国女性教育史学著作的典型代表作之一。该书是一本通史类著作，梳理了殖民地和共和国时期到 21 世纪美国女性教育的历史发展。该书在史料选择、编纂方式、教育史观以及研究对象等方面都与传统教育史学有很大的不同。首先，从研究对象上看，从关注上层或精英妇女教育到关注"小人物"中下层劳动女性的教育，从关注主流女性群体即中产阶级白人女性到关注边缘女性群体，例如少数族裔女性、黑人女性等。其次，从研究方法上看，将心理学、文化学运用到历史研究中，强调心态——文化史，重点描绘妇女真实的教育生活状态，以及在教育中体现出来的女性心理、文化的变化。最后，从研究内容上看，主张在女性主义教育史学内部实行一个模式

---

[1]　Joyce Antler and Sari Knop Biklen, *Changing Education：Women as Radicals and Conservators.* New York：State University of New York Press, 1990.

[2]　Linda Eisenmann, *A Historical Dictionary of Women's Education in the United States*, Westport：Greenwood Press, 1998.

转换，即从只关注事实到更关注话语，试图发明女性的话语，消解中心和本源，要求打破女性与男性二元对立模式，将女性从男性的"他者"位置中解放出来，更加关注差异，以及文化、历史的特殊性和多元性，提出了整合的思维模式。

　　美国女性高等教育史学在这一时期也是非常繁荣的，出现了很多美国女性高等教育史学方面的著作。1959 年，美国经济学家梅布尔·纽科默（Mabel Newcomer）出版了《百年美国女子高等教育》（*A Century of Higher Education for American Women*）①，这是美国女性教育史上首部专门论述美国女子高等教育史的专著。纽科默重视运用计量史学的方法，广泛阐述了女子学院兴起、课程、课外活动、学生就业等问题。由于纽科默只关注美国东北部女子学院尤其是瓦萨学院，其史料来源不够全面。1985 年，美国历史学家、妇女史学家芭芭拉·米勒·所罗门（Barbara Miller Solomon，1919—1992）出版了《与知识女性同行：一部美国女性与高等教育史》（*In Company of Educated Women：A History of Women and Higher Education in America*）一书②，充分考虑到女性群体的多样性，尤其关注黑人女子学院、天主教学院、贫困女性和移民女性。继所罗门之后，美国女子高等教育史研究走向专题化。1992 年，莉莉·布罗迪·韦尔奇（Lynne Brodie Welch）编著了《研究少数族裔女性在高等教育》（*Perspectives on Minority Women in Higher Education*）一书③，从少数族裔女性的视角审视美国教育。2002 年，安娜·马丁内兹（Ana. M. Martinez）和克里斯丁·雷恩（Kristen. A. Renn）出版了百科全书形式的《女性高等教育百科全书》（*Women in Higher Education：an Cyclopedia*）④ 一书，包括历史与文化背景、社会性别理论与女性主义、女性与课程、女性与高等教育政策、女学生、女教师、女管理者以及其他女教工等九个部分。2006 年，美国教育家、历史学家琳达·艾森曼出版了《战后美国女性高等教育：1945—

---

　　①　Mabel Newcomer，*A Century of Higher of American Women*，New York：Harper Press，1959.

　　②　Barbara Miller Solomon，*In Company of Educated Women：a History of Women and Higher Education in America*，New Heaven：Yale University Press，1985.

　　③　Lynne Brodie. Welch，*Perspectives on Minority Women in Higher Education*，New York：Praeger Publishers，1992.

　　④　Ana M. Martinez & Kristen A. Renn，*Women in Higher Education：A Cyclopedia*，Santa Barbara：ABC-CLIO，Inc，2002.

1965》，从宏观背景讨论了战后初期美国女性高等教育发展受阻的原因。她把这段时期称为"沉默期"（a silent time）①，并将女性教育与高等教育政策进行结合分析。从以上美国女性高等教育史学著作的分析中我们可以看出，美国女性高等教育史学实际上是美国女性主义高等教育史学的一个缩影。美国女性高等教育史学受关注度、研究深度都是美国女性教育史学所不能企及的。无疑，在 20 世纪 20 年代美国女性高等教育史学诞生至今，史学界对女性高等教育的研究兴趣日益浓厚，成果逐渐丰富。

（二）国内文献综述

1. 美国女性教育史学史文献

中国学者对美国女性教育史学史的关注非常有限。从目前搜集到的资料来看，南京师范大学教育科学学院周采教授在 2005 年、2009 年和 2010 年发表了《战后美国教育史学流派的发展》《当代西方史学的发展》《多元化发展的战后西方教育史学》和《战后西方史学流派的发展》等论文，分别刊载在《比较教育研究》《南京师范大学学报》（社会科学版）、《教育研究与实验》和《教育学报》中，上述文章都在宏观上提及作为战后美国教育史学流派之一的美国女性教育史学流派，但在不同的文章中对名称的表述有所不同，如"女性主义教育史学流派""妇女与性别教育史""社会性别和妇女教育史"和"妇女—社会性别史"。②

江苏大学武翠红在《二战后英国女性主义教育史学的价值诉求与借鉴》一文中明确了英国女性主义教育史学从妇女教育史到妇女—社会性别教育史的嬗变过程，并且提出"英国女性主义教育史学是以解放妇女、两性教育平等及社会公正为教育史研究的价值诉求，这些对于我国教育史研究的变革具有重要的借鉴意义"③。在博士学位论文《传统与变革——英国教育史学历史演进研究》中，武翠红将英国女性主义教育史学作为

---

① Linda Eisenmann, *Higher Education in Postwar America*：1945—1965，Baltimore：Johns Hopkins University Press，2006.

② 周采：《战后美国教育史学流派的发展》，载《比较教育研究》2005 年第 5 期，第 11 页；周采：《当代西方史学的发展》，载《南京师范大学学报》（社会科学版）2009 年第 6 期，第 70 页；周采：《多元化发展的战后西方教育史学》，载《教育研究与实验》2009 年第 5 期，第 67 页；周采：《战后西方史学流派的发展》，载《教育学报》2010 年第 1 期，第 110 页。

③ 武翠红：《二战后英国女性主义教育史学的价值诉求与借鉴》，载《大学教育科学》2010 年第 1 期，第 79 页。

战后英国教育史学多元化发展的一支流派详细研究，并将英国女性主义教育史学划分为三个阶段：第一个阶段只记录有关女性活动而不用任何理论进行分析的历史；第二个阶段解释女性参与社会变革的政治、经济、文化等背景；第三个阶段是在一些理论的指导下开始分析英国女性主义教育史学流变的过程。[①]

河北大学丁坤在《从边缘到中心——美国女子高等教育史学的发展》一文中主要研究了美国女子高等教育史学发展的历史脉络，将美国女子高等教育史学自诞生至今划分为"添加""以女性为中心"和"注重社会性别"等三个主要阶段，认为自 20 世纪 70 年代以来，受社会史、妇女史和多元文化主义的影响，其研究领域、分析范畴、分析方法不断拓展，跨学科特点日益明显，成为美国高等教育史学重要的组成部分，实现了从边缘到主流的转变，并且预测其今后将沿着深化专题研究和整合现有成果的方向发展。[②]

从国内学者对美国女性教育史学史的研究来看，学者们已开始关注这一领域并开始尝试从不同维度对女性主义教育史学史的发展进行研究，但相关领域的研究尚不充分。

2. 美国女性教育史学文献

在我国，对外国女子教育史的研究一直是外国教育史研究较为薄弱的环节。具体表现在以下几个方面：一是绝大部分研究属小型专题性的，其载体形式都是文章，例如《从〈爱弥儿〉看卢梭的女子教育观》[③]《19 世纪法国天主教的女性化和女子教育》[④]《维多利亚时期英国女子教育的变化轨迹》[⑤] 等，多限于对某个时代、某个国家的女子教育状况或某个人物

[①] 武翠红：《传统与变革——英国教育史学历史演进研究》，博士学位论文，南京师范大学，2012 年。

[②] 丁坤：《从边缘到中心——美国女子高等教育史学的发展》，载《黑龙江高教研究》2010 年第 11 期，第 28—31 页。

[③] 夏志刚：《从〈爱弥儿〉看卢梭的女子教育观》，载《西南民族学院学报》（哲学社会科学版）1998 年第 5 期，第 157—160 页。

[④] 郑崧：《19 世纪法国天主教的女性化和女子教育》，载《浙江师范大学学报》（社会科学版）2001 年第 5 期，第 7—10 页。

[⑤] 王赳：《维多利亚时期英国女子教育的变化轨迹》，载《浙江师范大学学报》（社会科学版）2002 年第 1 期，第 72—76 页。

的女子教育思想的阐述，缺乏对发展中国家女子教育历史的关注。二是从历史角度出发对自古至今外国女子教育进行研究的成果较为少见，中国学者撰写的外国女子教育史著作更为缺乏。目前所查阅到的资料中，仅有商务印书馆1930年出版的欧阳祖经的《欧美女子教育史》，在第六章中介绍了美利坚女子教育史。新中国成立后，国内外国教育史论著及教科书中基本上没有把女子教育作为章节标题列出或独立成篇论述，只是在正文中附带地简要阐述，如"卢梭论女子教育"、"古代希伯来的女子教育"等。① 三是虽然我国也曾有诸如"世界女子教育发展的历史回顾"的小型研究，但基本上是一种静态研究，是对某阶段女子教育状况的研究。从科学方法论看，它缺乏历史纵向的动态研究，即通过发展过程来探悉女子教育状况，2003年，杜学元《外国女子教育史》的出版是女子教育研究领域的一个重要突破，在某种程度上弥补了国内外国教育史研究的空白。该书主要介绍了近代西方国家（英国、法国、德国、俄国、美国）与东方国家（朝鲜、日本、印度）的女子教育以及现代发达国家（苏联、日本、美国、英国、法国、德国）与发展中国家（泰国、墨西哥、埃及、印度、巴基斯坦、朝鲜）的女子教育。②

除上述作品以外，国内学者对外国女子教育史研究还有上海外国语大学王恩铭的《21世纪美国妇女研究》，该书是美国妇女研究的历史通俗读本。作者以时间为序，论述了从美国建国直到20世纪末美国女性（包括少数族裔和黑人女性）在政治、教育、社会等方面呈现出的特点。③ 2003年，滕大春先生在《美国教育史》中也有对美国女性高等教育的起源及初步发展的论述。④ 2009年，裔昭印的《西方妇女史》一书中涉及美国妇女教育的历史⑤。从上述作品中也可以看出，国内学者在美国女性教育史学的研究尚处于起步阶段，学者们只是梳理了女性教育史的发展，或仅将女性教育史作为妇女研究的一部分，专门论述女子教育史的著作屈指可数。

---

① 欧阳祖经：《欧美女子教育史》，商务印书馆1926年版，第1—130页。
② 杜学元：《外国女子教育史》，四川人民出版社2003年版。
③ 王恩铭：《21世纪美国妇女研究》，上海外语教育出版社2002年版，第433页。
④ 滕大春：《美国教育史》，人民教育出版社1994年版，第23页。
⑤ 裔昭印：《西方妇女史》，商务印书馆2009年版，第12页。

与女性教育通史的专门著作稀缺的现象不同，在女性高等教育史学方面的著作颇丰，博士论文有高惠蓉的《美国女子高等教育史研究》①，丁坤的《美国女子高等教育史：1837—2000——女性主义视角》②；专著有王珺的《阅读高等教育——基于女性主义认识论的视角》③。相关硕士论文有赵萍的《从教师研究看女性主义对美国教育史研究的影响》④、李捷的《美国进步时代的女子高等教育》⑤、林红的《20世纪美国女子高等教育若干问题初探》⑥、张海燕的《美国女性高等教育的演进历程研究》⑦、吴甜的《战后美国女子高等教育研究》⑧、赵红梅的《当代美国女子高校的领导力教育——对15所女子学院的研究》⑨、鄂艳的《当代美国女子高校研究——对我国女子高校的启示》⑩、阎广芬的《当代美国女子教育改革》⑪、吴柳的《美国女子教育的多元性》⑫等。

从国内学者的研究来看：一是焦点比较集中。国内学者更倾向于研究对美国女子高等教育史的研究，一方面由国外关于美国女子高等教育史著作比较丰富，另一方面也说明，美国女子高等教育史在美国女子教育史发展中的影响比较大。二是对通史类美国女子教育史研究非常少。

---

① 高惠蓉：《美国女子高等教育史研究》，博士学位论文，华东师范大学，2007年。

② 丁坤：《美国女子高等教育史：1837—2000——女性主义视角》，博士学位论文，河北大学，2010年。

③ 王珺：《阅读高等教育——基于女性主义认识论的视角》，天津人民出版社2007年版，第24页。

④ 赵萍：《从教师研究看女性主义对美国教育史研究的影响》，硕士学位论文，北京师范大学，2003年。

⑤ 李捷：《美国进步时代的女子高等教育》，硕士学位论文，河北大学，2001年。

⑥ 林红：《20世纪美国女子高等教育若干问题初探》，硕士学位论文，河南大学，2005年。

⑦ 张海燕：《美国女性高等教育的演进历程研究》，硕士学位论文，山西大学，2007年。

⑧ 吴甜：《战后美国女子高等教育研究》，硕士学位论文，南京师范大学，2007年。

⑨ 赵红梅：《当代美国女子高校的领导力教育——对15所女子学院的研究》，硕士学位论文，首都师范大学，2005年。

⑩ 鄂艳：《当代美国女子高校研究——对我国女子高校的启示》，硕士学位论文，华东师范大学，2006年。

⑪ 阎广芬：《当代美国女子教育改革》，载《比较教育研究》1999年第2期。

⑫ 吴柳：《美国女子教育的多元性》，载《比较教育研究》2000年增刊。

三、相关概念界定

(一) 女性教育史学

教育史学是历史学科与教育学科交叉而形成的一门具有双重属性的学科，教育史学作为一个相对独立的研究领域，"它的专门概念、命题以及陈述体系应从多量的教育历史陈述体系和教育史研究现象中加以概括"①。随着新史学对教育史研究的影响的发展，教育史学的研究对象从对教育历史及其现象的研究转向了对学科本身的反思及其研究成果的再探索。因此，笔者认为，教育史学的研究对象包括两个方面：一是对教育历史问题和历史现象的研究，包括对教育活动、教育制度、教育思想发生、发展及其演变过程和规律的研究。二是对教育史学科及其研究成果的反思与研究，包括对教育史学科自身本体论的研究；对教育史学科认识论的研究；对教育史研究方法的研究；对教育史评论学的研究；对教育史料学的研究；对教育史编纂学的研究，以及对教育学科未来发展方向的研究。

女性教育史学理论主要来源于女性史学和女性主义史学。姜芃在《西方史学理论和流派》中指出："女性史学分为广义和狭义，广义上的女性史学为'Women History'（女性史学），即只要涉及女性的一切史学都是广义的女性史学，狭义上的女性史学为'Feminist History'（女性主义史学），是女性主义史学者为女性而写的女性的历史，其研究者和研究对象都是女性。女性主义史学应为'History of Women'，'By Women'，'For Women'，它是新史学的分支，Feminism 一词出现较早，但是作为一种史学出现在 20 世纪 70 年代初；而史学上所讲的女性史学主要是指狭义的 Feminist History。"②

辽宁大学金利杰博士在《对女性主义史学的再认识》一文中对"女性史学"与"女性主义史学"进行了比较，指出："女性主义史学则是随着女性史研究的拓展以及第二次女权运动的呼唤应运而生的，女性主义史学只是女性史学的一个组成部分、一个发展阶段，前者不能取代后者，女性主义史学并非对传统女性史学的彻底否定，它更多的是史学的一种新的

---

① 陈桂生：《"教育史学"辨》，载《教育史研究》1995 年第 4 期，第 21 页。
② 姜芃：《西方史学的理论和流派》，中国社会科学出版社 2007 年版，第 251—252 页。

研究视角、方法与立场，甚至可以说是对传统女性史学的补充。"① 金利杰在其博士论文《格尔达·勒纳女性主义史学思想研究》中认为，广义上女性史是以女性为主体的历史研究，是否属于女性史研究与作者的性别、立场和价值观无关，女性史既可由支持也可由反对女性及性别平等的人写作。② 而且女性史研究范围广泛，从最初记录贵族女性的生活，记录她们对重大历史事件的贡献，到后来描述普通女性的政治、权利、教育、日常生活等。此外，从研究方法上看，真正的女性史是在男性已定义的历史中找寻女性对历史进程的影响。③ 而狭义上的女性史是随着第二次女权运动的发展而产生的，在女性主义思想的指导下，运用社会性别等分析范式对女性发展的历史进行阶级的、种族的、宗教的、民族的综合分析。④

综上所述，女性教育史学也可以从广义和狭义两个方面进行界定，从广义上说，女性教育史学涵盖了女性教育的一切史学，是否属于女性教育史学研究与其研究者的性别、立场和价值观无关。而狭义上的女性教育史学也就是女性主义教育史学，主要是指在女性主义思想指导下，由女性主义史学家或教育家为女性而撰写的女性教育的历史，其研究者都是拥有女性主义立场和价值观的女性。

（二）女性与女性主义

"女性"一词没有一个单一的概念能够界定，在英文中有多个词可以与之对应，"female"用来指征女性的生理特征，即"可以生育下一代的性别"；"women"多指成年女性，并经常作为女性的总称。"girl"主要是指未成年的女孩。在中文里，"女性"这个名词是用来表示生物学上的性别划分或文化上的性别角色，或者两者皆有。

"女性主义"有时也译为"女权主义"，两者是同一个英语单词 feminism 两种译法，源起相同，但使用时有所侧重。由于翻译习惯不同，20世纪初以前的 feminism 译为"女权主义"，20 世纪 60 年代的 feminism 译

① 金利杰：《对女性主义史学的再认识》，载《妇女研究论丛》2014 年第 1 期，第 49 页。

② June Purvis, *Women's History*, *British* 1850—1945: *An Introduction*, New York: Taylor and Francis Group, 2006. p. 6.

③ 金利杰：《格尔达·勒纳女性主义史学思想研究》，博士学位论文，东北师范大学，2011年，第 13—15 页。

④ 同上书，第 16 页。

为 "女性主义"。^① 两者侧重点不同："女权主义"的"权"字作"权利"或"权力"解释，即女性谋求与男性同样的权利，因此女权主义主要指争取男女社会平等地位。而"女性主义"的外延更加广泛，不仅从权利或权力的层面突出女性，还特别强调女性主义作为文化资源的重要意义，关注女性主义对知识领域的反思、批判和建构。^② 因此，女性主义侧重打破性别霸权，打破男性中心主义。女性主义在用法上更加平和，也更加学术。事实上，女性主义有一段很长的历史，它起源于拉丁语的 femina，最初含义是"拥有女性特质"，在 19 世纪 80 年代用于表述性别平等的概念。^③ 女性主义自从诞生开始就是以各种概念和行动的方式呈现，而非一个整体性的概念。英国学者简·弗里德曼（Jane Freedman）认为："我们无法界定何为'女性主义'，只是力图找出形色各异的女权主义流派的共同特征。"^④ 从女性主义发展的历史来看，无论从 17 世纪还是到现代甚至是后现代，女性主义都以不同的方式呈现。贝尔·胡科斯（Bell Hooks）认为女性主义思想是一个"不断形成发展中的理论"，总有新的可能性。^⑤ 1987 年，马德里·阿诺特（Madeleine Arnot）和加比·韦纳（Gaby Weiner）将女性主义划分为三类，一是自由主义女性主义，二是马克思主义女性主义，三是激进主义女性主义。^⑥ 帕特丽夏·赛克斯（Patricia J. Sikes）和琳达·马瑟（Lynda Measor）则将女性主义划分为四类：自由主义女性主义、激进主义女性主义、社会主义女性主义及精神分析女性主义。^⑦ 1989 年，童·罗斯玛丽·帕特南（Rosemarie Putnam Tong）将女性主义划分为七类：自由主义女性主义、马克思主义女性主义、激进主义女性主义、精神分析女性主义、社会主义女性主义、存在主义女性主义以及后现

---

① 朱刚：《二十世纪西方文论》，北京大学出版社 2006 年版，第 336 页。

② 王珺：《阅读高等教育：基于女性主义认识论的视角》，天津人民出版社 2007 年版，第 25 页。

③ Gany Weiner, *Feminism in Education*, Buckingham: Open University Press, 1994. p. 51.

④ ［英］简·弗里德曼：《女权主义》，雷艳红译，吉林人民出版社 2007 年版，第 1 页。

⑤ Hooks, Bell. *Feminist Theory: From Margin to Center*, London: Pluto Press, 1984.

⑥ Madeleine Arnot. *Race and Gender: Equal Opportunities Policies in Education: A Reader*. Oxford: Pergamum Press, 1983. p. 150.

⑦ Patricia J. Sikes, Lynda Measor. *Gender and Schooling*, London: Cassel Press, 1992.

代女性主义。①

　　女性与女性主义之间存在某种联系。第一，女性是女性主义的主体。"女性"不仅在话语中提倡女性主义的利益和目标，也构成了一个主体。女性是女性主义的主体，女性主义的目标是为女性追求政治上的再现。第二，女性主义促成了女性权利的实现和身份的认同。女性主义源于争取妇女解放的社会运动，从它诞生时期，就致力于为女性争取平等、自由和公正的权利而努力。女性主义理论假设存在有某种身份，这种身份需要从"女性"这个范畴来理解，女性主义在建构女性这个共同的身份方面遭遇了政治上的挑战，因为女性不是一个稳定的能指，"即使在复数的情形下，它也是一个麻烦的词语、一个争论的场域"。② 而女性主义政治斗争的目的就是争取建构并维持某种得到承认和尊重的女性身份。事实上，女性身份不可能脱离政治和文化的背景。因此，女性主义借助于社会性别和差异等分析范式给予不同种族、阶级、族群、性和地域的女性身份认同。

　　(三) 生理性别与社会性别

　　"生理性别"有时也译为"性、性别"，是指男女生理上的差异，是自然属性，从这个意义上，人类一般分为男性和女性两种生理性别。

　　"社会性别"是女性主义认识论的核心分析范畴。法国女作家、哲学家西蒙娜·德·波伏娃 (Simone de Beauvoir, 1908—1986) 在《第二性》(*The Second Sex*) 中指出："女人不是天生的，而是变成的。"③ 这是学者首次将性别的生物构成与社会构成区分开来，向人们揭示了社会性别的不平等。波伏娃解释了社会性别不平等的原因：首先，传统的社会分工将女性固定在私人领域。其次，社会分工带来男女职业的差异。最后，职业差异进一步导致了男女受教育机会不平等。④ 1988 年，美国学者琼·瓦拉赫·斯科特 (Joan Wallach Scott, 1941—) 在《社会性别：一个历史分析中的有效范畴》(*Gender: A Useful Category of Historical Analysis*) 中对社会

---

　　① 〔美〕童·罗斯玛丽·帕特南：《女性主义思潮导论》，艾小明等译，华中师范大学出版社 2002 年版，第 20 页。

　　② 〔美〕朱迪斯·巴特勒：《性别麻烦：女性主义与身份的颠覆》，宋素凤译，上海三联书店 2009 年版，第 4 页。

　　③ 〔法〕西蒙娜·德·波伏娃：《第二性》，郑克鲁译，上海译文出版社 2011 年版，第 27—37 页。

　　④ 朱易安、柏桦：《女性与社会性别》，上海教育出版社 2003 年版，第 45 页。

性别进行界定："社会性别是组成以性别差异为基础的社会关系的成分，社会性别是区分权利关系的基本方式。"①

生理性别与社会性别的区别主要是用来反驳父权制下"生理即命运"的论点，社会性别与生理性别既不是因果关系，也并非如此的固定，生理性别与社会性别的区分暗示了生理上性别化的身体和文化建构的性别之间的一个根本的断裂。②

四、本书结构和研究方法

（一）本书结构

本书主要分为五个部分，具体安排如下：

第一章主要分析传统的美国女性教育史学的确立，按照时间顺序将第一部分划分为四个阶段，分别是：17 世纪末至独立战争时期是女性教育史叙述缺席阶段；独立战争至南北战争时期溯源意识兴起，美国女性教育史叙述初创阶段；南北战争至 20 世纪初随着美国各类女子学院的蓬勃发展，出现了女子学院史学的雏形；20 世纪初至 60 年代，托马斯·伍迪的《美国女性教育史》标志着美国女性教育史学的确立。美国传统女性教育史学具有强烈的宗教色彩，史料多来源于教会史、女子学院史、美国妇女教育协会的年度报告、书信、回忆录或沉思录、精英妇女史等，从沿袭欧洲传统到形成美国特色的女性教育史学，美国传统女性教育史学的确立与美国女权运动的发展以及激进派和保守派之间的思想论争是分不开的。美国著名的女性教育史学家古德赛尔的《女性教育——它的社会背景和问题》作为美国传统女性教育史学的宣言书，揭开了美国女性教育史学的神秘面纱，并深深影响了美国女性教育史学的创始人——托马斯·伍迪，其《美国女性教育史》标志着美国传统女性教育史学的确立。

第二章主要是介绍美国女性教育史学确立阶段的代表人物托马斯·伍迪及其经典著作《美国女性教育史学》，重点分析在新史学背景下兴起的进步主义史观以及早期自由主义女性主义指导下传统女性教育史学的范型

---

① Joan Scott, "Gender: A Useful Category of Historical Analysis", *American Historical Review*. 1986. Vol. 91. No. 5. pp. 1053 – 1075.

② ［美］朱迪丝·巴特勒：《性别麻烦，女性主义与身份的颠覆》，宋素凤译，上海三联书店 2009 年版，第 8 页。

特征，伍迪秉承了"冲突、改革和进步"的女性教育史观，围绕"男女究竟应该平等对待还是区分对待"的问题，讲述了一段美国女性教育不断进步的历史故事。

第三章是美国女性教育史学在战后沿着两条路径发展。随着美国第二次女权运动的爆发，教育史家围绕"形式的平等无法掩盖实质的不平等"的问题展开讨论，对伍迪的著作提出了诸多疑问，史学家开始分化为以批判性别主义为己任的"女性主义教育批判派"和以女性研究作为中心任务的"女性中心论"，美国女性教育史学在两派史学家的引领下开始了对美国教育史学的修正，实质上，这两条路径是在不同价值观指导下对美国女性教育历史的两种不同阐释，但可以确定的一点是，女性主义是修正主义者努力坚守的理论原则。

第四章以"女性中心论派"代表人物芭芭拉·米勒·所罗门及其《与知识女性同行：一部美国女性与高等教育史》为个案，重点研究了女性主义视野下的美国女性教育史学的特征。在这本著作中，女性主义理论的核心概念"社会性别"和"差异"成为重要的分析工具，围绕"女性受教育权"、"女性主义与女性教育的进步"和"影响了女性大学经历的多重因素"等论题，分析了不同族裔、不同家庭背景、不同宗教信仰的女性争取高等教育权的历史。

第五章论述了在美国女性教育史学的转向阶段，在新历史主义、后现代主义及全球化的时代背景下，艾森曼引领美国女性教育史学实现了文化转向和语言学转向，运用了"历史词典"这种崭新的史学编纂方式，掀开了美国女性教育史学的新文化史篇章。本章以琳达·艾森曼的《美国女性教育历史词典》和《战后美国女性高等教育，1945—1965》为研究对象，以公民身份作为分析工具，阐述了一段培养女性公民的教育历史。作为一位有预见性的教育史学家，艾森曼不仅提出了现有的美国女性教育史学的解释框架，还提出了四种可能的解释框架。

（二）研究方法

本研究拟采取历史研究法、个案研究法和文献分析法。

一是文献研究法。这是教育史研究的基础方法。笔者尽可能通过多种渠道搜集不同历史时期女性教育史学范型的代表人物的原著及相关书评，并对这些资料进行解读。

二是历史比较法。历史比较法是通过对两种或两种以上的历史现象进行对比，寻找它们之间的共同性和差异性，并对趋同性和趋异性的发展进程进行考察和分析，以便揭示历史共同规律和特殊规律的研究方法。本研究主要采取纵向比较法，分析了不同历史阶段美国女性教育史学的连续性和断裂性，探究其背后的规律。另外，也有横向的比较分析，如 20 世纪60 年代以后，女性主义理论介入了美国教育史学，真正意义上的美国女性史学出现了，但是美国女性史学自从出现就不是以一个完整的理论形式出现，其内部还分化出了女性主义教育批判派、女性中心论派以及后现代女性教育史学等学派，因此，本研究还要分析不同派别之间异同及共存的背景。

　　三是个案研究法。由于美国女性教育史学是战后美国教育史学的一个流派，其诞生时间不长，能够搜集到的资料也很有限，因此，在本研究中，笔者力图做到"点"和"面"的结合，选取特定时代有代表性的女史学者及其代表作进行分析，管窥一斑，希望能以点带面，更立体地了解美国女性教育史学发展演变的过程。

第一章　美国女性教育史学的创立

美国著名政治学家扬·爱丽思·马里恩（Iris Marion Young）曾经指出："几千年的历史事实上是女性经验不在场的历史，是女性缺席的历史。"[1] 美国教育史学中女性的"缺席"大致可以从以下两个方面来理解：一是描述性的缺席。历史书写以男性为中心，女性在历史发展中的作用被传统的思想框架忽视了。二是女性主体性的缺席。失去主体性的女性被视为男性社会的边缘人，女性是历史的盲点，她们只具有生理性别，不具备文化性别和社会性别。

殖民地时期（17世纪末至独立战争）是美国女性教育史叙述的缺席时期。在这一时期，并没有真正意义上的女性教育史学，仅有的关于女性教育历史叙述的重点在于宣传女性作为母亲和妻子的职责。建国后（独立战争至南北战争）是美国女性教育溯源意识的兴起时期。很多早期女性教育活动家在开办女子学校、创办"美国妇女教育协会"等女性教育组织领导机构的实践活动中产生了历史溯源的意识。她们通过撰写沉思录、演讲稿以及书信等形式，开始尝试记录精英女性的教育历史，为美国女性教育史学的初创奠定了史料和实践基础。从女性身份的"缺席"到女性文化的"在场"，主要是从南北战争开始至20世纪初期。在第一次女权运动的影响下，美国女性教育史学从欧洲女性高等教育史学中汲取了丰富的养料，形成了女子学院史的雏形。上述"在场"的意义主要不是存在的显现，而是对存在的关注和理解，将其带出场的是理性。20世纪初至20世纪60年代，在一批专业史家的努力下，美国女性教育史学从沿袭欧洲传统到形成独立的史学形态，开辟了美国女性教育史学的专业领域。在这些专业史家中值得一提的代表人物有两位：一位是古德赛尔，她

---

① Iris Marion Young. Socialist Feminism and the Limits of Dual System Theory, *Socialist Review*, 1980. Vol. 3. pp. 7 – 12.

运用进步主义教育史观掀开了美国女性教育史学的篇章。另一位是托马斯·伍迪，她在这崭新的篇章中写下了浓墨重彩的一笔。

第一节　殖民地时期：美国女性教育史学的缺席

一般将殖民地时期视为美国史学发展的第一阶段[①]。殖民地时期还没有真正意义上的美国女性教育史学，有关美国女性教育的叙述散见于一些著作中，最早的历史著作是 1545 年乔治·利特菲尔德（George Emery Littlefield）出版的《新英格兰地区早期学校和学校课本》（*Early schools and school—books of New England*）[②]，书中介绍了马萨诸塞州女孩教育的历史。此外，还有 1667 年，巴蒂斯塔·梅金（Bathsua Makin）的《淑女教育的复兴》（*An Essay to Revive the Ancient Education of Gentlewomen*）；1766 年，克劳德（S. Crowder）等人撰写的《杰出女性：所有时代杰出女性的回忆录》（*The Female Worthies：or，Memoirs of the Most Illustrious Ladies of all Ages and Nations*）等。这一时期有关美国女性教育史的叙述有极强的目的性，其主要特征是强调女性应该成为"淑女"（gentlewomen）、"有礼貌的妇女"，宣扬女性的价值在于通过接受教育，更好地履行好妻子、好母亲的职责。

殖民地时期美国女性教育史叙述的"缺席"的主要原因如下：首先，殖民地时期美国女性的无权地位，使她们被排除在美国教育史学叙述范围之外。殖民地时期的美国诞生了一批最早的清教徒史学家，出现了数量不多的史学著作，这些作品多以回忆录、编年史、地方志和年代记的形式呈现，形式比较粗糙，史料缺乏考证，写作目的在于增强个人及群体的荣誉感和身份认同感。[③] 这就意味着殖民地时期的史学家更倾向于用浪漫主义史学方式讴歌民族精神，强调伟大人物的历史功绩，将一国的政治、法

---

① 德门齐也夫等：《近代现代美国史学概论》，黄巨兴等译，生活·读书·新知三联书店 1962 年版，第 3 页。

② George Emery Littlefield, *Early Schools and School-Books of New England*. Boston：The Club of Odd Volumes，1545. p. 86.

③ 于沛：《20 世纪的西方史学》，武汉大学出版社 2009 年版，第 181 页。

律、文学及政府等方面的精神发展归功于民族的天才，无视人民群众的历史作用，这种浪漫主义的史学深深镌刻上了文化本位、民族本位和政治本位的烙印。然而，综观美国文化史，殖民地时期的美国女性被远远排斥在民族的天才的范围之外，美国女性教育也沿袭了欧洲传统，其水平和方式也因女性所处的阶级、种族和社会地位的不同而不同。目前，学界对殖民地时期美国女性地位的论述主要有两种截然不同的观点：一种是由伊丽莎白·安东尼·德克斯为代表的"黄金时代"论者，认为殖民地时期的美国妇女与同时期的英国、欧洲妇女相比，拥有更广阔的生产活动领域，其家庭和社会地位远高于同时期的英国妇女甚至是 19 世纪的美国妇女。①另一种是普遍被接受的"神话论"者，认为殖民地时期的妇女因其地域、肤色、族裔、宗教派别以及文化传统的不同，妇女在政治、法律、经济等领域的权利和地位存在很大差异。在意识形态上，从欧洲带来的封建主义的妇女观将女性当成男性的附属品，注重神学的清教徒更是用"原罪"论来指导妇女的生活和实践。因此，尽管殖民地时期的美国女性在生产生活中发挥着极其重要的作用，但是其家庭和社会地位并没有得到根本的改善，政治、经济、法律上的无权地位使殖民地时期的美国女性成为史学叙述的边缘人。

其次，殖民地时期美国女性教育内容的局限性及其教育程度的低下，使美国女性教育史的叙述局限于家庭领域。殖民地时期美国女性接受教育没有成为一种独立的教育形式，一般都依附在生产和生活的实践中。贵族女性通常在家里接受教育，或者送往被女修道院接受基本的读写训练。随着城镇学校的发展，在新英格兰地区出现了由老妇人主办的家庭小学"妇孺学校"（dame schools），很多贫民女孩在此接受了类似幼儿园的教育，主要学习女性技能，如缝纫、织补。在完成了"妇孺学校"学习后，女孩就不再享有受教育机会。在南方地区，女孩可以以旁听的方式学习圣经、数学、烹饪、社交礼仪和音乐等课程，目的是将她们培养成合格的妻子、母亲和家庭主妇。在桂格和摩拉维亚地区，清教文化盛行，尽管清教徒非常重视教育，认为"人人皆祭司，人人有召唤"，为上帝教育子女是清教徒心目中最重要的事情；但是，清教徒的教育与他们的宗教信仰息息

---

① 周祥森：《殖民地时期美国妇女观透析》，载《史学月刊》1996 年第 5 期，第 76 页。

相关，在他们看来，女性比男性更容易受到恶魔引诱，作为一个女人，就应该深居简出，完成一个家庭主妇的职责。可见，美国女性教育基本都是围绕家庭生产和生活展开，正因为如此，史学家几乎不会将女性教育史单独进行叙述，且在提到女性教育的历史时都集中在家庭领域内。

第二节　溯源意识的兴起：美国女性教育史学的发端

1776 年美利坚合众国成立。在美国史学确立的时期，迫切需要通过历史写作来构建一种身份认同，从而获得民族自豪感和归属感，爱国成为历史写作的主旋律。以爱国和讴歌伟大人物为基调的美国史学传统深深影响了一批伟大的美国女性教育活动家，并且激发了她们叙述女性教育历史的意识。

独立战争以后，尽管美国女性在政治上软弱无力，但"共和国母亲"的形象开始明确女性要达到的目的和要完成的使命。在后来的一个世纪里，"共和国母亲"的形象一直引导着女性不断提高政治自觉。因为按照启蒙运动的观点，儿童不再天生任性向恶，应当对他们进行理性教育，而母亲是他们最好的老师。于是，以"共和国母亲"为名义的妇女运动由此展开。以 18 世纪 80 年代创办的女子学校为开端，接着在 19 世纪 20—30 年代，美国早期女教育家凯瑟琳·比彻、玛丽·里昂和艾玛·维尔德等女性教育活动家纷纷发起了"女子中学运动"，创立了一批全新而且更为严格的女子学校，其目的是培训妇女以教育儿童。凯瑟琳·比彻还组建了女性教育的领导机构"美国妇女教育协会"，这些早期的女性教育活动家成为最早叙述美国女性教育史的历史学家，她们以演讲、授课和著书立说等方式，回顾并反思殖民地时期的美国精英女性教育，记录并叙述女性教育机构的发展实践，阐述女性教育的重要性和必要性。美国妇女教育协会发布的《美国妇女教育年度报告》、地方公布的教育报告，以及教会史和早期妇女史著作中对精英女性教育以及典型的女性教育机构的记录，都表明建国后开始出现女性教育的溯源意识。

一、"美国妇女教育协会"及其年度报告

19 世纪美国女性教育史学的兴起与凯瑟琳·比彻的贡献是分不开的，

作为"女性教育的拥护者"①，她为美国女性教育贡献了毕生的精力。1800 年，凯瑟琳·比彻出生于纽约的东汉普顿一个非常有名望的比彻家族。10 岁的时候，她在萨拉·皮尔斯（Sarah Pierce）学校接受了正规教育。由于母亲去世，比彻离开了学校，回归家庭，承担养家糊口的重任。她以极大的热情投身到女性教育实践活动中，1823 年，她创办了哈特福德女子神学院（Hartford Female Seminary），在学院中开设了历史、哲学、修辞学和代数学等课程，重点培养女学生的道德和宗教性格。1830 年，她转向女性的社会角色研究，认为最适合女性的社会职业是教师。接着，为了鼓励更多的女性担任教师，比彻开始从事教师教育工作。1831 年，她创办了"西方女性研究所"（Western Female Institute），培养准教师。1837 年学校倒闭后，比彻开始著书立说，她一生共出版了 21 本著作。1852 年，她创立了"美国妇女教育协会"（American Women's Educational Association），自此，美国女性有了属于自己的教育组织领导机构。

1853—1857 年，"美国妇女教育协会"在每年的 5 月召开年会，并发表"美国妇女教育协会年度报告"（*The Annual Report of the American Women's Educational Association*）②，共出版了 5 卷。美国妇女教育协会年度报告的第一卷主要介绍了创建协会的三个目的：为女性创造自由的职业；为女性提供自由的教育；为女性找到适合的职业。第二卷围绕"教育儿童也是妇女职业"论题展开。认为妇女是上天赐予我们的最适合教育儿童的教育者或教师；妇女最适合的职业就是教学和塑造人类不朽的思想，妇女职业应该和其他职业一样被视为光荣的、激励人的、有吸引力的职业，同样也应该获得同等的报酬。第三卷主要介绍了女性教育机构的实施情况以及所取得的成绩。为了实现协会创建的目的，协会为女性设立了一种类似学院的培训机构，开设了适合女性职业的训练课程。美国妇女教育协会所取得的成绩主要表现在：首先是团结了大部分的宗教教派成员，使他们达成了情感上的共识。其次是确立了一种可行的、优越的大学计划。再次对文学系科的课程进行了一系列实验。最后运用一种新的方法建

① Michael Sturge. Catharine Beecher, Champion of Women's Education HTTP: //Connecticut History. Org/ Catharine-Beecher-Champion-Of-Women's Education / 2013 – 03 – 28.

② American Women's Educational Association, *Annual Report of American Women's Educational Association*, Vol. 1 – 5, New York: J. D. Bedford & Co. 1857.

立高效而经济的妇女学校。第四卷重申协会在建立妇女学校机构取得的成就：女教师作为教育者，和男性一样，值得冠以"专业"的称号和拥有最高的社会等级；女性在受教育过程中，或者作为教育者，都应该和男性一样享有"职员标准"（faculty principle）；捐赠的资金可以给女教师提供更多的经济支持；妇女学校开设了社会、家庭以及健康领域的三大系科。第五卷介绍了妇女学校发展的情况。"美国妇女教育协会"发表的《美国妇女教育协会年度报告》作为早期美国女性教育史学的原始资料之一，是我们研究传统美国女性教育史学的珍贵历史文献。

通过研究美国妇女教育协会年度报告，我们可以概括出比彻的女性教育史学观：首先，比彻明确提出了"女性教育"的内涵，即人类思维的训练、在婴儿期或生病时照顾人的身体、维持家庭状况。其次，阐明了女性教师观，女性天性中就有作为教师的优越特质，女性从事教师职业是其家庭角色的延伸，应大力提倡女教师教育。最后，比彻是一位"反对女性参政者"（Anti—Suffragist），认为女性会被政治腐蚀，从而使接受其教育的学生也遭受腐蚀。在她看来，女教师应教育她的男性学生自由思考，从而形成自己的政治观念。

《美国妇女教育协会年度报告》作为一项正式公开的机构的官方报告，主要是记录原始证据，搜集原始资料。重点介绍女性教育机构制度史，主要包括女性教育机构的发展史，女性教育机构的资金来源、组织管理模式和教师任命与女性教育机构未来发展规划等内容。

二、教会史中的女子教育

基督教对于美国有着特殊的意义。美国的建立以及将"美国人"凝聚在一起的不是血缘、语言文字和家族的因素，而是宗教信仰。建国后在基督教的影响下，美国的教育目的也是为培养基督教徒做准备。因此，在这一时期，很多女性教育史学研究散见于教会史中。

1823年，"美国公理会"（American Board of Commissioners for Foreign Missions）编写的《传教士公报》（*The Missionary Herald*）① 第19卷中，用写实的手法记录了美国传教士普尔（Poor）先生管理的女子寄宿学校的

---

① American Board of Commissioners for Foreign Missions, *The Missionary Herald*, *Vol.* 19, Boston：Board，1823. p. 310.

情况，介绍了该校课程有简单的读、写及编织、缝纫，授课方式主要是教义问答以及抄写背诵道德和教义经典，学校教育的目的是希望通过对教义的学习能够影响女孩们的性格。

1837 年，圣·玛丽·霍尔（St. Mary Hall）在其《基督教的女子教育为了迎合家长》（*An Appeal of Parents for Female Education on Christian Principles*）一书中援引了主教曼特（Mant）的观点："没有任何理由解释女性为什么不能成为装饰品——我们拥有共同的本性，即对神的前程和美德。正因为如此，她们必须接受良好的宗教教育，而且这种教育要尽早实施，以期将她们培养成为好妻子、好母亲和家庭的好仆人，总之一句话，要通过教育将她们培养成社会的好成员，使她们更好地适应宗教精神的社会。"[1] 霍尔在书中也阐述了自己的观点：第一，基督教机构是教育机构，是实现代际传递的工具。第二，在基督教的法则下对女性教育是非常有必要的，因为它不仅可以培养基督教的母亲，也可以培养基督教徒的女儿，尤其是母亲的教育对孩子的成长非常重要。第三，女性教育最好的场所是家庭，因为在家庭教育中，母亲胜过教师。第四，在机构教育中，女子神学院（female seminary）是女性接受教育最好的场所。

三、演讲稿、沉思录与书信中关于妇女教育的记载

早期美国女性教育史家身份是多重的，她们既是诗人、作家、历史学家和社会活动家，也是教育家，但都不是专业的史学家。她们有一个共同的性别身份——女性。这些女性教育史家不仅通过著书立说来反思回顾那个时代女性（包括她们自己）的教育经历，也通过开办女子学校、改革女子学校课程、招收黑人女孩等行为来践行男女平等的理想。这一时期出现了一批历史上著名的女性教育史学家，例如，埃思特·德伯特·瑞德（Esther Deberdt Reed，1746—1780）、朱迪斯·萨金特·默里（Judith Sargent Murray，1751—1820）、凯瑟琳·比彻、艾玛·维尔德、玛丽·里昂（Mary Mason Lyon，1797—1849）和普鲁登斯·克兰德尔（Prudence Crandall，1803—1890）、伊丽莎白·布莱克威尔（Elizabeth Blackwell，1821—

① St. Mary Hall. *An Appeal to Parents for Female Education on Christian Principles*: *With a Prospectus of St. Mary's Hall*, *Green Bank*, *Burlington*, Burlington: J. L. Powell Missionary Press, 1837. pp. 10–40.

1910）、玛丽·白求恩（Mary McLeod Bethune，1875—1955）和南妮·海伦（Nannie Helen Burroughs，1878—1961）等。

1780 年，美国女权主义者埃思特·德伯特·瑞德发表《一个美国妇女的感想》（A Thought of an American Women）一文，呼吁妇女从家庭生活中走出来，为国家作贡献。1787 年，本杰明·拉什发表了《关于女性教育的思想》（*Thought about women education*），拉什对当时女性教育表示不满，认为女性应该学习更高深的知识，如英语和语法、写作、图书管理、地理、历史、天文、旅游和自然哲学等。①

朱迪斯·萨金特·默里是一名极端激进的女诗人、剧作家。1751 年，她出生于一个非常富有的商人家庭。自幼在自家图书馆里阅读了大量的历史、哲学、地理和文学等方面的书籍，9 岁就开始写诗。后由于家庭陷入债务危机，只能靠出版论文和诗集来缓解家庭经济危机，她出版了一系列富有女性教育著作。例如，《对于鼓励女性自足的实际效用的思考》（*Desultory Thoughts upon the Utility of Encouraging a Degree of Self—Complacency，Especially in Female Bosoms*），《论两性平等》（*On the Equality of the Sexes*）和《关于孩子的民主教育研究》（*On the Domestic Education of Children*），这三本书都是围绕女性教育和男女平等问题展开的。萨金特关于"女性在智力上的劣等地位是由于没有接受充分的教育，而非女性生理上天生劣质"的观点对美国独立战争后"共和国母亲"运动产生了很大的影响。

继默里之后，艾玛·维尔德挑起了领导美国女性教育的重任。维尔德是一位教育和作家，也是一名女权主义者。她创办了特洛伊女子神学院（Troy Female Seminary），这是美国历史上的第一所专为女性设立的文理中学。在美国政府的支持下，这所学校的成功创立促进了美国女子学历高中、女子大学和男女同校大学的发展。1819 年，维尔德撰写了《给公众的一封信：特别是给纽约立法者，关于改进妇女教育的建议》（*An Address to the Public；Particularly to the Members of the Legislature of New—York，Proposing a Plan for Improving Female Education*），这本小册子受到了当时纽约州长克林顿的夸赞，并获得了美国几任总统的好评。此后，她着力于学校教科书和课程内容的改革。1823 年，维尔德出版了学校地理教科书，广

---

① 丁坤：《美国女子高等教育史：1837—2000》，博士学位论文，河北大学，2011 年，第 25 页。

受好评。1828 年和 1837 年，她又分别出版了《历史地图集》和《普通历史学》。维尔德按女性的特点来编写教材，并将这些教材用于特洛伊女子神学院的教学。1873 年，约翰·罗德（John Lord）在《艾玛·维尔德的生活》（*The Life of Emma Willard*）中肯定维尔德独特的贡献在于为美国女性教育找到了理由。① 1833 年，维尔德在欧洲游学访问期间撰写了《妇女教育的进步，或，一系列演说》（*Advancement of Female Education，Or，A Series of Addresses，In Favor of Establishing at Athens，In Greece，a Female Seminary，Especially Designed to Instruct Female Teachers*）的演讲稿，文中阐述了她关于建立女性教育机构培养女性教育的想法。②

玛丽·里昂也是美国女性教育的先驱之一。1824 年，她在马萨诸塞州创办了巴克兰德女子学校（Bucland Girl's School），1833 年，她前往新英格兰地区考察女子学校，受艾玛·维尔德女子神学院的影响，回国后也依照特洛伊女子神学院的模式创办了惠顿女子神学院。两年后，她又组建了芒特·霍利约克学院（Mount Holyoke School）和芒特·霍利约克女子神学院（Mount Holyoke Female School）。玛丽·里昂的著作多是记录她所创办的女子学校的办学实践。1837 年，她撰写了《芒特·霍利约克女子神学院创办理念和设计的思考》（*General View of the Principles and Design of the Mount Holyoke Female Seminary*），书中主要介绍了芒特·霍利约克女子神学院的办学特点：学校是建立在基督仁慈的高度戒律之下；学校建立在稳固的法律基础上；学校将永久存在；学校课程的设置、教育的特点要仿照伊布斯维奇女子神学院；学校主要招收一些成年女性；学校的所有成员都是董事会成员，大家是一个大家庭；学校将本着节约的原则，提供最好的设备；学校成员之间一律平等；成年妇女也要从事家务工作。③ 下面是玛丽·里昂撰写的题为《芒特·霍利约克女子神学院》的手稿，手稿中记录了霍利约克女子神学院创办之初的艰难，详细记录了女子神学院迫切需要接受捐赠的内容。

---

① John Lord, *the Life of Emma Willard*, New York：D. Appleton and Company. 1873. p. 334.

② Emma Willard, *Advancement of Female Education, Or, A Series of Addresses, In Favor of Establishing at Athens, In Greece, a Female Seminary, Especially Designed to Instruct Female Teachers*. Troy：Norman Tuttle Press, 1833. pp. 4 – 5.

③ Mary Lyon, *General View of the Principles and Design of the Mount Holyoke Female Seminary*. Boston：Perking and Marvin. 1837. p. 56.

……如果毕业典礼延迟的话，那么这里将有很多学生无法拥有这座女子神学院的盛名，其中有 30 名学生即将成为教师，还有一部分学生将成为传教士，这一切都依赖于社会商业捐赠能否顺利获得……目前仍需要的实物包括成套的枕头、床单、被套、毛巾等，其余的则需要现金，现金的捐赠不少于 35—40 美元……

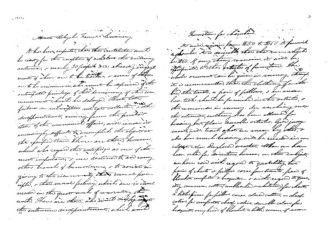

资料来源：Mary Lyon，Mount Holyoke Female School，National Women's History Museum，1837. pp. 367—370.

玛丽·里昂遗留下来的女性教育史料还有 1816—1836 年《给巴卡尔丁的坎贝尔女士的信》（*Letter*：1816— 1836，*Polkemmet*［*West Lothian*］*to Lady Campbell of Barcaldine*），以及在"美国女性史博物馆"（National Women's History Museum）里保存的玛丽·里昂在 1818—1849 年的书信资料（约 127 封），在这些第一手史料中，玛丽·里昂阐述了自己创办女子学校的经验和故事。在那个年代，芒特·霍利约克学院可能还算不上近代意义上的大学，但里昂对女子学院课程的改革，尤其是将数学、化学、远足和自然科学等知识引入女子学校，着力培养女研究者和女科学教师的做法在当时是史无前例的。在 1830 年 3 月 20 日，玛丽·里昂写给科尔（Cole）女士的信中详细阐述了她对女子学校课程改革的想法。

尊敬的科尔女士，我始终坚信对于一个新学校而言，学习多样课程是非常有害的，语法课程开设得太早，而算术课程又开设得太晚，书法课程不要为年纪太小的孩子开设，因为一旦开始学习书法，就必须要有系统性和长期性，这样就会造成12—14岁的孩子不得不放弃书法的学习，除非能够借鉴更好的方法。另外，除了读和写这两门大家都认可的课程外，我认为有必要引入算术和地理课程，当孩子们学习了一段时间地理课程并感觉疲劳时，可以适时地用历史课程替换它，当给学生开设语法课程时，算术课程就应该暂时取消，这样就可以让学生们在一个时段只专注于两类课程的学习，一类是地理和历史，另一类是算术、几何或语法，如果对以上课程学有余力的同学还可适当接触自然哲学课程……

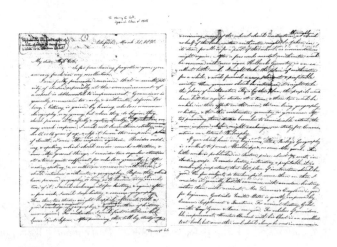

资料来源：Mary Lyon Letters and Document to Miss Cole，National Women's Museum，Ashfield，March 30，1830. Vol1，pp. 7—11.

这一时期比较有影响力的女性教育史学家还有普鲁登斯·克兰德尔（Prudence Crandall）在其创办的私立寄宿学校中首次接受了黑人女孩，她的著作有：《给西蒙·乔思林的一封信》（*Letter to Simeon Jocelyn*）、《给安德鲁·朱迪逊和里昂的一封信》（*Letter To Andrew T. Judson and Chester Lyon*）、《普鲁登斯回忆录》（*The Memorial of Pardon Crandall，of Canterbury*）、《给韦德汉姆郡广告商的一封信》（*Letter to the Windham County Advertiser*）、《对普鲁登斯的审判报告》（*Report of the Trial of Miss Prudence Crandall：Before the County Court for Windham County，August Term* 1833：*On an Information Charging her with Teaching Colored Persons not Inhabitants of this*

State）和《国会对普鲁登斯案例的讨论报告》（*Report of the Arguments of Counsel in the Case of Prudence Crandall Plff. In Error Vs. State of Connecticut before the Supreme Court of Errors at their Session at Brooklyn*）。

收录的演讲稿也是早期美国女性教育史学的重要来源之一。1827 年，在新汉普郡的朴茨茅斯演讲厅，教育委员会委派教区牧师查尔斯·博格斯（Charles Burroughs）进行了关于女性教育的演讲，并将演讲稿整理成《关于女性教育的演说》（*An Address on Female Education*）。博洛斯牧师认为，女性公民身份地位、道德水准以及个人幸福感都依赖于女性知识水平和道德水平的提升，唯有教育可以促进她们的知识和道德水平的提高。为了阐明这一观点，演讲者叙述了女性作为一个公民的历史和她们智力发展的历史，并且指出了现在女性教育中存在的问题，提出了女性需要接受自由的课程教育的主张。①

对历史事实的记录是这一时期比较普遍的撰史方式。也有一些历史著作是对现存的美国女性教育现状的思索。1831 年，史蒂斯（Townshend Stith）撰写的《对女性教育的思考》（*Thought of Female Education*）一书，希望人们可以关注女性教育的现状并思考其产生的原因。在史蒂斯看来，女性教育是非常不完善的。虽然女性也被归类于有思想、会思考的那一类，但其思想并没有受到公正的评判，其教育也不能满足她们的需要。因此，必须找出女性到底适合什么样的教育，这种教育应兼顾女性的幸福和资格。②

总之，这一时期的美国女性教育史学还属于传统史学范型。早期女权主义社会活动家们担负起撰写美国女性教育史学的重任。她们结合自身创办各类女性学校的实践，展开了对女性教育历史的回顾与反思。史料的来源主要是回忆录、沉思录和书信等原始资料以及已经公开出版的官方史料。正如玛丽斯·诺乌斯基（Maris A. Vinovskis）和理查德·伯纳德（Richard M. Bernard）在《超越凯瑟琳·比彻：南北战争前的女性教育》（*Beyond Catharine Beecher：Female Education in the Antebellum Period*）中所

---

① Charles Burroughs, *An Address on Female Education*, Portsmouth：Childs and March Press, 1827. pp. 5 – 7.

② Mrs Townshend Stith. *Thought of Female Education*, Philadelphia：Clark Raser Press, 1831. p. 1.

言："在南北战争之前，美国女性教育史学的重点研究对象是精英妇女，大部分的妇女教育经验都被埋没于历史的尘埃中，之所以不能获得足够的关于女性教育的资料，主要是由于历史学家们过分依赖文学作品，如书信、日记以及对同时代作家的观察，研究资料难免抽象和零碎，因为来自社会底层的美国妇女们几乎不可能留下关于她们生活的文字材料。"[1] 这一时期虽然涌现出不少女性教育史学著作，但多半是记录早期女权主义者创办的女子学校的发展史。

四、精英妇女史中有关妇女教育的零星记录

18 世纪中期到 19 世纪中期，女性的财产权在某种程度上得到一定的承认。此时的女性活跃在不同的社会领域，少数上层女性还接受了人文主义教育。随着西方工业革命的深入，极大地改变了人们的性别观念。在民主化的社会运动风起云涌的时代里，很多女权主义者开始撰写女性历史。19 世纪中期第一次女权运动极大地推动了女性史学的发展，女性在教育领域争取平权的要求，为美国女性教育史学的发展提供了契机。自开拓北美殖民地开始，这个由移民组建的新兴国家，在经历独立战争的洗礼后，迫切需要一种身份的认同，在强烈的爱国情感的激发下，美国女性史学注重对英雄和精英人物的刻画，从美国女性史学中折射出美国精英女性在教育领域的历史。

1845 年，美国女作家琳达·玛丽·弗朗斯（Lydia Maria Francis Child，1802—1880）撰写了两卷本的《不同国家和历史时期美国女性的状况》（*The History of the Condition Women in Various Ages and Nations*），在 1845 年出版的第二卷中，作者将美国女性的历史单独成章，零星介绍了白人女性受教育的情况。[2] 1852 年，约翰·史迪威尔·詹金斯（John Stilwell Jenkins，1818—1852）出版了《历史上的女英雄》（*Heroines of History*）[3]。1857 年，亨利·克莱·沃森（Henry Clay Watson，1831—1869）的

---

[1]　Maris A. Vinovskis and Richard M. Bernard, Beyond Catharine Beecher: Female Education in the Antebellum Period, *Signs*, 1978. Vol. 3, No. 4. pp. 856–869.

[2]　Lydia Maria Francis Child, *the History of the Condition Women in Various Ages and Nations*, Boston: John Allen & Co. 1835. p. 255.

[3]　John Stilwell Jenkins, *Heroines of History*, Auburn: Alden, Beardslev & Co. 1853. p. 2.

《历史上的女英雄》（*Heroic Women of History*：*Comprising Some of The Most Remarkable Examples of Female Courage*，*Disinterestedness*，*and Self—Sacrifice*，*of Ancient and Modern Times*）就是一部女性英雄主义的赞歌。亨利认为，从女性教育的历史中可以探究英雄之所以为英雄的原因，正如该书序言中描写的"女英雄是值得人们尊敬的对象，就像灯塔一样呈现在人们面前，人们可以看到拥有纯粹和高贵的本性，虽然本性是女英雄不可缺少的因素，但是教育却为此提供了更多的东西"①。1870 年，菲蒂利亚·菲斯克（Fidelia Fiske）撰写了《玛丽·里昂：一个杰出女性的回忆录》（*Mary Lyon*，*recollections of a noble woman*）回忆并记录了玛丽·里昂一生的历史事迹，书中收录了很多一手的书信资料。②

第三节　女子学院史学：美国女性教育史学的初步创立

19 世纪中期以后，工业革命的飞速发展加快了美国社会结构的变化和社会观念的转变。美国社会工业化和城市化进程急需人才，这时美国高等教育的迅速发展为历史学发展提供了机遇，培养了更多的历史教师、为学生提供更多的历史课程成为时代的需要。19 世纪中期以后，科学历史学诞生，业余史学家让位给职业史学家，高校和研究所成为历史研究的基地。1884 年，美国历史学会的成立，1895 年《美国历史评论》杂志出版，职业历史学家逐渐成为历史学的主角，业余历史学家慢慢退出历史舞台。③ 科学历史学将兰克视为鼻祖，将兰克的史学模式视为经典，考证历史事件的方法和用于培养历史学家的研讨班的方法被广泛运用。在美国科学历史学家看来，兰克教会了他们如何进行历史研究。

美国史学的专业化促使美国教育史学走向专业化。这一时期的教育史

---

① Henry Clay Watson，*Heroic Women of History*：*Comprising Some of the Most Remarkable Examples of Female Courage*，*Disinterestedness*，*and Self-Sacrifice*，*of Ancient and Modern Times*，Philadelphia：Games L，Gihon Press. 1857. p. 5.

② Fidelia Fiske，*Mary Lyon*，*recollections of a noble woman*，London：Printed by Simmons Press. 1870. p. iv.

③ Ernst Vreisach. *Historiography*：*Ancient*：*Medical &Modern*，Chicago：The University of Chicago Press. 2007. p. 287.

学无论从史料的来源还是史学研究的方法，都大大超越了南北战争之前的史学范型。教育史研究的范围从真实记录事件转为文明的论述，并将批判的标准和社会学的方法引入教育史学中。① 美国教育史学走向专业化促进了美国女性教育史学形态的诞生。世纪之交的美国女性已基本摆脱了维多利亚女性的特征，以"新女性"的形象出现在历史的舞台上，其政治、经济和社会地位发生了很大改变。很多妇女杂志，如《妇女家庭杂志》（1878）、《巧妙持家》（1885）、《（妇女）家庭伴侣》（1873）等都在追寻凯瑟琳·比彻开辟的道路，宣传现代家庭主妇形象，在完善其持家和哺育技能的基础上，她们还对增长了的家庭产品消费增添了诱惑力。② 中产阶级的妇女要想成为新女性，需要接受更多的教育，因此，这一时期美国女性高等教育繁荣起来，然而一些妇女很快意识到，现代家庭主妇形象是被排斥在男人专业化世界中的，于是，她们开始专心于创立女子职业，这些女子职业使女性首次获得了经济上的独立，到 19 世纪 70 年代，凯瑟琳·比彻所进行的女性教书活动取得成功，对教师的需求刺激了女性教育机构的发展，大多数州建立教师培训学校，其中大部分后来发展成女子学院，接着，护士这一具有家庭属性的女性职业也逐渐得到了社会的认同，至 19 世纪 90 年代，已有 35 所护士学校成立。此外，其他女子职业如图书管理员、社会工作者、音乐教师等女子职业也开始萌芽了。这些职业为女性走出家庭领域，成为职业女性奠定了基础。由于这一时期美国女子高等教育迅速发展，教育史学家从欧洲女性高等教育史学中汲取了丰富的养料，在摆脱了欧洲的传统以后，逐渐探索出本土化的女子学院史学这一史学雏形。

一、欧洲女权运动和欧洲女性高等教育史学

女权运动是妇女争取解放、要求社会平等权利的政治斗争，它与资产阶级政治革命紧密相连，目标指向男权中心社会，为了实现男女在社会权利上的平等。启蒙运动对于民主、自由和天赋人权的宣扬，使《人权宣

---

① ［英］乔治·皮博迪·古奇：《19 世纪历史学与历史学家》，耿淡如译，商务印书馆 1989 年版，p. xvii.

② ［美］萨拉·M. 埃文斯：《为自由而生——美国妇女历史》，杨俊峰译，辽宁人民出版社 1995 年版，第 154 页。

言》成为衡量和思考社会问题的圭臬。女权运动席卷了整个欧洲，在英国，女权主义者玛丽·沃斯通克拉夫特（Mary Wollstonecraft, 1759—1797）强烈谴责英国社会男女不平等的现象，提出妇女为什么要受教育、妇女应当接受什么样的教育、妇女如何接受教育三个问题。英国另一位著名的女性主义者艾米丽·戴维斯（Emily Davies, 1830—1921）在《为女性的特殊教育系统》（*Special System of Education for Women*）一书中全面表述了自己对女性教育的看法。"目前关于女性教育的争论不是要不要让女性受教育，而是让她们受什么样的教育，她主张不应把女性的教育仅仅局限于使她们更好的做妻子、做母亲，而是应当为她们提供内容广泛的知识教育。"① 艾米丽·戴维斯重点关注女性高等教育，1866 年，她在《女性的高等教育》（*The Higher Education of Women*）一书中表达了对现有教育定义的怀疑，认为很多教育家在对教育进行定义时，其倾向性只适合男性，教育定义被贴上了独特的男性标签，以往将女性教育界定为了培养好母亲好妻子的想法太过狭隘，必须明确女性教育的真正目的是什么？女性通过教育要获得什么？女教师们应该做些什么才能使之成为她们自己？她们应该作出哪些努力才是理想的？她们努力的结果应该是什么？② 戴维斯从修正教育定义入手来解读女性教育，围绕什么才是最好的和最高级的女性类型这个问题展开讨论，对美国女性教育史学的发展有一定启发。

随着西方女子高等教育的发展，这一时期对欧洲女性高等教育史学的关注也是一个重点。1890 年，海琳·兰格（Helene Lange, 1848—1930）发表了《欧洲女性的高等教育》（*Higher Education of Women in Europe*）。兰格从社会进化史观出发，论述了男女接受平等教育的重要性，认为这个时代不仅需要专业性也需要通用性。③ 兰格将人类社会发展划分为人类未开化的野蛮时期、劳动力分化时期和机器大工业时期，在人类未开化的野蛮时代，男女两性是对立的，男性是保护者和法律制定者的角色，女性仅是养育家庭以及参与工业劳动的角色。进入劳动力的分化时期，两性劳动

---

① 顾明远、梁义忠：《世界教育大系——妇女教育》，吉林教育出版社 2000 年版，第 125 页。

② Emily Davies, *The Higher Education of Women*. London and New York：Alexander Strahan Publisher. 1866. p. 6.

③ Helene Lange, *Higher Education of Women in Europe*, New York: Thoemmes Press. 1890. p. ix.

力开始分化，女性远离了人文学科和商贸行业，而专门从事"家务劳动"（household）。男性承担作为军人的特殊的社会角色，到了机器大工业时代，工业生产将劳动者分为脑力劳动者和体力劳动者，工业的发展使两性领域之间的区别消失，女性不再需要从事传统的家务工作，取而代之的是接受学校教育成为女性新的工作，教育可以提升女性的"自我活动"（self—activity）的能力。《教育史》杂志的主编哈里斯（W. T. Harris，1835—1909）在评论兰格的著作时指出："在教育史系列丛书中，我们之所以选择兰格的论文，首先是因为它着眼于一些英语国家，这些国家已经超前跨出了第一步，并且正在努力建立各种不同特点的女性高等教育，其次女性高等教育是一个有争议的话题，选择这些保守派撰写的论文，我们可以以此为镜，审视所有国家的整体的运动发展轨迹，从最开始直到最后的发展，像一幅图画一样。"①

　　总之，欧洲女性教育史学倾向于对中产阶级妇女的研究，尤其是重视对中产阶级女性高等教育史的研究。玛丽·沃斯通克拉夫特和艾米丽·戴维斯作为自由主义女性主义教育史学家的代表，虽然主张女性应该接受各种教育，但不希望夸大女性教育对女权运动的影响。② 欧洲女权运动背景下产生的早期欧洲女性教育史学为南北战争后美国女性教育史学的发展提供了丰富的研究基础。

二、美国女权运动和美国女子学院史学

　　在欧洲女权运动的影响下，1848 年，在纽约塞尼卡福尔斯召开了美国历史上第一次妇女权利大会，对美国女性社会地位产生了巨大影响。首先，美国女性获得了政治选举权。其次，美国女性实现了从"维多利亚女性"到"新女性"的转变。女性开始追求个性、向往自由、充满信心和敢于创新。③ 越来越多的美国女性走出了"妇女领域"，进入了教育领域和社会职业领域。最后，女性积极争取高等教育权。这一时期出现了很

---

① Helene Lange, *Higher Education of Women in Europe*, New York: Thoemmes Press. 1890. p. xvii.

② 周愚文：《英国教育史学发展初探（1868—1993）》，载《台北师大学报》1994 年第 39 期，第 88 页。

③ Rosalind Rosenberg, *Divided Lives*：*American Women in the Twentieth Century*，New York：Hill and Wang Press. 1992. pp. 25 – 35.

多专业的女性主义教育史学家，他们分化为以凯里·托马斯为代表的"激进派"和以艾略特为代表的"保守派"，"激进派"期望利用高等教育改变女性社会地位和生活状况，"保守派"则认为高等教育是为实现社会稳定而成为维持传统性别分工形式的工具，尽管两派进行了激烈的论争，但却共同关注于美国女性高等教育史研究，出现了丰富的女子学院史学的史学雏形。

（一）"激进派"与"保守派"的论争

第一次女权运动对美国女性教育史学的发展起到了推波助澜的作用。这一时期，很多女性教育史学家既是女权主义战士也是专业的教育家，她们几乎都受过高等教育并获得学位，也深受早期女性主义思想的影响，她们通过撰写回忆录、创办期刊、出版著作等方式，立场鲜明地要求女性必须接受高等教育。激进派中最著名的是美国女权主义者伊丽莎白·凯蒂·斯坦顿（Elizabeth Cady Stanton，1815—1902），她在美国第一次女权运动中扮演了积极的角色，她仿照《人权宣言》撰写了美国第一次女权运动的行动纲领——《妇女独立宣言》，提倡女性应该和男性一样享有教育权。1892 年，斯坦顿又出版了著名的《自我之孤独》（*The Solitude of Self*）一书，指出教育是使女性独立的重要工具，女性通过接受高等教育，可以充分发挥个人的聪明才智，以求得身心全面发展；同时女性要享有思想自由和行动自由，从任何形式的束缚、依附及种种迷信中彻底解放出来。[①]

美国第一次女权运动中堪称最具才华的演说家是露西·斯通（Lucy Stone，1818—1893）。1847 年，斯通成为马萨诸塞州第一个获得大学学位的女性。她和丈夫布莱克威尔创办了《妇女杂志》（*Women Journal*）周刊。1910 年，《妇女杂志》合并了"美国妇女选举协会"（the National American Woman Suffrage Association，NAWSA）的机关报刊《进步》（*Progress*）杂志。斯通以《妇女杂志》为其宣扬女权主义教育思想的阵地，组织社会各界专家撰写文章，对阻碍妇女上大学的各种言论和规定进行批判。

女权主义者凯里·托马斯（Carey Thomas，1857—1935）是美国教育

---

① ［美］戴安娜·拉维奇：《美国读本》，三联书店 1995 年版，第 466 页。转引自顾明远、梁忠义主编《妇女教育》，吉林出版社 2000 年版，第 126 页。

家、妇女参政论者和语言学家。1877 年，她毕业于康奈尔大学，后担任文学教授和圣人学院院长职务。1882 年，她在瑞士苏黎世大学获得博士学位。1901 年，凯里·托马斯撰写了《美国大学女生的现在与未来》（*The College Women of the Present And Future*）①，1904 年和 1908 年先后撰写《妇女教育》（*Education of Women*）和《妇女的大学和大学教育：在大学女校友季度会议上的发言》（*Women's College and University Education：Address Delivered at the Quarter—Centennial Meeting of the Association of Collegiate Alumnae*）两本书。凯里·托马斯的观点如下：首先，她运用历史的视角分析了美国女子高等教育发展超前的原因：一是 1945 年美国男女同校的公立学校系统的运行，为美国女性进入高等教育奠定了基础；二是 1870 年当美国的大学首次向女性开放时已经有很多女性在公立学校从事教师工作，女性一旦从高校毕业就能找到教师工作。其次，她擅于运用计量史学和比较史学的方法，将美国和同时期的英国大学女子数量进行比较研究，也将 1885 年、1890 年、1900 年、1902 年的四次调查结果进行比较，以说明美国大学女性不断进步的受教育的情况。最后，广泛引用了官方的原始档案资料，并以进步史观作为指导，预测了美国大学女子教育发展的未来趋势。

尽管激进的女权主义史学家竭力主张女性应当接受高等教育，但是她们的主张也遭到了来自保守派的反对。保守派代表哈佛大学校长查尔斯·艾略特（Charles Eliot, 1834—1926）就明确指出："从历史继承下来的伟大的知识遗产对女性毫无用处，因此必须为女性寻求新的教育模式。"② 哈佛大学另一位医生爱德华·克拉克（Edward Clarke）在《教育中的性别：女孩子的平等机会》一书中也表达了相同的观点，他认为男女生理结构不同，如果女孩子过多读书，就会使血液从卵巢流向大脑，特别是如果在月经期间用脑过多，就可能影响她们生育健康的婴儿。针对克拉克的论点，美国妇女参政运动的领导人豪·茱莉亚·沃德（Julia Ward Howe, 1819—1910）在 1874 年专门出版三卷本论文集对以上观点进行反驳。在《性别和教育：对克拉克博士的回应》（*Sex and education：a reply to*

---

① Carey Thomas, The *College Women of the Present and Future*, Published by McClure's Syndicate. 1901. pp. 1 – 6.

② [美] 戴安娜·拉维奇：《美国读本》，陈凯译，三联书店 1995 年版，第 484 页。

Dr. *E. H. Clarke's* "*Sex in education*")[①] 中，豪收录了不同作者发表的论文对其进行批判，也选取了瓦萨学院、密歇根大学、奥柏林学院、安提俄克学院和朗巴德大学的历史发展作为例证，来反驳克拉克在女性健康和教育方面的观点。

综上所述，凯里·托马斯和艾略特分别代表了这一时期的激进派和保守派，前者期望利用高等教育改变女性社会地位和生活状况，后者则认为高等教育是为实现社会稳定而成为维持传统性别分工形式的工具。在美国女性教育史学中之所以会分化成激进派和保守派两大派别，主要与 19 世纪 50 年代以来美国社会公共舆论和包括政客在内的美国主流社会对女权运动提出的种种要求持双重态度有关：一方面，对女性经济方面的要求（如财产权和收入支配权等）持同情和有限支持的态度；另一方面，对女性提出的政治选举权和离婚权持反对的态度。之所以出现双重态度，原因在于人们对"独立—依附；私有领域—公共领域"这两对矛盾的诠释和理解上，而中产阶级女性的教育与这两对矛盾有着直接的关系。首先，教育与女性财产权。高水平的教育使更多的女性拥有自己的财产，于是女性开始要求独立的财产权，然而这些财产并不多，再加上她们并不代表当时的主流力量，无法构成一个强大的社会群体，因此，女性在经济方面的有限权力不可能从本质上改变女性处于私有领域的处境，也不会扰乱当时主要以男性把持公共领域而女性则属于私有领域的社会秩序，所以即使给予女性财产权也不能从根本上使女性摆脱依附的地位。其次，教育权和女性选举权。从高等教育领域走出的妇女，一般从事高层次的社会职业，社会地位也有所提高，社会地位的提高使女性要求更多的社会权利，如选举权和更多的受教育权。然而女性拥有越来越多的自主权会动摇男尊女卑的社会秩序，另外，很多的女性介入公共领域也会给私有领域的家庭带来很多负面的影响。[②] 真理越辩越明。学术论争也是如此。虽然激进派史学家和保守派史学家对女性在接受更多和更高层次的教育的问题上存在分歧，但是不可否认，他们对女性接受高等教育的肯定已经让他们迈出了学术研究

---

① Julia Ward Howe, *Sex and Education*: *a Reply to Dr. E. H. Clarke's* "*Sex in Education*", Boston: Roberts Brothers Press. 1874. pp. 5 – 13.

② Eleanor Flexber and Ellen Fitzpatrick, *Century of Struggle*, New York: Harvard University Press. 1959. p. 136.

的第一步。

(二) 女子学院史学初现端倪

20 世纪初，美国很多受人尊重的职业如教师、医生和律师都需要具有一定的资质才能上岗，对于女性来说接受专业的中高等教育是获得这些高贵职业的必经之路。尽管激进派和保守派史学家们在女性高等教育的功用方面存在分歧，但是她们几乎都认为女性应当接受高等教育。在实践中他们也积极推进女性高等教育的发展，并将其作为女性迈入较高社会层级的手段。这一时期美国女子学院（female college）和男女同校制的女子高等教育、女子高等师范教育的蓬勃发展，引起了史学界对美国妇女高等教育史学的关注，美国女性高等教育史学著作颇丰，女子学院史学就是典型代表之一。

随着女子学校的蓬勃发展，出现了各种记载和介绍女子学院历史的著作，女子学院史初现端倪。例如，1852 年，格林堡罗女子学院（Greensboro Female College）的《格林堡罗女子学院》（*Greensboro Female College*），详细介绍了格林堡罗女子学院的历史，学院的规章制度和课程、考试制度和经费管理等情况。[1] 1852 年，印第安纳州阿斯伯里女子学院（Indiana Asbury Female College）的《阿斯伯里女子学院开学议程》（*Proceedings on the occasion of the opening of Indiana Asbury Female College*），第一项介绍了阿斯伯里女子学院的历史。[2] 1865 年，瓦萨女子学院（Vassar Female College）出版了《瓦萨女子学院计划书》（*Prospectus of the Vassar Female College*），明确提出瓦萨女子学院成立的目的是"为年轻女性自我实现"。在开设的课程中，体育被视为基础课程，还要为女性提供自由的、先进的知识教育，包括对人的本性的发展有重要作用的道德和宗教教育；培养女性管理家庭能力的家庭教育（domestic education），以及社会教育和职业教育。[3] 1877 年，瓦萨学院的《瓦萨学院：为了女性的高等教育》（*Vassar College: for the Higher Education of Women*）一书，全面介绍

---

① Greenesboro Female College, *Greenesboro Female College*, Augusta: Geogria Steam Power Press. 1852. p. 8.

② Indiana Asbury Female College, *Proceedings on the Occasion of the Opening of Indiana Asbury Female College*, New Albany: Norman&Matthews Printers. 1852. pp. 3 – 27.

③ Vassar Female College, *Prospectus of the Vassar Female College*, New York: C. A. Alvord Press. 1865. pp. 4 – 45.

了瓦萨学院。[①] 1893 年，玛丽埃塔学院（Marietta College）的《玛丽埃塔女子学院》（*Marietta College for Women*），介绍了该学院的课程、建筑、学位、招生和学费等。[②] 1867 年，罗格斯女子学院（Rutgers Female College）的《罗格斯女子学院开学典礼会议议程》（*Proceedings of the Meeting Held at the Inauguration of Rutgers Female College*），第一部分是叙述罗格斯女子学院的历史，第二部分是朗读嘉宾来信。[③] 1889 年的《纳什维尔大学为年轻女性敞开大门》（*Nashville College for Young Ladies*），介绍了纳什维尔女子学院的课程、教工、体操馆等。[④] 新英格兰女子医学院（New England Female Medical College）在 1860 年和 1867 年相继出版了《新英格兰女子医学院年度公告》（*Annual announcement of the New—England Female Medical College*，1860—1861）[⑤] 和《新英格兰女子医学院年度报告，1862—1871》（*Annual Catalogue and Report of the New England Female Medical College*，1862—1871），详细记录了新英格兰女子医学院发展的历史。[⑥] 1869 年，芝加哥女子医学院（Woman's Medical College of Chicago）的《芝加哥女子医学院及其创立者：班级的历史，1870—1896》（*the Institution and its Founders*：*Class Histories*，1870—1896），是芝加哥女子医学院校友会编纂的一本班级史著作，书中介绍了校友会的构成、芝加哥女子医学院的历史、班级历史、创建者的历史沿革等。[⑦]

综上所述，女子学院史学是这一时期美国女性教育史学的雏形，其史学特征表现为：首先，研究内容倾向于机构史。19 世纪大部分时间里，

---

① Vassar College, *Vassar College*：*For the Higher Education of Women*. New York：Poughkeepsie. N. Y. 1877. pp. 3 – 8.

② Marietta College, *Marietta College for Women*. Ohio：Marietta College Press. 1893. pp. 4 – 23.

③ Rutgers Female College, *Proceedings of the Meeting Held at the Inauguration of Rutgers Female College*, New York：Agathynian Press. 1867. pp. 11 – 67.

④ Nashville College, *Nashville College for Young Ladies*, Nashville：Nashville College Press. 1898. pp. 5 – 16.

⑤ New England Female Medical College, *Annual Announcement of the New-England Female Medical College*, Boston：New England Female Medical College Press. 1860. pp. 1 – 4.

⑥ New England Female Medical College, *Annual Catalogue and Report of the New England Female Medical College*, 1862—1871, Boston：New England Female Medical College Press. 1867. p. 6.

⑦ Woman's Medical College of Chicago, *the Institution and its Founders*：*Class Histories*, 1870—1896. Chicago：Woman's Medical College Press. 1869. pp. 3 – 23.

美国史家对史学理论的问题缺少兴趣，史学著作保持着浓厚的实用和文学气息。19 世纪中期以后，美国女子学院蓬勃发展，历史学家对女子学院历史的记录和档案保存有着浓厚的兴趣，机构史成为主要的史学范型。其次，撰史者多为女子学院。学院撰史而不是某个史学家撰史是这一时期的一种特殊现象。笔者认为，之所以会出现机构撰史的现象，主要是由于这种撰史行为与学校利益一致。一方面，机构史作为一种档案或成绩的总结；另一方面，也希望通过对历史的总结向女学生及其父母宣传学院。最后，史料来源多为原始材料和档案文献，也反映了这一时期在兰克传统史学范式的影响下，注重原始史料的搜集和整理，即与事件同步的历史记录。

（三）美国地区或州高等教育史学中的女子学院史

1891 年，美国教育局发布了教育史系列丛书，出版了各州的高等教育史。该丛书共 13 卷，包括威廉姆和玛丽学院（1887）、托马斯·杰弗逊和弗吉尼亚大学（1888）、北卡罗来纳州教育史（1888）、南卡罗来纳州高等教育史（1889）、乔治亚州教育（1889）、佛罗里达州教育（1889）、威斯康星州高等教育（1889）、阿拉巴马州教育史（1890）、印第安纳州高等教育（1891）、密歇根州高等教育（1891）、俄亥俄州高等教育史（1892）、马萨诸塞州高等教育史（1892）。布什·乔治·加里博士（Bush George Gary）在《马萨诸塞州高等教育史》（*History of Higher Education in Massachusetts*）一书中提道："如果我们要构建一个现代的、政治的、哲学的、教育的历史，那么我们缺乏对女性教育历史的关注。"[1] 在该书的第 13—15 章，加里用专题形式论述了马萨诸塞州的芒特·霍利约克女子学院、卫斯理女子学院以及史密斯女子学院的历史。美国印第安纳大学美国史专业教授伍德伯恩·詹姆斯·艾伯特（Woodburn James Albert）在《印第安纳州高等教育史》（*Higher Education in Indiana*）中也介绍了印第安纳州师范学院女子教育的历史。[2] 美国密歇根大学历史系副教授麦克拉福林·安德鲁·坎宁安（McLaughlin Andrew Cunningham）撰写

---

① Bush, George Gary, *History of Higher Education in Massachusetts*, Washington：Government Printing Office. 1891. p. 445.

② Woodburn, James Albert, *Higher Education in Indiana*, Washington：Government Printing Office. 1891. pp. 124 – 130.

了《密歇根州高等教育史》（*History of Higher Education in Michigan*），书中第八章介绍了密歇根州男女同校的历史以及女性进入高等教育的历史。①

综上所述，南北战争后的美国女性教育史学开始拥有自己独特的史学形态——女子学院史学，但是与之前的女性教育史学形态相比有一个显著的区别，即无论从史学研究的对象还是从史学家身份，抑或是史学研究的指导思想来看，都体现了史学专业化的特点：首先，初步确立了美国女性教育史学研究的对象和范围，主要关注女子学院史。其次，史学家的专业化，接受过专业训练的史家开始担负撰写史学的重任。再次，初步确立了史学的功用，浪漫主义史学家习惯与小说家争抢读者，理性主义史学家习惯将史学作为一种规训手段，而这一时期的美国女性教育史学的功用在于用历史事实为自己说话。最后，以女性主义理论指导史学研究，美国第一次女权运动催生的早期自由主义女性主义思想深深地影响了史学家，激进派和保守派都是早期女性主义史学家，她们开始不自觉地将理论运用于史学研究中，推动了美国女性教育史学的确立。

第四节 《美国女性教育史》：美国女性 教育史学的确立

如果说 19 世纪是科学历史学的时代，那么 20 世纪则是美国新史学的时代，它见证了美国史学从欧洲传统到自身传承的演变过程。② 1898 年，道·厄尔·威尔伯（Earle Wilbur Dow，1885—1945）在《美国历史评论》上最早使用"新史学"一词。新史学试图吸收和运用社会科学（经济学、政治学和心理学等）的研究成果和研究方法，强调再现复杂的社会生活，注重探索那些构成历史试题的政治经济和社会力量。③ 实际上，新史学与科学历史学并不是完全冲突的，共同分享着历史进化论、人类进步理念和科学理念，在对历史事实的考证和培养历史学人才方面也持同样的观点。

---

① McLaughlin, Andrew Cunningham, *History of Higher Education in Michigan*, Washington: Government Printing Office. 1891. pp. 66 – 70.

② 于沛：《20 世纪的西方史学》，武汉大学出版社 2009 年版，第 181 页。

③ 何平：《西方历史编纂学史》，商务印书馆 2010 年版，第 283 页。

但它们之间也有不同，新史学反对科学历史学放弃历史解释的做法，认为这样做会缺乏对现实问题的理解。随着特纳边疆理论的产生，美国历史学开始摆脱对欧洲史学的依附，完全成为一门独立学科。新史学将人类一切活动都纳入历史研究的范畴，不再局限于研究历史上的重要人物，一些普通人成为历史研究的对象，新史学在主张与社会科学合作、为历史提供多元解释的同时，也强调历史的现实性，主张历史要为现实服务。

19 世纪晚期，美国教育史成为美国师范学院和师范学校教育系中开设的最广泛的课程之一，但却是一门不太流行的课程。在孟禄和卡伯莱师徒的共同努力下，从以研究欧洲教育史为主转向对美国公立教育史的研究，构建了以讴歌美国公立学校为特色的传统的美国教育史学范型。孟禄和卡伯莱影响了一批专业史学家，纷纷投身于美国教育史的研究。然而，激荡的社会运动对史学家们的研究产生了深刻的影响。在 19 世纪中期美国爆发了第一次女权运动，在自由主义思想的影响下，产生了强调理性、公正、机会均等的早期自由主义女性主义思想。早期自由主义女性主义的思想也深深影响了一批又一批的史学家们。这一时期，颇具影响力的专业女性教育史学家主要有威利斯汀·古德赛尔（Willystine Goodsell，1870—1962）和托马斯·伍迪。

一、美国女性教育史学确立的宣言书
——古德赛尔的《女性教育》

威利斯汀·古德赛尔曾在哥伦比亚大学师范学院攻读博士，师从美国著名教育家杜威，博士毕业后留校任教 31 年，直至 1961 年退休。古德赛尔在学术领域非常活跃，出版了很多著作，她本人也是"美国民权同盟"（American Civil Liberties Union）、"外国政策协会"（Foreign Policy Association）的成员，"美国优生协会"（American Eugenics Society）和"美国安乐死协会"（Euthanasia Society of America）的主任。1923 年，古德塞尔出版专著《女性教育——其社会背景和问题》。1931 年，古德塞尔与凯瑟琳·埃丝特·比彻合著《美国女性教育的先驱：艾玛·维尔德，凯瑟琳·比彻，玛丽·里昂》（*Pioneers of Women's Education in the United States: Emma Willard, Catherine Beecher, Mary Lyon*），概述了 1820 年之前美国女性教育史，收集了详细的传记材料，并选择了三位著名的女性教育先驱进行个案研究。

古德赛尔的作品主要以西方文化作为研究背景，秉承进步主义教育史观。这种进步史观主要表现在三个方面：第一，女性地位的提高与她们接受高等教育是同步的。女性教育的进步带来了政治、经济和社会地位的提高。第二，美国独立战争是一个分水岭，以此为界，划分了殖民地女性灰暗的处境和由于公共观念的改变带来的女性美好前景。第三，女性教育史沿着进步路径前进，从初级学校到女子神学院，再经艾玛·维尔德、凯瑟琳·比彻和玛丽·里昂的改革后创立的师范学校和学院，这一进步的历史过程也是女性渐渐获得解放、走向独立的历史过程。之后，古德赛尔相继出版了《女性教育——其社会背景和问题》（*The Education of Women—its Social Background and its Problems*，以下简称《女性教育》）和《美国女性教育先驱》（*Pioneers of Women's Education in the United States*）。

在女性教育史学观上，古德赛尔接受了美国进步主义史学思想，运用冲突论原则解释关于两性差异、智力差异的社会争论。在学科方法上，她主要从社会学、生物学、经济学、人类学、地理学和心理学等学科视角出发，运用调查问卷、田野工作和计量等社会科学研究方法来研究美国女性教育。在历史编纂方法上，古德赛尔更倾向于问题取向，摒弃了传统的编年式撰史方式，全书共分十章，每一章都围绕一个问题展开讨论，"问题"是贯穿全书的主线，也是文章的重点。古德赛尔对社会习俗与制度的解释通常会使用历史学术语，如"进化""扩散""模仿"等。受物理学和生物学的启发，古德赛尔还运用多因素对维系整体结构所起的作用来解释社会习俗和制度，这种研究方法对托马斯·伍迪的研究影响很大。在撰写思路上，古德赛尔"首先要指出关键的问题，其次是弄清楚事实真相，最后预测未来趋势和可能的结果"。[1] 她从社会问题入手展开理论假设，然后将社会问题影射到女性教育的各个部分，提出了女性职业教育、体育教育、性别教育、社会教育和女性个人主义等问题，重点说明女性教育与社会之间的内在联系，强调社会与教育是一种双向互动的关系。总之，古德赛尔基本奠定了进步史观下美国女性教育史学的轮廓，托马斯·伍迪也只是在其基础上的深化和发展。

---

① Willystine Goodsell, *The Education of Women—its social background and its problems*, New York: The Macmillan Company. 1923. pp. 292 – 327.

二、美国女性教育史学确立的标志
——托马斯·伍迪的《美国女性教育史》

很多专业史家在撰写美国教育史的过程中发现，如果要想构建一部完整的、可信赖的美国教育通史，就无法忽视美国女性教育的历史，而这也正是传统美国教育史学最大的缺陷。[1] 于是，为了填补这一空白，很多原本研究美国教育史的专业史家们转而研究美国女性教育史。宾夕法尼亚大学教育史教授托马斯·伍迪就是代表之一，伍迪原本试图撰写一本美国教育通史，在搜集资料的过程中，发现美国女性教育这个领域在很多教育史著作中相对比较沉默，而纵观当时综合性的美国教育史著作，几乎很少关注女性已经取得的巨大进步，于是他在 1929 年出版了两卷本的《美国女性教育史》，该著作被视为美国女性教育史学独立的标志。

除此以外，这一时期也出现了其他女性教育史学方面的著作，例如，1926 年，哈佛大学历史系出版的系列丛书《哈佛大学历史研究》（*Harvard University Studies in History*），这本书主要收集了霍华德大学历史系教师和学生的原著，包括自传、珍贵的小册子以及文件汇编。该书的第七卷收集了哈佛大学历史系马克里尔·马莎（MacLear Martha）教授的《纽约和新英格兰女孩教育史：1800—1870》（*The History of the Education of Girls in New York and in New England*，1800—1870）一文，作者将美国殖民地时期女孩教育史学的发展与当时的社会、政治、法律、经济的变化结合起来研究，认为以上所有的变化都会对妇女的社会地位产生影响，和给予女性自信和自尊相比，任何一种单一的方法都无法产生可以预见的改变。[2]

综上所述，20 世纪以后在进步主义教育史观的指导下，美国女性教育史学开始确立，主要得益于以下几个方面：首先，美国第一次女权运动的兴起，早期自由主义女性主义思潮对史学家的影响表现在很多史学家开始发现美国教育史学中美国女性教育史学的缺失，并有一些专业史家转向美国女性教育史研究。其次，女性教育的发展，大量女性教育机构的成

---

[1]   Thomas Woody, *A History of Women's Education in the United States*（Vol. 1），New York：The Science Press. 1929. p. vii.

[2]   Maclear, Martha, *The History of the Education of Girls in New York and in New England*，1800—1870，Washington，D，C：Harvard University Press. 1926. p. 11.

立，以及在美国公立学校中接受教育的女性日益增多，为传统的美国女性教育史学的确立提供了丰富的史料来源。美国女性在争取政治和经济平等权的过程中，始终对教育十分关注，教育在美国现代社会中的重要性愈加突出，对大多数美国人来说，无论男女，教育成为他们确立自己的社会地位和自我发展的手段。因此，在20世纪前半期，美国的公立教育取得了长足进步。就小学而言，基本达到了全部普及的程度，初中教育也基本普及。在《史密斯—休斯法案》实施后，作为大学预备教育的高中也向女孩全面开放，尽管高中教育对男女两性采取不同的标准，但至少美国法律支持女孩接受小学至高中教育。女孩接受高等教育的情况比较复杂，出现了暂时繁荣和衰退的迹象，但是美国中产阶级女性进入大学已较为普遍，多集中在男女合校的公立学院。这些为传统美国女性教育史学的形成奠定了基础。最后，新史学为其提供了研究范式。以特纳为代表的"边疆理论派"在进化论史观的指导下开启了美国新史学的大门，美国史学开始摆脱对欧洲史学的依附，成为一门完全独立的学科。真正高举"新史学"大旗的是美国史学家鲁滨逊，虽然是新史学派的代表，但是他并没有完全否定科学历史学，一方面他继承了科学历史学考证史料的方法，另一方面他希望批判性的运用社会科学的方法为历史学所用。新史学提倡通过对历史的多元解释，使历史研究服务于现实。进步主义史学正是新史学的实践。传统的美国女性教育史学正是沿袭了新史学的范式，将社会科学的研究方法引入教育史学的研究中。在对美国女性教育史的研究，不再只局限于历史事实的堆砌，更着眼于问题的分析。

本章小结

美国女性教育史学的确立离不开美国史学的大环境。早在殖民地时期，很多清教徒史家利用撰写女性教育史来宣扬女性作为好母亲和好妻子的角色，那时候的女性教育史学仅仅作为一种宣传工具，隐约提出了女性教育的目的。19世纪是美国科学历史学的世纪，历史学走向专业化和独立化，业余史家让位给专业史家，他们以高校和研究所为基地，撰写专业论文，但此时的史学们还是秉承了兰克的如实直书的史学范式。20世纪的新史学为美国女性教育史学的发展推开了另一扇门，史学家不再用堆砌的方式来撰写历史，他们更多地关注方法论的革新，开始在历史学研究中批判地运用社会学的方法、手段和结论，史学的实用主义道路由此开启。

　　美国女性教育史学的确立也离不开美国女性教育的发展。美国女性教育经历了从家庭教育到学校教育，从初等教育到高等教育，从培养维多利亚女性到培养新女性，从模仿欧洲模式到具有美国特色的模式的转变。因此，美国女性教育从不成熟走向成熟，从非制度化走向制度化，从低水平教育层次走向高水平教育层次，从以宗教和道德为导向走向社会导向，从依附走向独立的过程。

　　美国女性教育史学的确立更离不开社会变革的影响。第一次女权运动的爆发，深受早期女性主义思想影响的史学家们开始运用女性主义的视角来审视教育史学的发展，她们信仰个体自由、平等，视个人的成功与失败取决于自身的努力和能力，围绕着"男女平等对待还是区别对待"的核心问题，寻求社会改革的多样化，力图实现女性在教育领域真正的平等。

　　总体看来，美国女性教育史学是一部美国精英女性教育史学，主要形式是官方档案。最初它一直零散地记录在教会史、妇女教育协会的年度报告、州高等教育史和女子学院史以及妇女史中。在托马斯·伍迪等专业史家的努力下，这些零散的记录才从一些原始记录中独立出来，逐渐形成传统意义上的美国女性教育史学，甚至一直延续到 20 世纪 60 年代，也为后来女性教育史学的发展提供了丰富的史料。

第二章 美国女性教育史学的
创立者托马斯·伍迪

如前所述，美国女性教育史学的确立经历了从依附欧洲传统到形成本土特色的转变，这一转变离不开美国女性教育的发展，也离不开史学和社会变革的影响，但是我们更无法忽视的是女性教育史学家的努力，美国宾夕法尼亚大学教育史专业教授托马斯·伍迪就是早期美国女性教育史学家的代表，在早期自由主义女性主义思想的影响下，伍迪接受了古德赛尔的进步主义教育史观，秉承着理性、公正、机会均等的前提，撰写了《美国女性教育史》，该书成为美国传统女性教育史学确立的标志。本章将通过对托马斯·伍迪及其《美国女性教育史》的研究，深入分析以其为主要代表的美国传统女性教育史学的基本特征。

第一节 国家荣誉勋章获得者

1891 年，伍迪出生于美国印第安纳州一个贵格教派农民家庭，他曾在哥伦比亚大学教师教育学院师从著名教育史家保罗·孟禄（Paul Monroe，1869—1947）研修教育史并获得博士学位。1918—1919 年，伍迪担任基督教青年会国际委员会的秘书，回国后在宾夕法尼亚大学执教成为教育史专业教授，直至 1960 年因患癌症去世。

托马斯·伍迪是一位多产学者，一生撰写了 8 部著作和 200 多篇论文。他的研究领域包括三个方面：教育史、史学理论、国际比较教育。经典学术著作有：《美国宾夕法尼亚州早期桂格派教育》（*Early Quaker Education in Pennsylvania*）、《殖民地和新泽西州的贵格派教育》（*Quaker Education in the Colony and State of New Jersey*）、《历史和方法》（*Of History and its Method*）、《新思想：新男性？苏联公民的出现》（*New Mind：New Men？The Emergence of Soviet Citizen*）"、《苏联的儿童文学》（*Children's Literature in Soviet Russia*)、《希腊社会中的两性平等》(*The Fair Sex in Greek Society.*)、《美国女性教育史》等。

伍迪对美国女性教育史研究是具有开创性的，1929 年出版的《美国女性教育史》堪称美国女性教育史学上的一个伟大成就。[①] 该书分为两卷，第一卷主要界定"女性教育"(Women's Education) 的新概念，第二卷主要介绍科学与女性教育、女性的职业分布、女子大学、职业教育与体育教育等。作为一位传统女性主义教育史学的代表，伍迪受他那个时代进步史学的影响，奉行单线的进步史观，通过歌颂美国白人中产阶级女性在公立学校的教育，撰写了一步精英女性的赞歌，该书史料非常翔实，堪称"珍贵的原始资料读本"。[②]

基于托马斯·伍迪在教育领域的杰出成就，1929 年，他被授予古根海姆奖 (Guggenheim Fellowship Awards)[③]。1960 年，伍迪去世后，《教育史季刊》的第一期为纪念他专门刊登了讣告，并指出："1960 年，伍迪的去世宣告了一个历史时代的结束以及另一个崭新的历史时代的到来。伍迪和他那个时代那些疯狂的史学家相比，拥有更纯粹的历史知识和历史情感，然而在 20 世纪 60 年代以后，这些都将被抛弃。应该说，伍迪是传统历史写作巅峰时代的代言人。"[④] 1960 年，伍迪被授予国家荣誉勋章，该奖项一般授予在教育领域中作出杰出贡献的国内外知名学者。托马斯·伍迪一生都致力于美国女性教育史研究，除了著书立说，伍迪也搜集了大量的教育史料。在他逝世以后，美国宾夕法尼亚大学为其建立了托马斯·伍迪纪念馆和事迹陈列馆。

---

① Linda Eisemann, *Historical Dictionary of Women's Education in the United Stated*, New York： Greenwood Press. 1998. p. 490.

② Maxine Schwartz Seller, a History of Women's Education in the United States： Thomas Woody's Classic-Sixty Years Later, *History of Education Quarterly*. 1989. Vol. 29. No. 1. p. 97.

③ 这个奖项是由美国前参议员古根海姆和她的妻子为纪念他们 1922 年死去的儿子设立的。这个奖项主要颁给那些在自然科学、社会科学、人类学以及特殊艺术学科（不包括行为艺术）表现出特殊能力的人，该奖项的获得者包括一些诺贝尔奖、普利策以及其他奖项获得者。

④ Milton Gaither, *American Educational History Revisited： a Critique of Progress*, New York： Teacher College Press. 2003. p. 2.

第二节　进步主义史观影响下的美国女性教育史

正如任何根本性变革要以观念的变革为先导一样，研究史学的历史不能脱离对史学观念的分析。"史学观念"主要是指历史学家对历史与历史学的基本看法，教育史观是史学观念的一种，是指人们对已经发生的教育历史的总的观点和看法，体现了教育史学家主体意识和对教育历史的理解。教育史学家在进行教育史研究和阐述时都受一定的教育史观的指导。教育史观一般关心这样几个问题：教育历史的发展过程是否是一种客观存在的进步发展过程？推动人类教育进步和发展的根本动力在哪里？政治、经济、文化等社会因素在教育史发展的过程中到底起什么作用？这些作用之间又存在什么关系？[1] 以托马斯·伍迪为代表的美国传统的女性教育史学正是在进步主义史观指导下，坚持冲突、改革和进步的教育史观，讴歌了美国女性教育不断进步的历史，由于身处新旧史学交替的时代，伍迪在夹缝中探索出了一条"中间道路"，其代表作《美国女性教育史》也成为传统美国女性教育史学历史上的里程碑。

一、新史学背景下的进步主义史学思潮

托马斯·伍迪作为美国女性教育史学的奠基者，其教育史观的确立与他所处的社会环境以及史学背景是分不开的。在社会环境方面，政治领域的"新民主"、教育领域的"进步主义教育运动"和意识形态领域的"本土文化意识的成熟"对他的女性教育史学观的形成有重要影响。在史学背景方面，美国的进步派掀起了进步主义史学思潮，传统的兰克史学派遭遇了新史学的挑战，传统史学与新史学的论争，为新史学的发展奠定了基础。

（一）社会背景

1890 年至第一次世界大战期间，美国社会被称为"改革的时代"。随着美国工业化和城市化的发展，社会矛盾加剧，农民运动、工人运动、进步主义运动和女权运动此起彼伏，美国的中产阶级和知识分子开始了自上

---

① 武翠红：《传统与变革：英国教育史学历史演变研究》，博士学位论文，南京师范大学，2012 年，第 40 页。

而下的改革运动，在政治、教育以及意识形态等领域开展了进步主义的改革。

首先，政治领域的"新民主"。在美国，政治腐败、富人干政和党魁擅权等丑陋现象比比皆是。进步派认为，要根治这种陋习，唯一有效的途径就是建立大众政府，扩大人民参政权利，建议向女性敞开政治大门。19世纪上半叶，妇女选举权运动在美国展开，1918年通过《妇女选举权的宪法修正案》。1920年，田纳西州作为第36个州批准了该修正案，宣告其成为美国宪法的一部分。美国女性争取平等的政治权利获得成功，这也标志着美国向新民主跨进了一大步。

其次，教育领域的"进步主义教育运动"。19世纪末20世纪初，美国开展了"进步主义教育运动。这个社会改良运动旨在揭露美国工业社会中的弊病。进步主义教育运动区别于美国19世纪80—90年代各种教育改革的核心在于，依据对城市工业文明本质的认识，确立了以人的解放和社会的进步为宗旨的教育改革策略。[①] 进步主义者意识到，美国社会的工业化和城市化给美国带来了物质文明的同时也带来了种种恶果。社会改造是以人的最大程度的解放为目的的，人性的改良与解放也将促进社会进步，社会改革与人的改造之间的完美结合是进步主义教育家的美好愿景。

最后，意识形态领域"本土文化意识的成熟"[②]。当西方人以欧洲文化为圭臬的时候，美国却开始寻求摆脱欧洲文化的影子，强调美国文化的独特性和本土性。从特纳的边疆学说开始，美国人就开始将国家使命与删除了不光彩记录的西部边疆史混为一谈，将不一致甚至是互相冲突的理念整合为一体，美国人对自己的生活方式开始了理性的总结，对世界强国的地位也有了自觉的认识，这些都意味着美国本土文化意识的成熟。

（二）史学背景

19世纪末20世纪初，强大的兰克史学派在经历了19世纪"历史学的世纪"的辉煌后，遭遇了来自新史学的巨大挑战。新史学犹如一股涓涓细流在19世纪末20世纪初发端并蓄势待发。然而，传统史学的力量不

---

① 张斌贤：《社会转型与教育变革——美国进步主义教育运动研究》，湖南教育出版社1997年版，第232—233页。

② 李剑鸣：《大转折的年代——美国进步主义运动研究》，天津教育出版社1992年版，第221页。

容小觑，出现了在 20 世纪前期传统史学与新史学无休止的论争。新史学
从它诞生的那天开始就遭遇传统史学的攻击，但新史学从来就不妄图完全
否定传统史学，事实上它们还共享着达尔文的进化论、人类进步论和科学
理念等理论，也赞同史学要坚持历史事实的考证。传统史学与新史学的论
争为新史学的蓬勃发展奠定了基础。进步主义史学可以说是新史学理念的
实践探索，在两次世界大战期间一直占据主导地位，那时，几乎所有的史
学家都是进步主义史学家，托马斯·伍迪也不例外。美国著名教育史家马
克思·谢勒曾指出："托马斯·伍迪正如他那个时代的同行一样都是进步
主义史学家。"①

　　美国人自革命时代起就信奉进步。美国的进步派历史学家成为新史学
运动的主力，何谓进步派？进步派是具有一定社会理想的改革者。他们批
判机械的社会达尔文主义，对工业时代的美国弊病深恶痛绝，奉行资本主
义价值理念；主张改善下层民众的处境，完善资本主义的民主制；坚信人
是具备理性精神的，可以通过理性来创造美好的社会生活。进步派的主体
是社会中等阶层。但在新旧思想冲突的进步主义时期，进步派本身就显露
出深刻的思想矛盾：既倡导美国特色，又沿袭欧洲传统；既弘扬个人价
值，又强调社会控制；既崇尚新事物，又宣扬旧道德；既主张环境改造，
又强调适者生存。②

　　综上所述，20 世纪前期的美国史学主流是进步主义史学思潮，其理
论基石是"社会进化论"和"社会冲突论"，核心思想是政治和经济的冲
突。在进步主义史学家眼里，美国历史是一部美国文明和民主不断成长壮
大的历史，同时也是一部不同地域和不同利益集团、不同政治主张之间激
烈斗争的历史。③ 在解释美国历史时，进步主义史学家认为，美国社会不
断进步的能量来源既不是早期浪漫主义史学家所谓的"在上帝领导下的
民族所具有的特殊的精神禀赋"，也不是欧洲生源论历史学家认为的需要
到日耳曼大森林里寻找文明，而是来自美国自身内部矛盾引发的冲突，如

---

　　① 　Maxine Schwartz Seller, A History of Women's Education in the United States: Thomas Woody's
Classic-Sixty Years Later, *History of Education Quarterly*. 1989. Vol. 29. No. 1. p. 96.

　　② 　李剑鸣：《大转折的年代——美国进步主义运动研究》，天津教育出版社 1992 年版，第
212 页。

　　③ 　张广智：《西方史学通史》，复旦大学出版社 2012 年版，第 119 页。

穷人和富人之间的冲突，东部与西部的冲突，自由与特权的冲突，男人与女人的冲突，不同利益集团之间的冲突等，而这些冲突的根源在于经济利益上的冲突。①

二、冲突、改革与进步的女性教育史观

托马斯·伍迪处在美国进步主义史学思潮盛行的时代，冲突论史观深刻影响了他的思想，其《美国女性教育史学》以社会主义进化论为其理论依据，在早期自由主义思想的指导下，将冲突、改革与进步结合起来，形成了独具特色的女性教育史观，这种女性教育史观充满理性、正义和进步的信念。

（一）冲突史观是进步主义史学的主旋律

美国史学家从不同的角度分析冲突：特纳从地域的角度分析冲突，帕林顿从文化的角度分析冲突，比尔德从经济的角度分析冲突，托马斯·伍迪则运用冲突史观解释美国女性教育史上的三个争论：关于男性和女性智力平等方面的争论，关于女性接受大学教育的争论，以及关于男女同校教育方面的争论。

首先，"男性和女性在智力上是否平等"问题上的争论。一派以哈佛大学校长艾略特为代表，强调在智力上女性比男性弱且更具变化性。这种观点在当时的英国、法国和德国很普遍，在美国也是一种主导思想。哈佛大学校长艾略特指出："金森上校问男女在智力上是否不一样，我要说的是不但不一样而且区别很大。男性和女性之间存在普遍的差异，这种差异体现在思想和身体上。"② 另一派则试图运用实证的方法证明男性心理特征更具有变化性的观点不成立。在伍迪看来，如果仅从工作完成的情况来看，女性完全有能力完成更高层次的学术工作，甚至有时会超过男性。但这并不意味着男女之间没有区别，二者之间没有因果关系。但是如果不是因果关系，为什么很少有女性留下深刻的历史烙印呢？人们不能回避一个问题——女性是天生就低男性一等吗？还是文明的态度堵死了女性迈向卓

---

① 于沛:《20 世纪的西方史学》，武汉大学出版社 2009 年版，第 196 页。

② Charles William Eliot, *Educational Reform*: *Essays and Addresses*, New York: The Century Company. 1905. p. 418.

越的通道?①

　　其次，"女性是否应该接受大学教育"的争论。美国词典编纂家诺亚·韦伯斯特、皮尔斯、英国小说家奥维达、布林摩尔学院校长托马斯等反对派的主要观点是：大学教育对男性是非常有益的，但对女性则百害而无一益，女性接受教育的目的是使其行为得体、对家庭的责任心以及对社会的认同感。如果教育超出了女性的职责范围，这种教育就是完全错误的。② 而巴纳干、乔治·皮尔斯、希金森、马萨·托马斯、海德等支持派则坚定地认为男女在智力上是平等的，要给予女性更多的和更自由的教育。尼尔森博士还通过实验证明，在本科教育中女性优于男性，但在研究生教育阶段男性的学业优于女性。③ 伍迪是比较赞同支持派的观点，认为尽管大部分人怀疑女性接受大学教育的能力问题，但也有一些教师和心理学家科学公正地审视这个问题，坚信男女拥有平等的智力，女性也可以进入大学学习。

　　最后，关于"男女同校制度"的争论。争论的焦点集中在七个方面：第一，经济因素是否是男女同校制取得成功的重要影响因素。第二，男女同校制是否体现了民主进步的精神。第三，男女同校制是否符合人的特质。第四，男女同校制是否会使男女都受到影响。第五，男女同校制是否有利于学校管理。第六，男女同校制是否能促进学习。第七，男女同校制是否能让两性对彼此有一种理解。④ 伍迪认为，男女同校制只是一种促使每个人都有权利进入高等教育机构的手段，一旦男女都平等地接受高等教育，那么他们就可以平等地接受基础教育、中等教育。

　　(二) 与时俱进的改革意识

　　进步主义时代一边摧毁了传统的机遇，一边又展示了令人激动的新前景。美国人颂扬开拓的成就和史无前例的丰裕，却又悲叹自己丧失了独立、自主和自由。改革在这些年里主宰了一切的活动，或发生在这段时期

---

① Thomas Woody, *A History of Women's Education in the United States*, Vol. 2, Lancaster Pa: The Science Press. 1929. pp. 88 - 117.

② Ibid. , pp. 151 - 154.

③ Ibid. , p. 156.

④ Ibid. , pp. 255 - 279.

的一切事件，这些都是积极变革的组成部分。① 改革（revolution）的意识贯穿于《美国女性教育史学》之中。在伍迪看来，"改革—发展"的过程就是历史进步的过程。他承认自己是具有改革的本性的，撰写这本书其实是为了满足改革的本性。

对"女性教育"概念的更新是伍迪的另一个改革尝试。伍迪指出其在《美国女性教育史》第一卷前三章使用的参考文献基本沿用新英格兰中部和南部殖民地传统的女孩教育的概念，伍迪研究了从"女孩教育"到"女性教育"概念历史沿革过程，认为"女孩教育"概念主要是从欧洲移植过来，是与欧洲女性教育的理论、实践以及社会环境相适应的。随着财富的增加、殖民地的稳固、宗教约束的放开以及市政文明的发展，女性的经济地位得以提高、社会功能发生了改变，女权运动和其他社会运动不断展开。在18世纪后半叶至19世纪初期，人们开始用新的观点阐释女性教育。随着女性受教育机会的扩大，各种类型的教育机构的出现，受教育的女性群体扩大，就需要一种适合美国国情的概念，不再局限于未成年少女及其接受的初等教育，也包括成年女性接受的更高层次的教育。基于这种考虑，伍迪引用本杰明·拉什的"女性教育"的概念，认为"女性教育"的概念能够反映美国女性受教育的需要，也有助于人们在实践中更好地理解女性教育。

（三）进步史观下美国女性教育直线进步的历程

在19世纪盛行的进步史观的影响下，学者开始尝试把人类不断演化、社会进步的理念带入公立学校教育的历史研究。卡伯莱在《美国公立教育》中认为教育是人类文明进化的结果。"我尤其想陈述人类之兴起，生存之斗争、成长以及进步观念之推广与个人经由教育而不断发展进步的实情，这些对教育系学生最富启发性，为达此目的，我要努力研究人类智慧解放伟大的跃进的步骤，以及教育机构对促进人类进步和传递文明的作用。"② 进步主义史学家服膺于社会进化论，相信社会是不断进步的有机

---

① ［美］史蒂文·J. 迪纳：《非常时代——进步主义时期的美国人》，萧易译，世纪出版社2008年版，第9页。

② ［美］克伯莱：《西洋教育史》，杨亮功译，协志工业丛书出版股份有限公司1980年版，第3页。

体，变化发展是社会的常态。① 社会进化论者用达尔文的生物进化理论来
解释人类社会的发展，把社会看作生物有机体，认为社会发展是一个从低
级到高级、从简单到复杂、从幼年到老年、从成长到衰亡的循序渐进的进
化过程。在世纪之交的美国，社会进化论也分为两个流派：一是机械的社
会达尔文主义，认为社会的进步是一个自然的过程，不受外力干预；二是
社会达尔文主义，认为自然是中立无偏向的，人类必须通过竞争获得生
存，自由、平等、适者生存是社会达尔文的核心思想。②

　　伍迪显然是一位社会达尔文主义者，在《美国女性教育史》中通篇
都体现了"进步—发展"的特征。在他看来，女性教育应随着社会的进
步而不断发展，理性的人能够推动社会进步，而环境对人的行为具有决定
性作用，因此，围绕"环境—人—社会—女性教育"四个因素，伍迪将
美国女性教育历史发展过程分解为四个方面：女性受教育机构层次的发
展；女性社会地位的提高；男女同校制的发展；妇女俱乐部运动（Club
Movement）的开展；女性受教育范围的扩展。伍迪的具体论述如下：

　　第一，女性教育目的的变化导致女性教育机构层次类型的提高和扩
展。早期的女性教育的主要目的是为家庭培养主妇，有学问的女性一般很
难被男性接受。另外，为了迎合宗教的目的，一般不提倡女性接受科学教
育，只能接受初级的教育形式——阅读。从 18 世纪中期开始，美国出现
了高层次的女性教育机构，如伯利恒女子神学院和女子学院，寄宿制学校
和提倡优雅教育的正规学校，师范学校因公立学校急需教师也成为重要的
学校类型。很多高等院校的师范学院给女性提供有用的大学课程，还授予
MPA 学位。随着女性要求独立和解放，女子教育的目的变成给予女性自
由的教育、让女性拥有体面的社会地位以及获得有报酬的工作。

　　第二，女性教育促进女性解放。在第二卷第八章，伍迪研究了女性教
育与女性解放的发展历程。他引用了当时非常流行的谚语：

　　　　男人奔波于战场，女人则绕着锅台转；
　　　　男人手拿剑戟，女人手拿绣花针；

---

① 于沛：《20 世纪的西方史学》，武汉大学出版社 2009 年版，第 195 页。
② 李剑鸣：《大转折的年代——美国进步主义运动研究》，天津教育出版社 1992 年版，第
212—220 页。

> 男人拥有理性，女人拥有感性；
>
> 男人发号施令，女人乐于遵从；
>
> 男人和女人共同创造了世界，并拥有各自的领地。①

这段谚语鲜明地表明在 19 世纪美国流行"男主外、女主内"的观点。在《约克公爵的法律》（*Duke of York's Laws*）中也规定殖民地时期的妇女是丈夫财产的一部分，丈夫有权像处置仆人一样随意处置自己的妻子。布什纳尔博士指出："在婚姻中，女性只能像个奴隶；作为一个母亲，她们又被剥夺了拥有自己孩子的权利；在公立学校她们常被忽视；在劳动力市场她们被视为地位低下的'填补者'；礼貌地说，她们几乎不存在，只有当接受惩罚的时候，或者交纳税款的时候，她们才会和男性一样平等。"② 伍迪认为，只有通过妇女解放运动才可以使广大美国女性获得平等的受教育权，女性只有获得平等的受教育权，才可以提升自身的社会地位，获得解放。

第三，男女同校制的起源与发展。伍迪认为"男女同校制"教育包括三层含义：不同性别在同一所大学接受的教育；不同性别接受同一种教育；不同性别在同一所大学协作完成的教育（Coördinate College）。他回顾了男女同校制的起源和发展，在新英格兰时期，女孩被排除在乡镇学校之外；19 世纪末，男女同校制在公立小学普及；20 世纪后，男女同校制在公立中等教育领域得到迅速发展的男女同校制发展的历史。伍迪以奥柏林大学和安提俄克大学的男女同校制的实施为例阐明自己的观点，认为应该让男女学生在同一所中学接受教育，这样可以让他们适应同样的社会环境，但在教学方面，应将他们分在不同的班级中，这样可以让他们各自的需要得到最大限度的满足。

第四，妇女俱乐部运动的开展。伍迪将妇女俱乐部运动的历史划分为两个阶段，第一个阶段组建了一系列妇女组织，如纽约妇女联谊会、波士顿的新英格兰妇女俱乐部等，早期妇女组织的成立主要服务于教育和慈善的目的，旨在促进女性完全解放。后来，妇女组织开始转向关注成人教

---

① Thomas Woody, *A History of Women's Education in the United States*, Vol. 2, Lancaster Pa: The Science Press. 1929. p. 382.

② Ibid., p. 404.

育，帮助妇女直面现实问题。第二个阶段主要是妇女组织的制度化发展。在奴隶解放和妇女选举权运动的背景下，妇女俱乐部逐渐成为女性获取新自由的象征。1868 年，纽约妇女联谊会成立，与早期的妇女组织不同，它体现了女性独立的精神。同年，新英格兰妇女联谊会成立，与纽约妇女联谊会不同的是，其成员包括男性，更关注自由、仁慈、博爱、教育、改革、政治、宗教以及消遣的整体目标。1868—1889 年，很多州都成立了妇女俱乐部，成员来自不同的职业领域，如教师、医生、律师、政府部门、记者等。1892 年，成立了"联邦妇女俱乐部"（General Federation of Women's Club），被国会授予特许状。1911 年，联邦妇女俱乐部的分支机构已经覆盖了美国的每个州。伍迪高度评价了"妇女俱乐部"在促进妇女进步和解放方面的贡献。"妇女俱乐部的确给予女性很多自我发展和自我发现的机会，将广大妇女联合起来，共同面对现代社会问题。从广义上说，妇女俱乐部运动极大地促进了妇女解放。"[①]

第三节　美国女性教育的历史赞歌

如前所述，托马斯·伍迪深受古德赛尔的进步主义史观的影响，在《美国女性教育史》一书中体现了他独特的冲突、改革和进步的女性教育史观。伍迪运用冲突史观解释了美国女性教育史上的三大论争，即男女智力是否平等，女性是否应该接受大学教育，男女同校制是否本质上实现了男女平等。围绕着"环境—人—社会—女性教育"四因素，伍迪提出了"女性教育"这一崭新概念，阐述了女性教育与女性解放二者之间的关系，聚焦社会背景下女性教育的三个问题，讴歌了美国女性教育直线进步的四段历程。

一、"女性教育"的一个崭新概念

伍迪在《美国女性教育史》开篇就提出探讨了"什么是女性教育"的问题，在第一章到第七章，又详细介绍了"女性教育"概念的历史演变，主要围绕女性的地位和教育，女性的能力、地位和教育，女孩教育，

①　Thomas Woody, *A History of Women's Education in the United States*, *Vol.* 2, Lancaster Pa: The Science Press. 1929. pp. 466 – 468.

妇女教育四个方面展开。伍迪用了一章的内容重点介绍了"女性教育"的新概念。他指出，由于教育水平比较低，最初在新英格兰、中部和北部殖民地，主要运用"女孩教育"（girl's education）的概念，主要指未成年女孩在学校接受简单的读写算。随着城镇化的发展，在更大的城市范围内，一些教育改革者摆脱了传统和宗教的束缚，通过创办不同类型的新式学校，为一个崭新的"女性教育"（women's education）概念赋予了丰富的理论和实践内涵。

从思想渊源来说，伍迪认为女性教育概念的产生受到许多女性教育家的深刻影响，如本杰明·拉什、德维特·克林顿、查尔斯·布鲁斯、艾玛·维尔德、菲尔普斯、凯瑟琳·比彻、托马斯·盖洛特、威廉姆·罗素和威廉姆·伍德等。从实践的角度来看，伍迪关于女性教育概念的界定来源于教育家创办的学校，如 1749 年在宾夕法尼亚的伯利恒创办的摩拉维亚学校，1787 年费城的约翰·普尔（John Poor）学校，1784 年波士顿的谢勒·宾汉（Caleb Bethlehem）学校，1823 年波士顿的乔治·爱默生（George B. Emerson）的学校，以及玛丽·里昂、艾玛·维尔德、凯瑟琳·比彻等创办的学校等。这些教育机构分为不同的类型，有女子学园、女子神学院、女子师范学校还有女子中学，但无论是哪种类型的女子教育机构，都体现了教育活动家们为使更多的美国女性获得教育而付出的努力。笔者通过深入研究，将伍迪关于女性教育的新概念概括为以下两个方面。

第一，女性教育应是符合美国女性需要的教育。伍迪认为，女性教育概念应该符合社会状况、国家的政体以及文化方式，必须要创造一个符合美国特色的女性教育的概念。首先，美国人生活中有五大因素对女性教育产生影响：一是早婚使女性很少有时间从事知识学习。二是财产状况，每个人都希望增加财富，促使女性成为丈夫财产的监管者。三是当丈夫们忙于公务时，需要妻子智慧地教育孩子。四是女性需要接受特殊的、合适的教育，以便能更好地教育孩子。五是通过教育使女性能更好地处理家事。其次，女性教育与男性教育放在平等的位置上，女性教育的目的不是为了培养女性如何取悦他人或展示自身的魅力，而是要训练青年女性负起积极生活的责任，拥有得体的修养、健康的身体和优雅的举止，使她们能够积累智慧、节制情感，成为符合宗教习俗的女性。再次，女性教育的原则。一是女性教育要促进女性能力的发展，二是女性教育要对未来的生活有用。最后，女性教育内容，应该包括英语、写作、地理、传记、旅游、年代学、管理图书等知识，另外也要了解天文学、自然哲学、化学、声乐、舞蹈、诗歌以及宗教知识等。

第二，女性教育概念涵盖了多种女子教育机构。随着美国妇女经济状况的变化，妇女的社会功能发生很大变化。选举权的扩大、平权运动和其他妇女运动的发展，给美国女性教育提供了很多新机会，各种类型的女子教育机构应运而生，如女子神学院、公立中学、师范学校和公立学校。一些男子教育机构经过改造也将服务于女性。在笔者看来，伍迪的女性教育概念涵盖了多种女子教育机构，既包括殖民地时期的女孩们接受的初等教育和私立学校（Adventure School），也包括 19 世纪陆续出现的女子神学院、女子中等教育、女子职业教育、体育教育、女子学院、男女同校教育、高等职业教育、妇女俱乐部运动和教育等。从"女孩教育"到"女性教育"① 不只是术语的变化，也反映了美国女性教育对象的扩展，促使美国女性教育机构种类的增加、层次提高以及女性教育走向普及化、科学化和大众化。

综上所述，在《美国女性教育史》中，伍迪虽然没有给"女性教育"下一个完整而明确的定义，但可以看出伍迪笔下的女性教育概念是一个进步的产物，与从欧洲沿袭的"女孩教育"概念相比，"女性教育"概念具有更丰富的内涵，也是最符合美国女性教育实际的概念。伍迪指出："从1750—1850 年期间，思想上的巨大改变发生在女性教育这个论题上。本杰明·拉什努力为女性提供一种实质性的教育，他希望通过这种实质性的教育取代华而不实的教育，使女性更符合家庭角色。克林顿、罗素和艾玛·维尔德等人则强调女性作为教师在家庭和学校中的作用。而凯瑟琳·比彻则花费了 50 年的时间，为女性创设学校，如果没有比彻的努力，相信也就没有男女平等的基础。这种思想观念的改变也清晰地体现在学校机构的变化中。"②

---

① "女性教育"不仅可以译为"women' education"，在伍迪的著作中有时也译为"female education"。

② Thomas Woody, *A History of Women's Education in the United States*, Vol. 1, Lancaster Pa: The Science Press. 1929. p. 34.

二、女性教育与女性解放二者之间的关系

伍迪和进步主义时期的其他很多教育家一样，高度肯定教育在女性获得政治权利方面的作用。"尽管政治解放是女性获得胜利的一个重要标志，但是她们的智力解放更具有优先性和基础性，也更有价值。"① 伍迪将女性解放与女性教育画上了等号，认为女性教育的历史就是女性解放的历程，正如传记作家托马斯·弗朗斯·麦克休（Thomas Francis Machugh，1890—1959）所言："如果我们不是拘泥于字面解释的人，那么我们应该将伍迪笔下的《美国女性教育史》视为一段美国女性解放的历史。"② 这种解释即使在今天仍有强大的生命力。综观全书，女性的智力解放是贯穿全书的主题，也是全书写作的主线。伍迪坚信，女性教育促进了女性的智力解放，而女性智力解放又促进女性获得更多的政治权利。"如果说政治进步导致女性学校教育的发展，那么学者们对女性教育机构发展的负面评价也应该从女性政治解放中寻找原因。"③ 这一论断从某种意义上也解释了"为什么对公立学校兴起和发展的辉格解释在 20 世纪仍有持续的影响力"。

首先，伍迪对美国女性的社会地位持悲观的态度，断言必将会有一系列的反抗运动。他认为，社会给予女性的很多机会都是表面现象，在婚姻中她们像一个奴隶；作为一个母亲，她们不曾真正拥有自己的孩子；在教学中她们常常被忽略；在劳动力市场，她们无法同工同酬；在社会政治领域，她们完全没有位置；只有在接受惩罚、交纳赋税的时候和男性才是平等的。1800—1850 年的女性解放运动，尽管是一个很缓慢的历程，但是女性还是从中获得了平等的教育，这点最好的体现是男女同校制的教育。尽管女子学院也为女性独立作出了贡献，但是男女同校制，无论是在中等教育还是高等教育方面，都在为女性争取与男性平等的权利的道路上迈出了一大步。

① Milton Gaither, *American Educational History Revisited-a Critique of Progress*, New York: Teachers College Press. 2003. p. 122.

② Thomas Francis Machugh, *Thomas Woody: Teacher, Scholar, Humanist*, Doctor Dissertation, *Graduate School of Arts and Sciences*, University of Pennsylvania, Doctoral Dissertation. 1973. p. 500.

③ Milton Gaither, *American Educational History Revisited-a Critique of Progress*, New York: Teachers College Press. 2003. pp. 122 – 123.

其次，"女性反抗运动的目的究竟是为了重获她们失去的，还是人类本能的对自由的追求？"伍迪提出这个疑问体现了他对女性反抗运动深刻的见解。无论是男性还是女性，无论是真实存在的还是被教导的，都会产生这样一些疑问，现代女性究竟想要什么？是从婚姻中获取自由？还是能够进入高等教育，获得同等的报酬？抑或是从繁重的家务中解脱出来？在伍迪看来，女性选举权运动的核心是政治平等，目的是获得属于女性的自由，而不是获得属于男性的自由，这是一个富有激励性的运动。

再次，对反对妇女选举权运动的述评。反对派普遍认为女性选举权运动实质上是一场"无用的、代价极高的、有损女性利益的运动，更是一场反抗自然的运动"。① 在伍迪看来，反对派的观点主要基于以下两点假设：一是认为无法证明男女是平等的；二是即使科学证明了男女是平等的，也无法证明选举权是人类本质的、内在固有的权利。

然后，女性选举权运动和女性。伍迪认为，政治领域的选举权运动只不过是19世纪妇女解放运动的第一个阶段，它与女性社会地位和教育水平的提高、平等的政治条例、第一次劳工运动、农奴解放运动以及内战等社会现象紧密相连。任何社会改革都与智慧的、受过良好教育的女性息息相关，因为她们对家庭有间接的影响，为女性提供更好的教育只不过是女性成功地获得政治解放的前提。"教育与运动"是19世纪女性的箴言，同时也是运动领导者的信条，女性选举权运动离不开受过教育的领导者，教育改革也为选举权运动培养了领导者。

最后，获得选举权以后女性需要的是平权法案。伍迪认为"女人的目标就是男人的目标"②，在获得了政治领域的选举权后，女性要求的是以法律的形式将这种平等的教育权固定下来。

三、在特定社会背景下对女性教育的三个思考

20世纪是女性和儿童的世纪，这一点是毋庸置疑的，但是几个世纪以来，社会史学家却不愿承认这一点，随着社会运动的发展，人们的社会意识普遍提高，女性"半球"的概念开始遭受质疑。伍迪对社会与女性

---

① Thomas Woody, *A History of Women's Education in the United States*, *Vol.* 2, Lancaster Pa: The Science Press. 1929. pp. 421 – 429.

② Ibid. , pp. 444 – 450.

教育论题的探讨深受古德赛尔的启发，在很多思想上，他们是一脉传承的。笔者认为主要集中在以下三个问题上：（1）女性对人类价值的独特贡献。（2）教育的社会价值。（3）社会学视角下的性别歧视。

首先，女性对人类价值的独特贡献。随着女性开始接受高等教育，很多社会领域都逐一对女性开放，人们也开始思考女性是否对社会价值有独特的贡献。在中世纪时期，女性对人类的价值主要通过养成优雅的美德和情感来实现的，具有温柔、礼貌、勇敢和浪漫这些品质女性会被高度赞扬，但是现在评价一个女性更多的是看她是否具有维持家族荣耀的持家本领、是否具有自我牺牲的品质以及是否能时刻以家庭为中心。伍迪认为只有当男性的智慧和女性的智慧共同在社会中发挥作用，人类文明的才能发展到最高水平。

其次，教育对女性的独特价值。伍迪认为，如果生活对于女性来说最大的价值在于赋予管理家庭的本领，那么现在的教育至少需要在两个方面进行改革：一是引入直接的和个人的经验；二是要打破学科之间的障碍以及学科与日常生活之间的障碍。但是，要实现以上的两个改革势必要对教育结构进行重组，这也意味着教室将变成经验获得的场所，学生们要在做中学，教育内容将由学生自主构建。因此，教育的独特价值在于扩充人们的知识面，丰富人们的情感，提高办事效率。①

最后，社会学视角下的性别歧视。伍迪运用社会学视角来审视不同社会领域普遍存在性别歧视，主要表现在：一是在经济领域存在"男子的经济理想"（manly economic ideal）和"女子经济理想"（womanly economic ideal）的性别歧视，前者有利于商品生产的发展，后者有利于商品消费，因此女性独特的经济贡献在于家庭领域。二是在智力方面存在性别歧视。判断一个男性主要看他做了什么，但是判断一个女性主要看她是什么。人们普遍认为男性更适合从事理性的工作，而女性则适合从事感性的工作。因此女性更适合学习文学、艺术和自然的课程。三是在政治方面存在性别歧视。男性适合从事政治领域的组织管理型的工作、法律起草、从事外交、政策执行等工作，而女性则适合对现实社会进行直率的批判。

---

① Thomas Woody, *A History of Women's Education in the United States*, Vol. 1, Lancaster Pa：The Science Press. 1929. pp. 1–23.

四、美国女性教育直线进步的四段历程

托马斯·伍迪在前言中写道："我撰写《美国女性教育史》的目的，主要是希望通过综合性的叙述，将现有的历史记录和历史著作添加进我的著作中，我要讲述一个不断变化的故事，这种变化体现在思想、实践和机构三个方面。"[①] 笔者将在其中体现的"进步"思想归纳为三个方面：第一，女性学校教育（机构）的进步。第二，女性教育理念的进步。第三，女性教育实践的进步。

伍迪将女性教育不断进步的过程分为以下四个历史阶段：

第一个阶段是殖民地时期。北部殖民地受到英国传统以及狭隘的清教主义的影响，那时的女孩不得不从事大量繁重的工作，很少有机会接受教育。中部殖民地受到自由主义的宗教信念以及荷兰和德国教育传统的影响，女孩一般可以接受初等教育，但不能接受高等教育。在南部殖民地，富裕的家庭一般会聘请家庭教师来教育他们的女儿，底层劳动者只有通过学徒或者慈善机构来接受教育，教育内容也局限于简单的读和写。

第二个阶段是 18 世纪。改革者创建了神学院（seminary）和学院（academy），无论男女均可入学。1780—1870 年，在密西西比东部以及西部的部分地区还专门为女孩设立了女子神学院（Female Seminary）。在女子神学院的基础上出现了最初的女性高等教育机构。女子神学院催生了另外两个重要的教育机构：一是新式的中等教育机构（High School）；二是女子学院，拓宽了女性教育的范围，在规模上也超越了以往的女子神学院。19 世纪 70 年代以后，公立中学的规模日益扩大，从入学人数来看，女性甚至超过了男性，在课程设置上，添加了职业课程以满足女性的职业需求。

第三个阶段是 19 世纪早期。早期妇女主要在家庭里充当生产者的角色，教育孩子和照料孩子的生活是她们的首要任务，新的工厂的建立急需大量廉价的劳动力，很多女性进入工厂，但也带来了大量严重的社会问题：作为一个有效的社会单元的家庭在维护社会稳定方面力量减退：婚姻问题、抚育孩子和教育孩子的问题不断出现，还带来了女性的职业准备问

[①] Thomas Woody, *A History of Women's Education in the United States*, Vol. 1, Lancaster Pa: The Science Press. 1929. pp. 1 – 2.

题。女性离开家庭走向社会工作以后，接纳女性的职业首先是教师职业，其次是医学、法律和宗教神学三个职业。最终，女性逐步在美国人口调查局公认的所有职业中占有一席之地。

第四个阶段是 19 世纪中后期。女性群体自身的思想发生了巨大的变化，她们逐渐意识到美国是一个男性社会，而男性社会与女性是处于对立面的。1850 年，美国很少会有男性领导者承认"女性的权利"与"男性的权利"是对等的，甚至大部分人认为，妇女选举权实际上是一项违背自然、反社会、反基督教的改革，但是，随着妇女运动的开展，不仅女性意识到要为自己争取选举权和受教育权，就连男性也开始意识到妇女享有选举权和受教育权是一项正当的社会需要。

第四节　美国女性教育史学的里程碑

传统教育史学注重史料考证，重叙述轻分析。新教育史学则将历史的范围扩大到包括人类既往的全部活动，用进步的观点来考察历史的变化，把人类历史看成是连续不断的进步过程，试图在总体上构建人类文明史，主张运用经济解释方法分析和解释文明的变化和社会制度的起源所具有的总体意义，同时也号召历史学家掌握各门社会科学理论知识，将历史学与其他社会科学建立同盟，扩大历史研究的方法论领域。在新旧史学交替的历史背景下，伍迪对传统教育史学并没有采取完全接受或摒弃的态度，而是兼收并蓄，在新旧史学之间探索出一种"中间模式"。伍迪的《美国女性教育史》是美国女性教育历史方面的里程碑式的著作，对美国女性教育史学的发展产生了深远影响。

一、新旧史学罅隙中的"中间模式"

美国史学家格特鲁德·希梅尔法布（Gertrude Himmelfarb，1922—　）在《新旧史学》中将"新史学"分为"新新史学"（后现代主义）和"旧新史学"（撇开政治的历史）两个时期。詹姆斯·鲁滨逊和查尔斯·比尔德在 20 世纪初开创的"旧新史学"本身不再是新的。旧史学与旧新史学是有区别的，它与旧史学的区别在于：首先，旧史学的基本前提是历史的正当主题本质上是政治的，历史著述的模式是叙述的，主要关注政体和政府、法律和政策、外交和对外政策、战争与革命。而旧新史学则完全撇开政治的历史，聚焦于阶级和族群、社会问题和公共机构、城市和共同体、工作与娱乐、家庭与性、出生与死亡、童年与老年，犯罪与疯癫，在国王、总统、政治家、领袖和政治理论家，它把"无名大众"作为它的主题，倾向于分析的而非叙述的，运用主题的而非编年的史学模式。总之，旧史学是"自上而下的历史"和"精英的历史"，而旧新史学则是"自下而上的历史"和"大众的历史"。[①]

托马斯·伍迪所处的时代正是西方史坛由旧史学向旧新史学过渡的时期，这一时期，旧史学由盛转衰而由旧新史学逐渐取代其地位。在新旧史学交替的背景下，伍迪探索出一条"中间模式"，即主张历史学研究的科学化，强调历史发展的内在逻辑和规律；采取以逻辑为主线的专题史的史书编纂体系；注重从经济因素出发分析和解释历史；主张从进化论视角考察历史，秉承了直线进步史观。伍迪将美国女性教育史看成是一个文明不断进化、女性不断获得解放的历史过程，主张将整个女性群体作为历史考察的对象，在研究中大量引用了与女性教育有关的官方史料与其他文献资料。

（一）史学方法：女性教育背景的经济学阐释

在《美国女性教育史》一书中，伍迪提出了很多社会问题并试图用经济解释方法加以分析。[②]他几乎在每一章都把经济作为主要影响因素来阐述历史。在第一卷的第四、第五章，伍迪阐述了经济状况对新英格兰地区、纽约、宾夕法尼亚州、德拉维尔和新泽西州女孩教育的影响。在第二卷的第一、第二章论述了女性经济状况的改变对女性职业教育的影响。

1. 论家政学概念的转变

伍迪认为影响妇女经济地位的主要因素是工业生产、经济和社会生活的巨大改变，这又带来了教育领域的诸多变化。许多女性开始关注职业教育，学校中开始出现烹饪、织补、财政预算、育儿、护理、装饰家庭、整理家务和商务培训等特殊课程，满足了新的社会需要。在过去的几个世纪里，女性逐渐离开家庭走向社会，赚钱支持家庭，不再需要传统意义上的

---

① ［美］格特鲁德·希梅尔法布：《新旧历史学》，余伟译，新星出版社2007年版，第35—36页。

② 胡锦山：《20世纪美国史学流派》，载《厦门大学学报》（哲学社会科学版）2000年第3期，第3页。

家政课程，更需要在大学或中学里开设所谓的"婚姻课程"（Matrimony Course）。

伍迪深入研究了家政学概念从"Domestic Economy"到"Home Economy"转变的主要原因：（1）女性活动范围的扩展。在工业社会中，女性的很多活动已经超越了家庭的范围，更少有机会在家庭里养育孩子。（2）家庭事务的科学化要求女性接受系统的家政训练。（3）职业训练课程本身是一种改革。健康的人才是幸福的人，健康幸福的人对社会是有益的。科学的安排膳食、控制预算和养育儿童对社会也是有益的。（4）为女性进入社会职业进行指导和准备。伍迪认为，现代很多事实都表明家政教育的重要性，甚至出现了"家庭学校"（Home School），"家政学"（Home Economics）概念也逐渐取代"家庭经济"概念。这种概念的转变实质上体现了女性对家庭和婚姻的意义的理解所发生的变化。家庭学校的目的不只是增加女孩赚钱的能力，而是要将女性这个经济压力最大的社会阶层培养成具有整洁、智慧、谦逊以富有竞争力的社会阶层。

2. 论经济发展对女性教育的影响

伍迪认为经济发展对女性教育产生了很大影响。资本主义经济的发展导致所谓"过剩的"（superfluous）女性的大量出现。尤其在一些大城市，很多女性不再认为婚姻是生活的唯一目的，接受教育也成了一种重要的选择。但这种状况无疑带来严重的社会问题，"给我工作"（Give Me Labor）成为当时女性流行的口号，社会必须为她们提供工作并为她们提供职业训练。工业生产和美国内战的爆发为女性进入工业领域提供了机遇，女性开始从教师职业转向男性从事的职业，最初的家庭的模式开始发生变化。正如默里所言，我们现在的社会系统不再以父权制的家庭为基本单位。在新的社会系统里，女性经济独立成为核心要素。

在伍迪看来，经济的变化和女性社会地位的改变，促使女性教育也发生了相应的变化：（1）学徒制的家庭教育逐渐由学校开设的家政课程取代。（2）商业教育逐渐兴起。18世纪，开设了速记课程和记账课程以满足私营业主的需要。1898—1899年期间，在美国公立中学，有38134人学习商业课程，其中约有18373个女孩。19世纪末，电报学成为新兴商业课程。在商业课程中也包括一般文化课程，如科学、数学、历史、英语和其他语言等。伍迪认为，这些课程能使女性了解民主、公民及机会的真正含义，使女性职业意识觉醒，并给予女性一种人生态度，即使社会地位低下的女性也能在职业中获得成功。（3）护理训练学校的发展。护理职业对于女性来说是最赚钱的职业，很多学校也开始了护理课程，甚至出现了护理学校，如 1873 年在波士顿的 Kaiserwerth 创立的实践训练学校。（4）艺术和工业艺术学校。开设艺术学校的目的主要是通过合理的方式指导学生逐步获得高层次文化。随着工业艺术运动的发展，美国很多州的立法机关开始用法律的方式来固定工业艺术课程，如 1875 年纽约州立法规定工业绘画和徒手绘画课程要被列入师范学校的课程。很多开设了工业艺术课程的学校将其视为未来女性职业领域。（5）贸易学校、夜校和园艺学校的发展。（6）为工人开设的特殊课程，包括公会管理、劳动立法、劳工历史、组织方法、经济、公开演讲、国会法律、文化史、心理学、劳工新闻和英语等。（7）职业规划和指导的发展。女性的职业指导和教育指导主要面临三个问题，一是个人能力的分析，二是职业环境的分析，三是符合个体需要的教育手段的改进；他还将职业指导分为 6 个阶段：经验的准备阶段；研究职业机会阶段；选择职业阶段；职业准备阶段；进入职业领域阶段；职业提升和调整阶段。

（二）史书体制：以逻辑为主线的专题史

伍迪在组织史料的时候，以专题史为主，在此基础上按照年代顺序编写。"从第一卷到第二卷，我在材料组织中首先遵从逻辑的原则，其次才是编年的原则。"[1] 在《美国女性教育史》中可以发现，每一章内容都是针对一个主题撰写的一篇独立文章。有些章节的历史时间甚至跨越了几十年或几个世纪。伍迪在第一卷中用了三章的篇幅介绍了其他国家女性教育。第一和第二章介绍文艺复兴之前的欧洲女性教育，如意大利、英国、德国和法国的女性教育，第三章研究了从殖民地时期到 20 世纪美国女性教育概念的发展，然后以编年方式来叙述殖民地教育、学校、教师以及公立中学。在第二章的开始，伍迪介绍了 19 世纪和 20 世纪女性日益改变的经济状况，并运用"微型史"（Mini—Histories）的方式来研究高等教育、职业教育、体育教育、专业教育以及男女同校教育的发展，并用一个很长的章节专门研究女性教育和政治的解放。学者们围绕每一个专题来寻找信息时会发现，这种专题与编年相结合的撰史方式非常有价值。

---

① Thomas Woody, *A History of Women's Education in the United States*, Vol. 1. Lancaster Pa：The Science Press. 1929. p. vii.

　　伍迪认为，在专题组织上的逻辑安排是更值得称道的，这比按照编年顺序来正式划定几个阶段更有价值。① 在以逻辑为主线安排全书内容时，伍迪以"女性教育"概念的研究作为逻辑起点。重点描述 100 年来社会的发展及不断为女性提供更高层次的教育机会的过程。伍迪指出："本书要做的工作就是尽可能将历史的记录和文学著作整合在一起，陈述一个相互关联的故事；不只描述个人的历史功绩，也不只着眼于特殊机构的相关历史记录，而是将个人和机构史的细节添加进去。"②

　　（三）史料来源：大量的二手史料和官方史料

　　托马斯·伍迪的《美国女性教育史》书中的史料运用无论从"质"上，还是从"量"上，对今天的研究者和学生来说都是非常有价值的。③ 伍迪援引的史料主要来自：一是他那个年代一些学者和教育者的著作，如安娜·布莱克特（G. Anna Brackett）、斯坦利·霍尔（Stanley Hall）、爱德华·托蒂克（Edward Thorndike）和古德塞尔等。二是柏拉图、亚里士多德、洛克和罗素等人的经典著作。三是美国本土著名的学者的著作，如本杰明·富兰克林、本杰明·拉什、凯瑟琳·比彻和凯罗琳·达尔（Caroline Dall）的作品。此外，还有一些至今仍有争议的学者们在 19 世纪美国和英国杂志上发表过论文。

　　在史料收集方面，伍迪下了很大的功夫，使《美国女性教育史》中的史料非常翔实。伍迪逝世后遗留了大量的史料。在他个人的图书里，存有五百多卷史料，其中包括 20 卷双语的教育词典、一百多卷参考著作以及一千多张幻灯片。④ 伍迪将自己搜集的史料分为四类：第一类主要是目录一览表、会议记录、法律条文、学生论文、学位证书、法庭记录及类似资料。第二类主要是报纸资料，其中很多文章清晰地阐明了现在的女性教育和地位的概念，还有一些对当时教育机构深入描写的文件及广告。第三类主要是书籍和小册子。第四类主要是期刊杂志以及会议记录。史料的内

---

①　Thomas Woody, *A History of women's Education in the United States*, *Vol.* 1, Lancaster Pa: The Science Press. 1929. pp. vii – viii.

②　Ibid. , p. 2.

③　Maxine Schwartz Seller, A History of Women's Education in the United States: Thomas Woody's Classic-Sixty Years Laters. *History of Education Quarterly*, 1989. Vol. 29. No. 1. p. 97.

④　Joyce L. White, *Background of the Woody History of Education Seminar Collection.* Norwood, Lancaster Pa: the Science Press. 1974. pp. 25 –28; 97.

容涵盖了机构史、学术论文、联邦和州政府报告、法庭记录、法律、机构分类目录及相关会议记录、学生杂志、学位证书、布道词、小册子、报纸、课本、日记、动漫图书、旅行纪录片、信件，以及自传等。

二、《美国女性教育史》的历史地位和影响

伍迪的《美国女性教育史》是美国女性教育史学史上具有重要的历史地位。美国著名教育史学家琳达·艾森曼评价它至今仍是研究美国妇女教育史的经典参考书目。[1] 美国纽约州立大学水牛城分校的谢勒（Maxine Schwartz Seller）教授称赞托马斯·伍迪的《美国女性教育史》是一部"里程碑式"的著作。[2]

伍迪的历史贡献在于撰写了一本较为完整地阐释美国女性教育历史的著作，站在早期自由主义的立场，深刻地揭示了美国女性教育的进步历程，从最初的"狭窄的精神"（The Extremely Narrow Spirit）、"严苛的宗教神学对儿童的控制"和"绝对反对清教徒对女性进行教育训练"，发展到崭新的"女性教育新概念"（New Concept of Women's Education），这一崭新的概念蕴含了女性从宗教和传统的桎梏中解脱出来，开始接受一种远高于初级训练的教育形式。因此，美国学者谢勒评价伍迪的两卷本《美国女性教育史》是"具有权威性，唯一全面研究美国女性教育史的著作"。[3]

《美国女性教育史》对女性教育史学发展产生了深远影响，主要表现在三个方面：第一，该书里蕴含着翔实的史料和丰富的信息，成为研究美国女性教育史不可缺少的文献资料。学者们可以从这部 1250 页的巨著中找到美国女性教育历史方面的各种资料，包括从殖民地时期最早的"冒险学校"（venture school），以及这些学校的数量，女性第一次体育课的事实描述，早期教师的具体生活，南北战争前美国女子学院的课程、入学毕业的要求，以及与男子学院之间的比较，女性在男性职业中的人数的统计

[1]　Linda Eisenmann, *Historical Dictionary of Women's Education in the United Stated*, New York: Greenwood Press. 1998. pp. 489 – 490.

[2]　Maxine Schwartz Seller. A History of Women's Education in the United States: Thomas Woody's Classic—Sixty Years Later. *History of Education Quarterly*. 1898. Vol. 29. No. 1.

[3]　Maxine Schwartz Seller, A History of Women's Education in the United States: Thomas Woody's Classic-Sixty Years Later. *History of Education Quarterly*. 1898. Vol. 29. No. 1. p. 95.

数据，1742—1871 年间所有学校的类型，所有论及的主题、每一类教育机构的数量、1850 年至 20 世纪早期女子学院的分类情况等。

第二，书中所阐述的教育史学思想具有重要的理论价值。在他看来：（1）历史是由一系列连续的和进步的改革组成的，正如人类通过智力活动的累积过程是从原始文明进化到最高的文明一样，历史学家只有通过研究每个历史时期的教育机构才能重现历史进步的动力。因此，对于托马斯·伍迪而言，教育的历史就是一部辉煌的西方文明史，也是人类在不断地战胜歧视、环境、传统、愚昧，最终获得人类精神的伟大胜利的史诗，昂首阔步走向"黄金时代：一个前所未有的文明时代"①。（2）在美国女性教育史上，18 世纪末 19 世纪初是一段重要时期，在这段时期，出现了师范学校和社会变革，这一时期也是妇女进步运动和教育发生重大变革的第一个时期。这一观点在今天被普遍认可。（3）他将 19 世纪中后期教学领域中出现女性化倾向归因于学校需要廉价劳动力以及单身妇女需要收入，而不是妇女天生渴望养育孩子的浪漫的想法。（4）他强烈指责高等教育排斥已婚育的妇女入学，认为妇女完全可以和男性一样从事高水平的学术工作。（5）他在论及教育对妇女俱乐部的影响，以及他分散的参考文献中涉及的妇女杂志、儿童读物、劳工学院、布林茅尔暑期学校及改革学校都表明了非正规教育机构的重要性，为后继研究者指出了值得更深入研究的领域。

第三，该书催生了美国教育史研究的新领域，例如，儿童和家庭史、心理史、劳工史、人口史和残疾人史。而这些新领域的发展也有助于促进人们对女性教育史的研究和理解。伍迪的史学也激发了学者开始关注少数族裔的历史，这些都将促进教育史的复兴和崭新的妇女史的发展。

在 20 世纪早期，"女性问题"是一个有争议的话题，伍迪的思想不可能被那个时代全盘接受。由于时代的局限性，他的研究也不可能覆盖女性教育相关的所有主题。首先，伍迪没有重视社会阶级因素对女性教育的影响。他在论述殖民地时期教育时，将宗教因素作为一种变量，却忽视了阶级因素。他在论述玛丽·里昂决定创办面向中产阶级女孩的芒特·霍利约克学院时，没有提及当时各种学校学生的阶级构成。虽然论述了女性进

---

① Raymond E. Callahan, Leonard Ayres and the Educational Balance Sheet, *History of Education Quarterly.* 1961. Vol. 1. No. 1. p. 12.

入有偿劳动领域，但是却没有将不同性别接受教育情况与他们的收入差异联系起来分析，因此，他一边为女性获得低收入、低社会层次的职业而欢呼，一边也在为女性接受人文学科和数学教育而沾沾自喜，但是他将男性反对女性进入"高级"职业归因于歧视而不是归因于经济因素的影响。

其次，伍迪对宗教因素的影响也不够重视。与对阶级因素的重视程度相比，伍迪对宗教因素的运用可能更广泛。尤其是他在论述殖民地教育时，他强调清教主义、早期贵格教派以及门诺派的教育。在对殖民地之后教育的论述中，伍迪更加关注宗教影响的衰退。尽管他在 1920 年出版了《宾夕法尼亚州殖民地时期的贵格教育》一书，但是在对女性教育史的阐述中却没有提及 19 世纪贵格寄宿制学校重要的教育角色。[①] 伍迪意识到宗教对个人的影响，但是没有充分讨论"第二次觉醒"（The Second Great Awaking）以及它在促进妇女参与公共社会事生活和教育中的作用。他提及了殖民地时期乌尔苏拉会女修道院承担了女孩教育的工作，但是忽视了很多修道院和教区学校在 19 世纪和 20 世纪初教育了数以千计的天主教女孩，也没有提到天主教学院、天主教大学中的男女同校制下的女性教育。

最后，以今天多元文化的观点来看，伍迪没有关注种族和少数族裔女子教育问题。他对殖民地教育时期荷兰、瑞典、德国女性教育投入了大量笔墨，但完全忽略了 19 世纪的爱尔兰、斯堪的纳维亚和德国的移民妇女，对东欧和南欧移民潮视而不见，而这股移民潮正是 20 世纪早期费城和纽约城学校人口的主要组成部分。他讨论了女性在公立中学受教育情况，却提及几乎不可能接受教育的第一代和第二代移民妇女。他也没有谈及家政学对移民女孩的作用。他关注妇女俱乐部，却没有涉及少数民族妇女组织。他援引了美国著名女作家简·亚当斯（Jane Addams，1860—1935）提出的"女性不要效仿男性"的观点，却没有提及赫尔馆（Hull House）这个芝加哥福利机构以及其他社会机构在女性教育中发挥的作用。伍迪对黑人妇女的关注也很少，通篇只有两次提及黑人，第一次是在第一卷中向读者介绍黑奴菲利斯·惠特利，文中援引了她的诗句以表达对逃离野蛮非洲的感激；第二次是在第二卷提到了"色彩问题"（color question），提到全国联邦妇女俱乐部要求各州俱乐部驱逐黑人俱乐部。他没有提及社会通

---

① Joan M. Jensen, Not Only Ours but Others: The Quaker Teaching Daughters of the Mid-Atlantic, 1790—1850. *History of Education Quarterly*, 1984. Vol. 24. No. 1. pp. 3 - 19.

过传播福音的方式教育殖民地黑人的努力，也没有关注在奥柏林大学接受教育的第一批黑人女性的状况，没有提及作为废奴主义者、女性主义者和教育家的黑人女性，没有提及专为黑人开设的私立学校、师范学校和学院等。

综上所述，伍迪以"乐观主义""进步主义"和"国际主义"的态度看待美国女性教育的历史。首先，他积极评价了 20 世纪 20 年代之前美国女性的地位和前途，并将美国女性教育史设想成是一个不断进步的历史，是值得肯定的。但伍迪的著作毕竟停留在 20 世纪早期，在那之后，美国社会发生了天翻地覆的变化，经济大萧条、第二次世界大战及其余波、战后妇女大量进入劳动力市场以及女性主义思想的复苏等对美国女性教育史学发展产生了重要的影响，所有这些都要求史学家重新审视美国女性教育史，并对伍迪的女性教育史学思想进行重新评价。其次，伍迪低估了性别歧视的力量，高估了教育对社会变化所产生的影响。究其原因，主要是伍迪没有将这种评价放在一个更大的社会环境中来研究，也没有与男性教育进步、优先权、获得报酬情况以及女性自身不断变化的需要之间联系起来进行比较研究。尽管看到 19 世纪女性在教育中比例的大幅度增加，却忽视了男性人数增加得更快。他认为女教师与其他社会领域中的男性拥有同样的社会地位，但事实上女教师缺乏社会声望，不能获得同等报酬，不能获得专业自治的职业。伍迪也没有意识到，刻意划分出女性职业或女子学校实际上是将女性与男性彻底分割开来，无形中也使男女之间的不平等制度化了。

本章小结

托马斯·伍迪的教育史观深受新旧两种史学流派的影响，其史学著作既体现了传统教育史学过分依赖史料的特点，同时又有一定的修正。其史料无论在"质"还是在"量"上都为后来的学者提供了丰富的储备，尽管官方档案是伍迪重要的史料来源，但他更重视二手史料的运用，大量搜集了那个时代著名学者的论著。在遵从传统教育史学方法的基础上，伍迪也极力扩展如报纸和期刊杂志等史料，史料来源的拓展有助于伍迪全面理解女性教育，为其在人类文明发展的总体背景下考察女性教育提供了有利的条件。此外，伍迪还重点研究了女性教育与女性解放，将女性教育与社会发展结合起来研究，重新界定女性教育的概念，提出了"女性智力解放比政治解放更有意义"的论断，逻辑性是伍迪特别强调的史学原则，对编年体制的摒弃是需要极大勇气的，然而伍迪在这二者之间选择了一种中间模式，他以逻辑为主线，将叙述史学与问题史学联系起来，以女性解放作为文章的主线，从机构史的立场出发，构建了一部女性教育的专题史。因此，伍迪本人不仅是一个进步主义的教育史学家，也是一个"妇女解放论者"，他用乐观主义、国际主义以及进步主义的眼光审视着美国女性教育史，在人类文明进步的大背景下，构筑了一本美国女性教育史里程碑式的著作。

伍迪这部里程碑式的著作不是完美无缺的。他对社会阶级因素、种族、民族因素以及宗教因素的关注不够也引来学界诸多批评。尤其是在20世纪60年代之后，美国女性史和教育史得到了空前发展，女性主义思潮介入美国教育史研究，新社会史在方法论和认识论上的革新等，使得我们有必要重新审视这本经典著作以及伍迪的思想。我们不禁要问："在何种程度上《美国女性教育史》在今天对学者们仍是有价值的？""在哪些方面，我们要对《美国女性教育史》进行修正和增补？"

第三章　战后美国女性教育史学的发展

20世纪60年代以来，随着美国第二次女权运动爆发，人们开始对第一次女权运动中的女性主义理论提出质疑，史学家意识到形式的平等无法掩盖实质的不平等，继托马斯·伍迪之后，美国女性教育史学家开始分为两派：一派是"女性主义教育批判派"，主张摒弃传统女性教育史学的辉格传统，否认学校加强了美国社会的阶级、种族、性别分层，认为学校就像一把双刃剑，在约束人性的同时也解放了人性。在女性教育史观上，"女性主义教育批判派"认为女性主义教育史学的发展不完全是直线进步的过程，其中也存在倒退和挫折。"女性主义教育批判派"纷纷将"隐性课程"的内容添加进伍迪所谓的"学术课程"的范畴内，强调运用社会性别的分析范畴来分析教科书、教师行为、课外活动、咨询活动以及学校自身的组织行为中的性别主义倾向。另一派是"女性中心论派"，主张将女性的思想、观点、兴趣及行为放在历史研究的中心位置，质疑一切进步的教育史观，尤其强调女性的"主体性"，认为女性是历史的发起者和创造者，而非牺牲品和受害者。

上述两派史学家沿着两条路径修正美国传统女性教育史学。首先是对传统女性教育观进行修正。"女性主义教育批判派"强调对性别主义、性别歧视进行批判，"女性中心论派"则认为女性的主体性是研究的重点。其次是对传统女性教育史观进行修正。"女性主义教育批判派"摒弃了传统的直线进步教育史观，转而以更加理性和批判地态度来理解女性教育及其历史演变过程。[①]"和谐进步教育史观"取代了辉格派的"冲突－进步史观"。而"女性中心论派"则绝对排斥一切进步教育史观，认为美国的女性教育机构并没有给女性带来真正的解放。最后是运用跨学科的史学模

---

① 史静寰：《20世纪英美教育史学研究取向变化的回顾及启示》，载《河北大学学报》（哲学社会科学版）2008年第3期，第30页。

式。两派在社会科学新史学思潮的影响下，意识到史学研究要充分借鉴社会科学理论和方法论进行跨学科研究，逐步走向了社会教育史学的范式中。但是最终"女性中心论派"占据主流，成为美国女性教育史学研究的主力。总之，两条路径实质上是在不同价值观的影响下对美国女性教育史的不同阐释。可以确定的一点是，女性主义是修正主义者努力坚守的理论原则。

第一节　战后美国女性教育史学
发展的历史背景

20 世纪是历史学打破学科樊篱、兼容并蓄、实现学科飞跃的时代，其显著特征是跨学科、多学科的历史研究的不断深入。20 世纪 60 年代以后，美国史学不仅包括"历史学家本身的变化，而且还有史学范围和构成美国历史内容的定义的变化"[1]，出现了社会科学新史学的潮流。美国社会科学新史学有两个特点：一是充分运用行为和社会科学的理论和方法；二是广泛采用计量史学方法。以社会科学为取向的新史学使美国史学的研究领域由传统的政治史扩大到整个社会的历史，研究对象由个别历史事件深入到复杂的社会结构和社会文化现象，研究方法由简单的因果决定论式的历史叙述转向多因素的综合分析。[2]

战后美国女性教育史学是在美国社会科学新史学的背景下兴起的，与社会科学新史学的分支学科"女性史"有着割不断的母子联系。无论是研究内容的扩展，还是研究方法论的创新及新的分析范畴的引入都深受女性史的影响。女性主义作为一种学术思潮在 20 世纪 60 年代影响了人文和社会科学的发展。在美国教育史学内部危机为女性主义的介入提供了重要机遇：长期以来教育史学对女性或性别问题的普遍忽视；教育史研究宏大叙事、包罗万象的统一理论的式微和反实证主义潮流的兴起。与此同时，在美国教育史学外部也存在两个推动力：一是美国女性主义第二次浪潮对

---

① 中国美国史研究会主编：《奴役与自由：美国的悖论——美国历史学家组织主席演说集》，贵州人民出版社 1993 年版，第 404—405 页。

② 张广智：《西方史学通史》第六卷《现当代时期》，复旦大学出版社 2012 年版，第 143 页。

历史学的影响；二是一系列平权法案颁布与实行。上述因素共同推动了战后美国女性教育史学的兴起与发展。

一、美国教育史学的内部危机

（一）史学本体论的困境

20 世纪 60 年代，工人运动、民权运动、女性运动、反战运动和学生运动汇集成一股声势浩大的反政府、反现存教育制度的社会潮流，冲击了美国社会，也使美国史学界发生了变革。20 世纪 60 年代以来，美国历史协会内部发生了很大变化：历任主席各有不同背景，来自不同的专业，彼此很难找到共同主题。在他们中间仍有少数传统史学的卫道者，更多的是新史学的拥护者。随着越来越多的黑人、女性、少数族裔和年轻一代登上史学的舞台，他们开始对战后教育进行不懈的批判。杜威时代所崇拜的那种社会稳定和进步的意识形态假设受到普遍怀疑，曾雄踞霸主地位多年的进步主义教育史学理论在面对新的社会结构变迁和意识形态的衰落时显得无能为力，以社会大众和大众文化为主体的新的研究取向逐渐得到加强。受到批判和质疑的不只是进步主义史学理论本身，还有作为教育史学经典模式的卡伯莱式的庞大教育理论存在的可能性。著名教育史学家吉尔·布莱克默（Jill Blackmore）在《教育史的形成：女性主义的观点》（*Making Educational History：A Feminist Perspective*）一书中提出了这种质疑，进而倡导建立一种"女性主义教育史学"来取代代表教育秩序普遍话语的传统教育史学。[①]

（二）史学认识论的困境

美国教育史学的辉格传统在 20 世纪前半期依然占据主导地位。1931年巴特菲尔德·赫伯特（Butterfield Herbert，1900—1979）在《历史的辉格解释》（*The Whig Interpretation of History*）中指出："历史的辉格解释的重要组成部分就是参照今日来研究过去，通过这种直接参照今日的方式，会很容易而且不可抗拒地把历史上的人物分成推动进步的人和试图阻碍进步的人，从而存在一种比较粗糙的、方便的方法，利用这种方法，历史学

---

① Jill Blackmore, *Making Educational History：A Feminist Perspective*, Geelong：Deakin University Press. 1992.

家可以进行选择和剔除，可以强调其论点。"① 美国教育史学的辉格传统主要表现在，从当下的眼光和立场出发，参照今日来研究过去，把历史描写成朝着今日目标的进步史，而赞扬过去的进步是为了肯定颂扬今日的一种倾向。托马斯·伍迪怀着一种乐观主义的态度讴歌美国文明和美国民主不断成长和壮大的历史，赞美美国女性教育的历史是从狭隘的女孩教育迈向女性教育全面扩展的直线进步过程。巴特菲尔德也对传统的辉格史观提出质疑。在《历史的辉格解释》中，他在将辉格派的概念扩展到一般意义上的编史学领域的同时，也质疑了辉格派的方法论，认为直接参照今日的标准来解释历史，势必会造成历史认识的简单化。因此，历史的解释应该是反辉格的。他号召史学家从当时的社会实际出发，以历史的眼光作出符合当时历史的解释和回答。② 这种反辉格的倾向无疑对进步主义的史学提出了挑战。伍迪时代奉行的"冲突—进步"史观被 20 世纪 50 年代初的新保守派史学家加以修正，后者提出了"和谐—进步"的一致论史观。新保守派史学家为了迎合现实政治斗争的需要，否定了新史学派或进步学派奉行的"冲突—进步"史观，对美国历史上的任何斗争和冲突视而不见。在他们看来，美国教育的历史是一部和谐与欢乐的历史。

（三）史学方法论的困境

20 世纪 60 年代以后，美国社会科学在学科建设、研究技术和方法论上都取得了巨大的进步，进入了一个"社会科学的时代"③。现象学、解释学和女性主义批判理论等思潮的广泛传播，也使作为自然科学和社会科学基础的实证主义受到前所未有的冲击，对教育史学基本概念和方法进行重新审视，用批判的眼光重新审视历史成为教育史家的当务之急。正如澳大利亚教育史学者克雷格·坎贝尔（Craig Campbell）和杰弗里·谢林顿（Geoffrey Sherington）在谈到战后西方教育史学状况时指出的："研究主题、视角和方法论的多元化已经成为这一学科的标志。"④ 著名史学家托

---

① Butterfield Herbert. *The Whig Interpretation of History*. London：G. Bell and Sons Ltd. 1931. p. 11.

② 王晓玲：《科学史的辉格解释与反辉格解释》，载《郑州航空工业管理学院学报》2009年第 5 期，第 63 页。

③ ［美］丹尼尔·贝尔：《当代西方社会科学》，范岱年译，社会科学文献出版社 1988 年版，第 14 页。

④ Craig Campbell, Geoffrey Sherington, The History of Education：the Possibility of Survival, *Change*：*Transformations in Education*，2002. Vol. 5. No. 1. pp. 46 – 64.

马斯·库恩（Thomas Kuhn，1922—1996）指出："加拿大教育史编纂领域就像一个毫无规范的理论舞台。在这个舞台上，不同的学者运用不同的观点，采用不同的方法，描述和解释他们面对的同一现象。这里不存在统一的论证和一致的理论观点，教育史家们也不承认任何应当共同遵循的研究规范和标准。"①

　　史学方法论多元化的趋势使教育史的每个亚研究领域的解释框架日趋丰富，在什么是教育史的核心问题上越来越缺少一致的答案。我们可以看到，一方面是教育史学科这种四分五裂和日益专业化所带来的问题，另一方面是教育史家越来越依赖社会科学模式，在教育史学科中充斥着对技巧和实证主义的强调，结果导致曾经作为教育思想史中心的教育哲学和道德教育等问题逐步走向边缘化。同时，方法论的多元化也威胁到教育史作为师资培训课程的前景，导致教育史学科本身的危机和边缘化。随着后现代主义而兴起的文化研究以怀疑主义的姿态对所有以追求普遍性为目标的所谓"宏大叙事"展开挑战，女性主义者以普遍的男性话语为批判目标，毫不迟疑地加入了这些持异见的挑战者的行列。

　　（四）美国修正主义教育史学的影响

　　教育史学者在创立教育史学科的最初梦想，即教育史是用客观主义的技巧和模式去如实描绘教育秩序和人类教育行为，为教师职业提供激情和热情的一门学问。由于传统教育史学将"教育"理解为学校教育，将家庭视为教育环境之外的领域。而女性和男性之间的天然差异，使人们普遍将女性的功能局限于在家庭里承担妻子和母亲的角色，女性的自然状态造成了男性权威的教育体制，即"父权制"在辉格主义那里被视为是社会体制的一种自然演化形式，因此女性及其教育在传统的教育史学中被边缘化了。例如，美国教育史学者劳伦斯·A. 克雷明的《美国教育史——殖民地时期的历史（1607—1783）》一书，在第四章"家庭"中简略提到"在培养虔诚和礼教之外，家庭还让孩子干一些正当合法的工作、劳动和活计来教育他们，在以维持生计为目的的经济环境下，这至少意味着父亲会教给孩子料理家务、农田和商店所需的各种技能，而母亲也会教给女儿

---

　　① Thomas Kuhn, *the Structure of Scientific Revolutions*, 2nd, *Enlarged Edition*, *Vol. 2*, *No. 2 of International Encyclopedia of United Science*, *Editor-In-Chief Otto Neurath*. Chicago：University of Chicago Press. 1970. pp. 11 – 12.

类似的教育"。①

E. P. 卡克伯雷选编的《外国教育史料》一书中尽管单独论述了女性教育，但是他笔下的女性教育有一些共性：首先，将女性教育等同于女孩教育，人为地将女性教育的内涵缩小了，在论述罗马女孩教育时，他用了一篇古代墓志铭：

> 这块幽静的坟墓曾经，
> 含有一朵美丽的鲜花，
> 她的名字叫克劳迪娅，
> 对主人，衷心热爱他，
> 她的两个儿子，一个离开人间，
> 一个埋在她的身边
> 她的语言温和，举止端庄，
> 她管理家务和洽安详，
> 她操纵绕线杆和织布机，
> 现在你可离去，我要休息。②

其次，在宗教背景下论述女性教育。克伯雷极力称赞修女誊写技巧的娴熟，字迹清晰漂亮，强调修女抄写经书是为了炫耀礼拜，她还专章论述了法国女子教育的宗教目的。最后，赞扬女师学校及女教师。在论述英国女师学校时，他引用了英国诗人卡拉比（Crabbe）在《诗人及其住所》中的诗篇：

> 有一所虽谈不上什么规则和学习的学校，
> 却被人们称之为学校，
> 那里坐着一位贫穷的耳聋有病的寡妇，
> 她一面编织，一面照看 30 个孩子，

---

① ［美］劳伦斯·A. 克雷明：《美国教育史》，周玉军、苑龙、陈少英译，北京师范大学出版社 2003 年版，第 95 页。

② E. P. ［美］克伯雷选编：《外国教育史料》，任宝祥、任钟印主译，华中师范大学出版社 1991 年版，第 32—33 页。

> 她们都是那些贫苦忙碌主妇们的孩子。
> 付点费用送他们上学为的是使母亲能腾出手来干活
> 孩子们都聚集在这位善良妇人的小屋里，
> 而她则成了这条街坊里的"母亲"。①

　　面对传统教育史学将女性框限在家庭、宗教以及女性专属职业的背景下，极大地局限了美国教育史学的研究视野，于是，修正主义史学家开始意识到女性一方面成为家庭教育中的一种特殊教师角色，另一方面也成为教育活动中受教育机会最少的被压迫者，她们作为男性的性对象和私人财产而存在。生理性别的分化导致两性在经济、政治和教育各个方面的不平等和冲突，这种冲突必将带来社会和教育领域的变革。修正主义教育史学却认为教育的变革和进步是通过不同群体和阶级之间的彼此冲突和斗争来实现的，男性和女性就是冲突的双方。这种冲突来自双方在财富和权利方面的不平等。可以看出，传统教育史学者与修正教育史学者之间对于两性在教育领域的分工和功能的理解存在分歧。但主流教育史学理论基本上建立在传统的"生物决定论"基础之上，即以男性的经验和利益为基础，符合父权制结构的社会机制以及性别主义（sexism）的范式。因此，女性在教育史学中的位置就像她们在社会中的位置一样，始终是无足轻重的，或者可以说是无形的、边缘的、歪曲的甚至完全缺席的。这种现象随着当代女性主义运动的深入以及跨学科女性研究的发展而日益受到学院派女性主义的抨击。当代女性主义试图从一种新的理论视角和方法论维度出发，对教育中的女性位置作出重新分析和解说，并试图改变女性和性别研究在教育史学科中的边缘地位。

二、女性主义介入美国教育史学的外部动力

　　西方女性主义研究的兴盛是 20 世纪不可忽视的学术现象。当代女性主义研究起源于 20 世纪 60 年代第二次女权运动。随后，女性主义开始向

---

　　① ［美］E. P. 克伯雷选编:《外国教育史料》，任宝祥、任钟印主译，华中师范大学出版社 1991 年版，第 417—418 页。

文化界、学术界的全面进军。① 西方女性主义和同时代风靡西方的反主流文化浪潮相契合，带有很强的反主流意识和批判意识，因而常常被归类为批判理论或后现代主义的一种。②

女性主义介入教育史学主要表现在对学科本身的男性中心导向的批判，倡导在女性经验基础上建立新的学科范式。尽管女性主义者在教育史学话语的批判与重建问题上还存在诸多分歧，主流教育史学界对女性主义在教育史研究中的作用也存在各种评价，但学术界已无法对 20 世纪 60 年代以来女性主义在教育史学中发出的声音置之不理，当代教育史研究理论和方法流派的教科书都无法将女性主义理论或性别分析方法排除在外。③女性主义视角立足于一种全新的"社会性别"视角，强调女性作为"他者"的经验和价值④，为当代女性主义教育史学开辟了一种日常生活的教育史学图景。这种尝试对教育史学很具有启发意义，女性主义也因此在教育史学界获得了自己一块稳固的地盘。

（一）两次女权运动浪潮的冲击

席卷美国的女权运动浪潮分为两个阶段：第一次女权运动肇始于 1848 年斯坦顿及苏珊·B. 安东尼（Susan B. Anthony）在纽约的塞尼卡福尔斯的卫斯理小教堂组织的第一次专门致力于女性权益的公共集会，斯坦顿发表了女权运动宣言，宣称男性和女性生而平等，享有同样的权利。在

---

① 女性主义运动的"第一次浪潮"是指 19 世纪中叶到 20 世纪 20 年代的妇女运动；"第二次浪潮"诞生于 20 世纪 60 年代，西蒙·德·波娃的《第二性》和贝蒂·弗里丹的《女性的奥秘》为这次浪潮提供了理论基础。关于女性主义研究的兴起及其女性主义运动的关系，可参见吴小英《科学、文化与性别：女性主义的诠释》（中国社会科学出版社 2000 年版）中"导论"中的论述。

② 吴英：《"他者"的经验和价值》，载《妇女研究》2003 年第 1 期，第 3 页。

③ Jill Blackmore. *Making Educational History*: *A Feminist Perspective*, Geelong: Deakin University Press. 1992. p. 3.

④ 西蒙·德·波娃的《第二性》中谈到，在人类社会的历史和文化长河中，男人是作为绝对的主题（The Subject）存在的，人就是指男人；而女人是作为男人的对立面和附属体存在，是男人的课题和"他者"（The Other）。由于女人一直被界定为天性的"他者"，现实世界被认为是男性主宰和统治的，两性之间不可能存在平等。要使妇女走向真正的解放，必须摆脱"他者"的地位，成为真正"独立的女人"（参见西蒙·德·波娃的《第二性》（上、下），陶铁柱译，中国书籍出版社 1998 年）。后来的女性主义者却看到了女性作为"他者"所独有的经验和价值，认为它可以克服男性经验所具有的偏颇而成为更加富于人性的知识的来源。文中所说的"他者"就是指女性主义强调的女人相对于男人所处的边缘化的、陌生人的特殊处境和地位。

这一次的女权运动中，很多组织者和参与者并没有宣称自己是"女权主义者"，该词在数十年后由法国行动主义者发明。但女性主义的概念在第二次女权运动中不仅被明确提出，还被赋予了新的生命力。

　　20世纪60—70年代在美国爆发的第二次女权运动包括由"全国女性组织"领导的为女性争取平等权利运动，以及由"激进女权主义者"发起的女性解放运动。① 运动的目标主要是批判性别主义、性别歧视和男性权力。运动的理论前提是表面的性别平等掩盖了实质上的不平等。② 美国的第二次女权运动是第一次女权运动的继承和发展，它继续关注第一次女权运动中关于教育、儿童权利和就业等问题，但波及的范围更广。在实践层面上，第二次女权运动要求赋予女性实质性的平等教育权，并且开放那些过去不曾向女性开放的社会职业（行业）。在理论层面上，第二次女权运动中提出要在高校里设立女性研究部门和研究项目，开设女性学课程，将女性的经验编进书本和课程中，确立了女性研究的地位。事实上，女性研究本身就是女权运动在学术领域的延伸，也是女性主义理论从批判的视角来解释学术领域的种种问题的开始。

　　（二）女性主义进入学术领域和学术机构

　　女性主义的影响不仅表现在对男女角色行为和性别意识的重新理解，更重要的是由社会思想意识的变化而导致的学术变迁，集中体现在学院派女性主义者（academic feminism）创立的女性研究（women's studies）这一学术领域中，女性研究又称为"女性主义研究"（feminist studies），从独特的性别视角对整个西方学术传统进行重新审视，认为传统学术主要以白种男性的生活为基础，忽视和排斥了女性的经验。③ 女性研究有三重使命：一是通过性别问题研究和性别不平等的分析为女性的意识觉醒提供启蒙教育，并为女性运动提供理论指导。二是消除文化界、学术界的性别歧视，提高知识女性的地位。三是建立女性主义的知识图式、文化模式和研究方法。可见，女性研究带有明显的反传统、反主流文化的特征，它从对性别问题的关注发展到对传统学术的批判，从参与运动转向知识讨论。就

---

　　① 王恩铭：《20世纪美国妇女》，上海外语教育出版社2002年版，第266页。

　　② 李银河：《女性主义》，山东人民出版社2005年版，第26页。

　　③ 吴小英：《科学、文化与性别——女性主义的诠释》，中国社会科学出版社2000年版，第9—10页。

美国教育史学领域而言，女性主义介入学术领域还表现在出现了女性史研究、性别史研究以及女性学研究。

美国史学家撰写女性史（Women's History）可追溯到19世纪末20世纪初，其产生与发展主要有两个方面的原因：一方面与20世纪60年代兴起的席卷西欧、北美的"新女性解放运动"息息相关。为了寻找女性受压迫的根源，女性主义者开始研究女性的历史，希望能从历史中找到答案。另一方面，社会史作为一个新领域开始进入史学界。社会史从研究方法、研究内容和研究对象等方面挑战了传统史学。20世纪80年代开始，女性史的写作开始运用社会史的方法，对下层的女性的教育、婚姻、家庭和人口流动等问题展开研究，甚至一度特别关注"女性的领域"。[1] 以上种种，无疑为美国女性史的研究提供了有利的条件。

随着"社会性别"概念的出现以及在史学越来越普遍的运用，社会性别的视角成为女性史研究的新趋势——"社会性别史"的出现。琼·拉瓦赫·斯科特认为"社会性别史"主要是将女性作为历史的主体来研究，重点研究社会性别差异，将社会性别的研究政治化。社会性别史研究特别强调将性别维度政治、经济、社会、家庭、种族、民族、阶级、性向等进行交叉考察与分析。社会性别史研究不仅可以帮助我们认识女性受压迫的根源，更能帮助我们进一步认识社会结构、权力及物质分配带来的女性社会地位的变化。[2] 朱迪斯·贝纳特在斯科特的基础上提出要写好女性史，必须重点研究父权制，增强女性主义精神，"女性主义是女性史得以生存和发展的精神支柱，削弱了女性史中的女性主义，也就抽去了它的精髓，否定了其存在的价值"。[3]

学者们关注社会性别史体现了女性主义在学术领域的发展，除此以外，还通过高等教育中女性学学科和课程的发展来加强女性主义在学术领域的地位。女性学起源于20世纪60—70年代的政治思想运动，从最初在传统的学术研究和教学中体现对女性的关注，到努力寻找新的研究方法，

---

[1] 杜芳琴：《妇女/社会性别史对史学的挑战与贡献》，载《史学理论研究》2004年第3期，第4—5页。

[2] Joan Wallach Scott, Gender: A Useful Category of Historical Analysis, *American Historical Review*, 1986. Vol. 91. No. 5. pp. 1053 – 1075.

[3] 鲍晓兰主编：《西方女性主义研究述评》，生活·读书·新知三联书店1995年版，第79页。

开发新的分析范式，重新定义教学法，通过加强学术机构之间的联系来发展女性学科。① 对于女性学的创始人来说，女性学不仅仅是用来证明女性主义是正当的，更是一种对正义的强烈追求。女性学使女性主义走进了高等教育，进入了学术机构和大学课程。女性学要求在大学里创造、传授和维护知识的场所里和过程中都能体现女性的观点和意见，这就要求大学能够接纳女性主义的思想，包括它的立场和道德观，要求将女性主义学术纳入高等教育历史中。通过女性学课程和研究项目的普遍推广，女性主义在学术领域的影响力得到进一步的巩固，女性学为很多学科领域的学者提供了一个研究入口。

（三）平权法案的刺激

西方各国一系列平等法案和教育平等法律、法规、政策的颁布与实施也进一步推动了女性主义教育史学的兴起。在美国，从早期的《黑奴解放宣言》到 1848 年第一次女权运动中的《女性权利宣言》，从 1963 年美国国会通过的《同工同酬法》到 1964 年美国国会通过的《民权法案》，都说明了女性主义已经在国家的法律法规中有所体现。

1972 年美国国会通过的《平等权利法案》是美国 70 年代女权运动中最具意义的纲领，它试图以法律的形式促使女性拥有真正的平等权利。尽管《平等权利法案》由于新右翼的攻击而受挫，但美国女性主义者还是积极在各州活动，努力推动议会对婚姻、离婚、财产权、子女抚养和儿童监护等方面法律进行重新修订，为女性争取更多平等的权利。同年，国会还通过了《高等教育法案第九部》，它规定："在美国，任何得到联邦财政支持的教育计划或行动均不得出于性别原因排斥任何人参加，拒绝其受益，或使之受到歧视。"② 美国议员贝拉·阿布朱格曾指出，"1972 年是一个转折之年，我们把有关性别歧视的条文一一添加进法律中，没有人提出异议，谁会对抗妇女平等权利？于是我们只一味地通过妇女权利法律"。③

---

① ［美］玛丽琳·J. 波克塞：《当妇女提问时：美国妇女学的创建之路》，余宁平译，天津人民出版社 2006 年版，第 3 页。

② ［美］萨拉·M. 埃文斯：《为自由而生——美国妇女历史》，杨俊峰译，辽宁人民出版社 1995 年版，第 330 页。

③ 同上书，第 331 页。

总之，20 世纪 60 年代兴起的美国女权运动使美国女性在政治、经济、社会、教育、文化等领域的地位都有很大提高，女性主义也积极向政治、学术、教育、社会、科学等领域全方位进军。一系列针对平权的法律法规的出台无疑刺激了教育史家带着消除性别歧视的眼光来审视美国教育史。

第二节　"女性主义教育批判派" 对美国女性教育史学的修正

"女性主义教育批判派" 对美国女性教育史学的修正主要集中在两个方面：第一，针对性别角色的刻板印象和历史教科书中女性的缺席等现象，批判课程和教室行为（Classroom Practice），批判焦点集中于性别主义。学者们批判儿童读物和儿童文学中所描绘的女性形象失真，也批判课程领域只是部分地对女性开放。第二，很多女教师深受女性主义思想的影响，在学院和公立中学中开设女性研究项目或课程，女教师特别强调女性和历史、哲学、文学及其他学科之间的关系，试图构建一种非独裁主义的师生关系，并努力构建女性主义教育学。

一、批判的前提假设：规律一致性

批判历史学必须有一个标准，即历史学中的信条就是历史学家本人。批判在一开始就必须暂时先怀疑它面前的一切事物的真实性。对于历史学来说，事实就意味着真实性，如果真实的东西就意味着被批判所肯定的东西，那么把任何东西说成是历史的事实就是完全错误的，除非批判能够保证它是真实的。

历史学的批判必须一方面尽可能把批判的意识认同为作者的意识，通过推论来确定作者真实的愿望，另一方面，要力图在被记录的事件中找到可以与在当前经验中和在历史中被人观察到的规律相类比的规律。如果这项工作充分完成了，那么事实在历史上就是真实的；如果这项工作只是部分完成，那么事实就可能被认为是偶然的。因此，批判历史学必须有一个前提假设，即规律的一致性，即历史推论要与自然界规律相一致的特性。

历史学本身就是一种推论的结果，而每一项推论都是建立在一定的前提假设基础上的，并且这一前提假设是由当前的经验所形成的。这种经验在当下是可以向我们证明它的意义的，但终究需要依赖个人的理性判断来阐明其意义，因此它是个人的。批判者个人永远不能使自己真正脱离历史知识的整体。历史学，就其历史批判的特性而言，要把它的内容看成是其自身之外的东西，而它的任务就是要再度把它们纳入其自身之内，这种内容只有在两种状况下才能被人看作真实的事件而加以接受，一是作为某个特殊时代和作家的记录，二是它被记录下来的事件的身份。因此，一切历史事实都是根据推论而得出的推论，而历史学的推论基础就在于历史学家本人的经验与他所研究的过去之间的类比。批判历史学必须先从审视历史的推论与自然界是否存在一致性入手，最终要还原历史事件的真实性。

20 世纪 60 年代以来，女性主义作为一个理论开始介入教育史学领域，其初衷是希望借助女性主义的力量在教育史学界为女性争得一席之地，同时为解释女性在教育史学界所处的不平等的生存环境和寻求解放的途径提供理论上的支持。因此，女性主义首先是以批判的姿态对教育史学作出了全方位的质疑。

二、批判美国教育史学中的"性别主义"

"女性主义教育批判派"对美国教育史学的批判也建立在规律一致性的前提假设的基础上。这种批判也反映了女性主义对西方主流文化和性别观念的批判性解构。女性主义对美国教育史学的批判始于 20 世纪 60 年代末 70 年代初，最初批判的是美国教育史学领域中的性别不平等现象，以及教育史学的理论和实践中包含的男性中心主义的偏见，到了 20 世纪 70 年代中期，这种批判由改良转变为改革的立场，从提出改良教育史学的可能性分析，转向对教育史学的文化基础的变革。女性主义对美国教育史学批判的起点在于女性在教育史学中相对缺席的现象，包括女性难以获得平等的教育权利以及进入教育和职业领域后难以与男性竞争而存在生存困境和实质性不平等的问题。女性主义对美国女性教育史学的批判是以女性主义理论和现代批判传统作为支撑，以女权运动作为社会基础，涉及的内容非常广泛。概括地说，女性主义教育批判是以性别问题、教育问题以及性别与教育之间的关系问题作为研究对象，在对传统教育史学从理论到实践、从社会结构到社会功能、从认识论到方法论进行全面批判的基础上，建构以女性经验为核心的女性主义教育史学的范式。"女性主义教育批判"运用女性主义的经验论、立场论和方法论对美国女性教育进行批判，其批判的核心主要是美国女性教育中的"性别主义"。

"性别主义"有时候也被译为"对女性的性别歧视"或"男性至上主义"，主要指基于某一种生理性别而产生的歧视或偏见。性别歧视的态度源于传统性别角色的刻板模型。其核心思想是一种生理性别要优越于另一种生理性别。"性别主义"一词最早出现于1965年9月16日在弗兰克利和马沙尔学院举办了"学生—教师论坛"（student-teacher forum）。在这次论坛上，利特（Pauline M. Leet）女士在题为《女性和大学生》（*Women and the Undergraduate*）的论文中提到，人们认为女性几乎不可能写出优美的诗篇，这是一种总体的排斥，实际上你是用了一个与种族主义相类似的词汇，这个词汇就是"性别主义"。这是首次将性别主义作为与种族主义相对应的词语提出来。

20世纪70年代，在第二次女权运动的影响下，学者们开始对教育中的性别主义研究产生兴趣，很多女性主义学者批判学校教育中的课程内容和课程设置中存在女性缺席现象，也有学者批判在小学、中学以及大学的教室里的交往行为中存在性别主义（sexism）倾向。[①] 女性主义教育批判的矛头直接指向传统父权制根深蒂固的客观性与主观性、理性与情感、文化与自然、主体与客体等二元论思想，这种二元划分不只是表面的差异，更重要的是暗示了等级制和特权。女性主义不仅对前者进行批判，而且对后者给予肯定。女性主义对二元论的批判依据以下几个维度：一是认为所谓的理性和客观性的主题是男性本身就不是真正客观的。二是认为纯粹的客观性是不存在的。三是试图为主观性和情感正名。

这一时期，美国女性教育中性别主义视角成为教育史学的中心论题。第一本系统描述学校中的性别主义的著作是1973年由南希·弗莱泽（Nancy Frazier）和玛丽·萨德克（Myra Sadker, 1943—1995）合著的《学校和社会中的性别主义》（*Sexism in School and Society*），该书主要从性别分离的课程、不公平的教学和咨询行为以及课本中存在性别歧视三个方面展开对性别主义的批判，此后，在美国教育史学界掀起了一场批判性别歧视的浪潮。

玛丽·萨德克（Myra Sadker）是性别主义教育批判的先驱。她认为

---

① Janice Jipson, Karen Jones, Petra Munro, Gretchen Rowland, SusanVictor, *Repositioning Feminism Amp*; *Education*: *Perspectives on Educating for Social Change*, Westport: Greenwood Press. 1995. p. 93.

学校教育一直在侵害女孩的潜力，却没有人对此问题给予关注。① 1995年，玛丽·萨德克与其丈夫大卫·萨德克（David Sadker）合著的《不平等：美国学校如何欺骗女孩》（*Failing at Fairness：How America's Schools Cheat Girls*）成为当时批判性别主义的畅销读本。2009年，萨德克夫妇出版了《依旧不平等：社会性别歧视在学校中如何作用于男孩和女孩，以及我们该做些什么?》（*Still Failing at Fairness：How Gender Bias Cheats Girls and Boys in School and What We Can Do about it?*），对1995年的《不平等：美国学校如何对待女孩》一书进行修订。

　　20世纪70年代以来针对性别主义批判的著作非常丰富。除上述作品以外，还有1973年艾玛·维尔德教育研究小组（Emma Willard Task Force on Education）的《教育中的性别主义（*Sexism in Education*）》，1974年宾夕法尼亚州女性教育委员会（Pennsylvanians for Womens Rights. Education Committee）的《学校中的性别主义自学读本》（*Self-Study Guide to Sexism in Schools*），1974年朱迪斯·史黛丝（Judith Stacey）、苏珊·布劳德（Susan Béreaud）和琼·丹尼尔斯（Joan Daniels）合著的《美国教育中的性别主义》（*And Jill Came Tumbling after：Sexism in American Education*），1975年贝蒂·理查森（Betty Richardson）的《高等教育中的性别主义》（*Sexism in Higher Education*），1977年珍妮丝·珀克（Janice Pottker）和安德鲁·菲谢尔（Andrew Fishel）合编的《学校中的性别歧视：研究证据》（*Sex Bias in the Schools：the Research Evidence*），1978年约拿（Jonah R. Churgin）的《新女性与旧学术：高等教育中的性别主义》（*The New Woman and the Old Academe：Sexism and Higher Education*），1979年萨德克夫妇（Myra Sadker & David Miller Sadker）的《教师教育课本中的性别主义》（*Beyond Pictures and Pronouns：Sexism in Teacher Education Textbooks*），1986年安德尔·米歇尔（Andrée Michel）的《减少学校课本和儿童文学中的性别主义》（*Down with Stereotypes! Eliminating Sexism from Children Literature and School Textbooks*）等。上述作品的研究视角虽有不同，但都呈现出下列共同点。

---

① Myra Sadker, David Sadker, *Failing At Fairness：How America's Schools Cheat Girls.* New York：Simon and Schuter Press. 1994. p. viii.

（一）"一种隐性课程"——对课程中性别主义的批判

学者们普遍认为，学校课程中存在性别、种族的刻板印象，这种对性别角色的歪曲和忽视会严重伤害孩子的自尊。而学校教育的课程强化了男女两性气质的独特性，这也是男女权力分配不公，女性受压迫合法化的一个重要原因。[①] 珍妮丝·波多克（Janice Pottker）在小学读物《心理和职业的性别刻板印象》中指出，三年级的课程中一般将女性的性格形容为很有"女人味"（feminine）的，女性主要以家庭主妇形象示人，劳动女性的社会角色是小学教师。J. 维妮弗蕾德（J. Winifred）在《小学数学课本中的性别刻板印象》中也指出，在小学数学课本中出现的著名的男性远比女性多，而且男性的职业也比女性要丰富。贾尼斯·劳·特雷克（Janice Law Trecker）在《美国小学历史课本的女性》一书中指出，在美国小学历史课程中忽略了女性，即使被提及也是很敷衍的。例如，女性在美国历史上的劳工运动中曾扮演过领导者的角色，然而这些在历史课程中都没有被认可。女性仅仅是作为填补的角色进入了美国历史。这就意味着学校课程中的性别主义倾向给小学生们烙上性别刻板的印象。

学者们对学校课程中的性别主义进行了批判，他们认为课本的性别主义会弱化女性的自尊，从而影响她们对自我的认知。当女孩看到历史中的女性如此不重要时，就会联想到自己作为女性也是不重要的。在课本中女孩被描绘成一个旁观者羡慕着男孩从事种种活动，这样女孩长大以后将会变成被动、缺乏探究精神的成年人，作者认为这种性别刻板形象的描述对男孩也是有害的。由于性别刻板印象中认为女孩几乎不能对世界作出贡献，男孩则要承担一切社会中工作，这种无形的压力反而使男孩为了不辜负自己的社会期望而努力，甚至有时男孩会觉得很无能为力。和男孩相比，女孩经常会表现出缺乏职业知识，这也是由课本中的性别主义造成的。

（二）对教室行为中的性别主义的批判

"教室行为"主要是指教室内发生的教育教学行为，包括师生教学交往、教师教学方法和教师对学生期望等。萨德克夫妇在1994年撰写的

---

① 刘晶、谷峪：《女性主义批判理论及其对教育的影响》，载《外国教育研究》2009年第12期，第20页。

《不平等：美国学校如何对待女孩》中提出了 8 种基于性别主义的教室行为模式：（1）教室中教师与男生之间的交流比女生更多，使得男生更愿意亲近教师。（2）教师为男生提供了更多的主动学习的机会，势必会剥夺女生主动学习的机会。（3）在课堂讨论和作业中，教师更有可能给予男生具体的指导，而女生则无法经常享有这种指导。（4）教师更倾向于在作业质量和内容方面表扬男生，在作业的整洁和格式方面对女生表扬。（5）当男孩没有完成任务时，教师一般批评他们没有努力，而当女生无法完成任务时教师则归咎于其他因素。（6）教师经常会使女孩在高技术含量、高收入职业相关的课程学习中感到气馁。（7）教师表扬男生一般都是和他们的智力活动联系在一起的，而主要表扬女孩的外貌、穿着等外在的东西，这会让人们认为男生与理性更近，而女生则是感性的群体。（8）教师给予男生更多的时间回答问题，会让男生更有勇气回答问题，而女生则相对迟疑或被动。

三、对美国传统女性教育史观的批判

"女性主义教育批判派"对美国传统女性教育史观的批判有着明确的态度，批判了进步学派的冲突—进步史观，提出了"和谐论"史观；无视美国历史上的任何冲突和斗争，将美国历史刻画成一片和谐与欢乐的历史。同一时期的新自由派史学家则站在社会改良的立场，力图用"利益和谐论"来稀释政治与文化的冲突。

（一）对冲突—进步史观的批判

"女性主义教育批判派"认为直线进步史观下的历史是不真实的。20世纪 60 年代之前，大部分的美国教育史家致力于撰写"讴歌传统"的历史著作，普遍认为公立教育系统的发展完全是美国民主承诺的进步史。传统的政治史家对进步的衡量以及对历史的分期主要是通过政府改革派完成的，而新的政治史学家以及教育史学家们将他们的史学视为正规的公立学校数量的增加以及改革的历史。都是以直线进步为前提，力图与当今史学家对美国历史的解读达成共识。这些新政治史学家或教育史学家对历史的解读与那段毫无批判的美国历史相差甚远，他们坚信美国历史是自由主义发展的产物。1953 年，美国历史学家丹尼尔·布尔斯廷（Daniel Boorstin，1914—2004）指出："这是多么粗糙和不成功的表达，但是美国社会的两派还是达成了一般共识。"① 在正规的公立学校成为大部分美国人生活的一部分之前，美国历史学家对历史的解读更多的是希望研究美国公立学校系统产生的根源。因此，当他们看到美国现代学校体系的发展时不禁欢欣鼓舞，极力赞扬却忽视了其缺点。

（二）"和谐论"史观

美国历史上的和谐论产生于 20 世纪 50 年代。1959 年，美国历史学家约翰·海厄姆首次运用该词说明当时的史学思潮。和谐论体现了美国文化中的核心价值观"自由、平等原则及其所包含的个人主义和进取精神"。② 和谐论史观的产生有四个基本条件：第一，社会环境影响了史学家的观点，他们开始抛弃经济利益冲突论，重新强调自由主义的传统对美国的意义。第二，20 世纪 30 年代末兴起的"美国学"运动和"和谐"思潮的影响。在美国国学运动中产生的美国学著作在美国思想史研究中首次将美国作为一个整体与欧洲以及其他国家之间进行对比研究，这对后期和谐思潮所运用的整体对比方法产生了影响。第三，20 世纪以后美国社会科学的发展。和谐思潮中除了历史的研究方法外，最常见的就是文化人类学和社会学的理论工具。第四，与 20 世纪 50 年代美国的社会氛围和社会心理有关。美国经济的迅速发展，使美国人民坚信多元、务实、改革的途径是最好的选择。③

"女性主义教育批判派"一方面抨击了冲突论史观，一方面也构建了独特的和谐论的解释框架。首先，突出了以"盎格鲁—撒克逊"为主体的中产阶级女性在确保美国文化传承过程中的作用。强调所有的美国人，不论民族、种族、肤色和阶层都是美国生活方式的追寻者和实践者，批判任何对任何女性群体歧视的现象。其次，自由与平等是和谐史观始终坚持的原则。再次，极力抨击冲突论，但还是继承了二元解释论，重点分析不同地区和不同群体的女性在核心价值观上的冲突，从而取代了进步主义者以经济冲突为根源而产生的社会和政治冲突的分析框架。最后，在史学方

① Daniel Boorstin, *The Genius of American Politics*, Chicago：University of Chicago Press. 1953. pp. 138 – 139.

② 张涛：《美国战后"和谐"思潮研究》，人民教育出版社 2002 年版，第 1 页。

③ David Chalmers, *The Crooked Places Male Straight*：*The Struggle for Social Change in the 1960s*. Baltimor Maryland：the John Hopkins University Press. 1991. p. 11.

法上，和谐论注重从材料中寻求证据，以历史纵向研究为主线，重点研究社会行为模式和社会信仰模式。

在以上解释框架的指导下，"女性主义教育批判派"对托马斯·伍迪和玛贝尔·纽康麦为的史学著作进行批判，以美国的核心价值观"自由"和"平等"作为理论武器来批判美国女性教育史中的性别主义、性别歧视等现象。20世纪70年代，美国女性教育史学的焦点基本围绕学校内部的性别歧视展开，教育史学家和很多教育组织机构也针对性别主义问题开展调查研究，产生了丰富的研究成果，如：1973年，南希·弗雷泽（Nancy Frazier）和玛拉·萨德克（Myra Sadker）合著的《性别主义在学校和社会》（*Sexism in school and society*）；1977年，珍妮丝·波多克（Janice Pottker）的《学校中的性别歧视：研究事例》（*Sex Bias in the Schools: the Research Evidence*）；1977年，全国女性协会的《关于公立学校中的性别歧视的报告》（*Report on Sex Bias in the Public Schools*）；1974年，美国远西教育发展研究所（Far West Laboratory for Educational Research and Development）的《所有的平等：学校中性别角色歧视手册》（*In All Fairness: a Handbook on Sex Role Bias in Schools*）；1975年，俄亥俄州教育协会（Ohio Educational Association. Instruction and Professional Development Division）的《移除学校中的性别歧视》（*Removing Sex Bias in Education*）。

四、"女性主义教育批判派"代表人物吉尔·凯·康威

吉尔·凯·康威是一位澳大利亚裔美国作家，1969年在哈佛大学获得了教育哲学博士学位，1975—1985年担任美国最大的女子学院——史密斯学院的第一任校长。2013年哈佛大学给她颁发了"国家人文勋章"（National Humanities Medal），以表彰她作为一个历史学家和学科带头人所作出的贡献。她出版了很多有关女性史方面的著作，如：1972年的《女性改革家和美国文化：1870—1930》（*Women Reformers and American Culture: 1870—1930*）、1982年的《18—19世纪美国的女性经历》（*The Female Experience in 18th—and 19th—Century America*）、1989年的《学习女性》（*Learning about Women*）、1987年的《乌托邦的梦想还是反乌托邦的噩梦？》（*Utopian Dream or Dystopian Nightmare? Nineteenth Century Feminist Ideas about Equality*）、1996年的《来自英国、非洲、亚洲以及美国女性的

自传》（*Written By Herself*，*Vol.* 2，*Autobiographies of Women from Britain*，*Africa*，*Asia and the U. S*）、1999 年的《女性会议录，来自澳大利亚、新西兰、加拿大以及美国》（*In her Own Words*：*Women's Memoirs from Australia*，*New Zealand*，*Canada*，*and the United States*）、2001 年的《一个女性的教育》（*A Woman's Education*）。

1974 年，吉尔·凯·康威在《美国教育史季刊》发表了《对美国女性教育史的看法》（Perspectives on the History of Women's Education in the United States）一文，运用女性主义理论，从文化史的角度批判了当时美国女性教育史学中的流行的争论，提出了以下观点。

（一）女性的解放并不是美国男女同校制学校或者女子学院发展的结果

首先，高等教育中男女同校的趋势对于女学生、女学者、女毕业生来说都是有害的，男女同校制既没有满足女性智力发展的需要，也没有在高等教育中实现真正的男女平等，因为女性作为"补充"（Compensatory）的角色是男女同校的大学诞生的前提。男女同校制并非一段承认女性解放的经历，而是更加强化了女性的补充的角色。因此，男女同校制实质上是女学者在美国大学中地位下降的表现。

其次，早期男女同校制大学普遍认为女性有助于男学生的精神上和情绪上的平衡，从而确保男性的潜力能够最大程度地发挥。男女同校的经历并不是为了鼓励女性认同自己和男性一样是知识分子。女性获得职业也不意味着社会承认男女同校制大学中男女智力平等，事实上，女性之所以可以获得独立的职业，主要是由于女性在参与反奴运动中普遍意识到的社会角色冲突的结果。

最后，女性角色冲突的根源在于依照男子精英学院模式而建的女子学院。这些女子学院为女性提供了一种集体的生活方式，没有将女性界定为男性的附属物，也没有充当补充的角色，她们在这里学习男子精英大学开设的课程。在 19 世纪 80 年代，这些女子学院培养出了一批不同于以往的女性改革家，其共同特征是：不接受传统的婚姻，信奉独立自主；都有明确的职业追求，但对职业的追求是短暂而且激进的。因此，她们在拒绝婚姻和追求社会职业的过程中经历了女性社会角色冲突。然而女性在追求职业的过程中并没有远离知识学习，或者过一种落魄的生活，因为在内战后美国的学习活动开始走向专业化，受过教育的女性会因此而拥有受人尊敬的社会地位，与此同时也衍生出了新的服务行业和女性新的社会角色。因此，女性是否能够进入学校教育机构进行学习并非女性思想解放的重要因素，关键是女性的自我意识是否改变了。

（二）女性与男性平等获得职业教育机会不意味着男女真正平等

康威认为，将女性接受职业教育这一现象理解为女性和男性平等获得职业教育是完全错误的。由于女性传统的社会角色和通过教育而获得的社会职业之间产生冲突，使早期女性职业的创立者们大多具有强烈的女性主义色彩，但并没有激进到要质疑维多利亚时期的科学文化的程度。早期从事女性职业的女性大多习惯性地接受了性别类型，因为生物进化论告诉她们女性具有一种独特的女性气质，这种女性气质是适合服务行业、教师、护士等女性职业的。进入高等教育的女性也接受了西方文化的偏见，认为男性是好战的和具有侵略性的，而女性一般是被动的，唯有女性职业符合女性气质。因此，女性获得教育权并非是对她们的解放，社会也不可能因此就认为女性是受过规训的知识分子，她们只能在属于自己的女性职业中选择，而且她们在男性领域的竞争压力更大，甚至当女性接受科学和技术教育时，性别刻板印象也会对她们产生更大的影响。康威列举了艾伦·理查兹的职业生涯，说明那时候的女性虽然接受了科学教育，仍然没有女性主义意识。因为她们更倾向于成为家政运动的发起人，也更愿意相信家庭的重要性，由于家庭是美国社会的消费中心，因此特别需要有具备科学知识的女性高效地管理家庭。

康威得出的结论是，女性接受科学技术教育仅仅是强化了她们作为传统女性的家庭角色，社会并没有为女性提供平等机会，将她们所学的知识变成一种创造力。女性职业教育的发展具有强烈的保守色彩，女性教育内部蕴含的改革力量在逐渐消失，女性接受各种教育只是强化了女性在社会中的服务角色，并没有让女性形成独立自主和自我判断的能力。因此，女性职业的发展并没有显著改变她们在知识教育领域中的地位，也没有促进她们创造力的发展。

（三）从文化史角度阐述教育机构对女性独立意识形成的影响

康威批判文化历史学家很少将女性作为独立的个体，分析教育机构对女性社会角色及独立意识的影响，他们更愿意相信学校教育机构的迅速发展对于创造美国民主文化起着决定性的作用。康威从文化史角度阐述了教育机构对女性独立意识的影响。

首先，殖民地时期，清教徒虽然高度重视女性教育，但是清教徒让女性接受教育的特殊目的是让女性能够通过基督教进行救赎，女性只有在不离经叛道的前提下，才被允许和鼓励获得一种独立的和自我导向的知识生活。

其次，文艺复兴到启蒙运动时期，女性主义者和反女性主义者的争论焦点主要是女性受教育的程度、目的、合理性的范围，但本杰明·富兰克林却企图放弃基督教对男女两性的传统认识，否认女性过于冲动，易感情用事而难以具有创造性，1976 年，富兰克林在《恋爱和婚姻的思考》中提出新的女性教育观，他主张将婚姻、追求幸福以及女性教育综合考量，认为女性教育可以促使女性养成维系婚姻幸福的品质，因为婚姻和生育是女性天然的使命，女性的幸福应该在婚姻中找寻，同时，女性教育也能够促使美国人民彼此更加熟悉、亲近。富兰克林承认女性主义的合理性，同时主张建立女性教育体系，开发女性的心智，使女性相信真正的幸福在婚姻中，只有这样才能实现满意的家庭生活。

最后，共和国早期，本杰明·拉什将女性教育的目的与国家的目的等同起来，拉什巧妙地回避了女性主义的合理性的问题，转而强调共和国女性的爱国职责。拉什认为在一个共和党的社会中，所有人都是平等的，没有阶级之分，女性受教育主要是维持家庭内部的秩序。康威是支持拉什的观点的，他认为，在共和国早期家庭作为一个独特的社会单元承担着前所未有的政治使命，这种独特的政治压力促使劳动力的性别分化，男性被视为拥有政治和经济职责的公民，是家庭的经济支柱，而女人则扮演着年轻人教育的启蒙者和道德的引导者的角色。女性作为道德标准的指导者的角色，对美国文化而言是独特的，它为 19 世纪 30 年代负责年轻男女教育的女老师的出现铺平了道路。由此可见，美国历史上新文化力量的出现，使得在 18 世纪 90 年代产生了第一代女教师，女性对知识的渴望使她们陷入了爱国主义和美国主流价值观中。尽管早期的女史学家凯瑟琳·比彻和艾玛·维尔德靠自己的写作来传播女性主义思想，但是她们的史学著作中几乎没有体现女性的独立意识，都在赞颂着培养爱国女教师，以及女性在年轻人道德引领中的作用。可见，共和国早期的知识女性仅仅扮演了补充的角色。

（四）批判大学设置的很多女性研究项目和课程实质上是将女性边缘化

首先，康威批判现在很多的女性研究项目类似且没有新意，主要因为这些学者都假设女性和男性在理性和道德方面是截然不同的，即存在所谓的"女性气质"。因此，这些女性研究项目只不过是一种智力活动罢了，不可能改变女性作为补充的角色。哈佛大学第一任女院长帕特里夏·格雷汉姆（Patricia Albjerg Graham）教授也指出："综观 20 世纪美国大学女性的经历，这是一段使女性不断边缘化的经历。"①

　　其次，康威还批判了一些特殊女性研究项目的不断增长现象。康威提出了两个疑问：第一，女学者应该从现存的男性职业中寻找突破，并试图改变知识生活的主流模式吗？第二，是否应该吸引其他资源到女学者主持的研究项目中来呢？因此，康威认为孤立的和不平等的女性研究项目最终将会因为缺乏资金而无法继续，而且这些女性研究项目也不可能再造一个强大的女性职业身份，因为在男性主导的职业模式下，女性智力活动的制度化是存在风险的，唯一的途径，就是放弃劳动力的两性分裂，才能真正让女性理解自己作为学者和有创造力的知识分子的价值。

第三节　"女性中心论派"对美国女性
教育史学的修正

　　1920 年第十九条修正案生效后，美国女性主义者的活动相对平静下来，但是这种状态在 20 世纪 60 年代开始被打破，女性主义者在妇女权利的团体和妇女解放的团体里活跃起来，前者被称为"自由主义的女性主义者"，后者被称为"激进的女性主义者"，20 世纪 60—70 年代，自由主义的女性主义者希望通过改良制度，努力铲除在教育、经济和法律等方面的社会性别歧视，改良的最高目标是为妇女获得平等的权利，"女性主义教育批判派"就属于这一类人。但是激进的女性主义者则不想维持现状，认为妇女受压迫的主要原因是社会性别制度（gender system）。这些激进的女性主义者参加了 20 世纪 60 年代以来席卷全美的各种群众运动，如民权运动、新左派政治以及和平运动，激进运动不仅冲击着美国社会，也冲击了美国教育史学界的保守思想。以 20 世纪 60 年代为界，分为前 20 年和后 20 年，前一个阶段新保守派批判进步学派和冲突论史观，后一个阶

---

① Sally Schwager. Educating Women in America. *Signs*. 1987. Vol. 12, No. 2. Winter. pp. 333 – 372.

段则是激进派批判或修正一致论。① 20 世纪 70 年代开始，美国紧张的政治气氛和激荡的学生运动中产生了自称为"激进派史学"风格的历史写作倾向，激进派的产生不是偶然现象，是当时激进的社会意识形态在学术领域的反映。"女性中心论派"正是在这样的背景下产生，它提倡"自下而上"的研究方式，广泛赞同女性主义的历史观，号召广大史学家不要维护现状，要勇敢地承担社会变革的重任，积极投身到促进社会革命意识的历史研究活动中，历史研究正是他们变革社会的工具。② 从 20 世纪 80 年代开始，"女性中心论派"及其女性教育史学在美国女性教育史学领域中占据优势。与托马斯·伍迪创立的传统的美国女性教育史学过分强调女性教育机构发展史不同的是，"女性中心论派"更关注女性自身，强调女性自身的主体性，坚信女性的主体性是女性解放的关键，她们在激进主义女性主义思想的指导下，形成了一种关于女性地位的新观点，创造了新的"以女性为中心的历史"。

一、"女性中心论派"先驱格尔达·勒纳的美国女性史研究

1920 年，格尔达·勒纳（Gerda Lerner，1920—2013）出生于一个犹太家庭，自幼家境富裕，受过很好的教育。她在撰写历史传记小说时，深感女性史料的缺乏，于是，她放弃了自己的文学梦，开始从事女性史研究。为了更好地撰写女性史，她决定进入社会研究学院接受专门的历史学学习，这为她今后从事女性史研究奠定了良好的学术基础，并为她最终成为美国女性史研究领域的先驱和奠基人提供了条件。1972—1980 年，在勒纳的努力下，大学建立了女性史专业的硕士点和博士点，培养了大批女性史方面的研究者。勒纳不仅一生致力于女性史研究和专业人才培养工作，在女性史研究领域成果也十分丰硕，如《自传小说：不说再见》（*An Autobiographical Novel：No Forever*）、《美国南卡莱罗纳州的格里姆科姐妹：反抗权威》（*The Grimké Sisters from South Carolina：Rebels Against Authority*）、《美国历史上的女性》（*The Woman in American History*）、《黑人女性在白人美国：一段有记载的历史》（*Black Women in White America：A Documentary History*）、《女性经历：一段美国人的记录》（*The Female Experi-*

---

① 周采：《美国教育史学嬗变与超越》，人民教育出版社 2006 年版，第 167 页。
② 张广智：《西方史学通史》，复旦大学出版社 2010 年版，第 131 页。

ence：*An American Documentary*）、《一个人的死亡》（*A Death of one's Own*）、《多数人寻找它的过去：将女性置于历史中》（*The Majority Finds its Past：Placing Women in History*）、《女性历史教学》（*Teaching Women's History*）、《西部杂志里的女性日记》（*Women's Diaries of the Westward Journey*）、《父权制的产生》（*The Creation of Patriarchy*）、《女性主义意识的产生——从中世纪到18世纪》（*The Creation of Feminist Consciousness：From the Middle Ages to Eighteen—Seventy*）、《女性史的再发现》（*Scholarship in Women's History Rediscovered & New*）、《为什么历史重要》（*Why History Matters*）、《杂草：一个政治性自传》（*Fireweed：A Political Autobiography*）、《与历史一起创造社会改变》（*Living with History/Making Social Chang*）等。

20 世纪 60 年代，随着人权运动和反战运动的掀起，女性解放运动也轰轰烈烈地展开，很多女性主义者开始要求社会史学家在著作中添加女性的历史，女性史开始有了长足发展。1960 年以前美国女性史的学术著作仅有 16 部，1960—1975 年间共有 21 个新论题的著作，1975—1984 年间增加到 76 部。[①] 虽然"女性"始终是研究的热点，历史学家们并没有一直运用"社会性别"这个分析范式。"社会性别"一旦处于边缘化中，女性便从历史中沉没。史学家要么通过假设女性一直是受害者，从根本上认定她们与历史无关；要么将女性的历史整合到更广泛的历史进程中，从而强行地改变了历史学家对主流历史的理解。

在勒纳从事女性史研究之前，这个领域还是隶属于社会史范畴。20 世纪 70 年代，勒纳意识到女性拥有自己的历史，于是她撰写了博士论文《来自南卡罗来纳州的格里姆凯姐妹：反抗权威》，论文的核心思想是：女性也是历史的中心。这本著作现在已经成为美国高校女性史专业的必读书目，勒纳也开创了女性史研究的先河。1971 年和 1972 年，勒纳相继出版了《美国历史中的女性》和《黑人女性在白人美国》两本著作，介绍了白人女性、黑人女性的历史，并首次研究了非裔女性的历史，成为美国最早关注黑人女性历史的史学家之一。勒纳还将阶级、种族和宗教等因素综合起来考察，革新了史学方法。1977 年，她出版了《女性的经验》

---

① Gerda Lerner, *The Majority Finds its Past*, *Placing Women in History*. Oxford：Oxford University Press. 1979. p. 4.

（*Women's Experience*）一书，开始从女性主义的视角来考察社会结构、社会制度以及社会思想，并试图寻找解决社会问题的方法。这是勒纳的转型之作，代表了勒纳的女性史学开始从记录走向分析，这是女性史专业化和科学化的体现，也促使"女性史"成为独立的研究领域。美国历史学家琳达·科伯（Linda Korber）评价勒纳："她不是那个时代唯一的女性史学家，因为在她之前有玛丽·比尔德、康斯坦斯·麦克拉芬·格林（Constance Mclaughin Green，1897—1975）和埃莉诺·弗莱克斯那（Eleanor Flexna，1908—1995），但她做了比任何一位致力于女性史研究领域的人都多的事情。"[1]

作为女性史研究的先驱，勒纳的主要历史贡献体现在以下七个方面：

第一，阐述了父权制产生的过程和女性主义意识发展的历史。此前，很多女性史学家都在父权制的指引下，以男性史学标准来研究女性史，过分关注女性的政治、经济和社会地位，忽视了女性意识以及女性自主性的发展。而勒纳对女性主义发展的历史建构，冲击了父权制的价值观，试图脱离男性史学的标准，建构一种非政治史的历史视角。

第二，运用了"社会性别"分析范畴。在社会性别视角下，勒纳将女性史的研究内容女性扩展到人类普遍历史，将两性差异归结为阶级、文化、宗教和社会多种因素综合作用的结果。

第三，运用了"差异"分析范畴。勒纳拓展了女性主义历史研究的视角，关注到女性主义意识的发展、两性差异，促使女性主义史学走向多元化。勒纳是最早提倡用差异的分析范畴来研究女性史的史学家，也是最早关注非裔黑人女性历史的史学家。她不仅关注性别差异，还关注宗教、种族以及民族的差异。

第四，将解构方法运用于女性主义历史研究中，明确提出女性是历史研究的中心的论断，从统一的女性历史解释转向差异的女性历史解释。[2]从对杰出女性历史的思考到对普通女性历史的思考，从对女性个体的研究转向对女性群体的研究，她都将女性作为研究的中心。从这个意义上说，

---

[1]　Gerda Lerner, *The Majority Finds its Past: Placing Women in History.* New York: Oxford University Press. 1979. p. ix.

[2]　金利杰：《格尔达·勒纳女性主义史学思想研究》，博士学位论文，东北师范大学，2011年，第110页。

勒纳也是一位激进的女性主义史学家。

第五，关注女性集体记忆。勒纳认为："女性同男性分享并保存着集体记忆，这些记忆形成了文化传统中的历史，为我们提供代际之间的联系，连接着过去与未来。"[①] 不幸的是女性的集体记忆出现了"断裂"和"选择性遗忘"。[②] 勒纳所强调的"集体记忆"更多是来自史学边缘的、个人的文字或实物的集体记忆。这种集体记忆的缺失一方面由于男性史学家对以女性为代表的群体的漠视，另一方面则因为每一个女性都受到父权制思想的教育。[③]

第六，将普遍史观念引入两性关系的历史研究中，超越了单一性别的传统研究，预示了两性从不平等到平等的历史趋势。

第七，勒纳在女性史课程建设、人才培养、学科点建设等方面作出了很大的贡献。

第八，深刻影响了"女性中心论派"的女性教育史观。其一，勒纳将女性长期处于从属地位归因于女性受教育的劣势的阻碍。[④] 女性在教育中的劣势加剧了女性在社会中无权的地位，也强化了女性在家庭中从属的地位。其二，勒纳坚信拥有平等的教育机会是女性解放的关键。[⑤] 并宣称女性坚持两性智力平等给传统教育观重重一击。她结合个人的经验，从思维、道德和社会政治、经济、宗教、权利方面对两性不平等予以批判。其三，勒纳认为历史上对女性受教育权利进行研究的史学家不能孤立地看待女性教育，而应该重点思考女性接受教育的条件。其四，勒纳认为女子学校的建立为女性在系统教育中可以获得和男子同样的课程提供了条件。

在 20 世纪 60 年代以后，美国动荡的社会孕育了一批"女性中心论派"教育史学家，她们一方面批判新保守史学家盲目地歌颂美国公立教

---

① Gerda Lerner, The *Creation of Patriarchy*. New York：Oxford University Press，1986. p. 4.

② Gerda Lerner, *The Creation of Feminist Consciousness*：*From the Middle Ages to Eighteen-Seventy*. New York：Oxford University Press. 1994. p. 139.

③ Gerda Lerner, *The Creation of Patriarchy*. New York：Oxford University Press，1986. p. 227.

④ Gerda Lerner, *The Creation of Feminist Consciousness*：*from the Middle Ages to Eighteen-seventy*. New York：Oxford University Press. 1994. p. 249.

⑤ Ibid. ，p. 192.

育的历史，认为这种保守的史学只符合贵族阶级对社会统治的需要。① 反对新保守派提倡的和谐论史观，要求人们放弃对美国历史的自豪感，唯有如此才能彻底改变美国社会不公正的现象。另一方面，她们努力沿着勒纳开辟的女性史学蓝图来规划美国女性教育史学的道路。勒纳对"女性中心论派"的影响是颠覆性的和全面的，在激进女性主义教育史学中，从史学认识论到史学方法论，人们似乎都能看到勒纳史学的痕迹。

二、"女性中心论派"的女性教育史观

2000 年 3 月，美国斯宾塞基金会召开研讨会，讨论了种族、性别、高等教育等热门话题，重点探讨了教育史发展的五个新问题：（1）19 世纪 60—70 年代是教育史发展的黄金时期；（2）有色人种的教育史；（3）历史与教育政策之间的关系；（4）对高等教育史的修正；（5）女性教育史。与会者对"女性中心论派"给予积极的评价，肯定"女性中心论派"在 20 世纪 60—70 年代对美国教育史发展作出了巨大的贡献。"女性中心论派"提出了以往教育史学家从未讨论的很多问题，如"教育史应该如何被书写"，"对公立学校的控制和权利的见解"，"在城市化进程中女性是如何在决策制定过程中被边缘化的"等。但也指出，"女性中心论派"的研究并不全面，对非裔美国人在学校中的经历只是略略提起，甚至根本没有涉及土著人、拉丁美裔美国人以及亚裔美国人的教育经历。

1985 年，美国女性主义教育史学家芭芭拉·米勒·所罗门的《与知识女性同行：一部美国女性与高等教育史》，以女性中心论的视角对传统的美国女性教育史学进行"修正"，试图从根本上否定托马斯·伍迪的机构史，而将女性作为历史研究的中心，实现了女性教育史学研究对象从机构到人的转变。所罗门认为教育可以彻底改变女性的生活，这种激进的观点也贯穿于她的史学著作始终。她的研究中心有三个：女性为争取受教育权而奋斗；在男女同校制学校里女性被作为附带的学生而存在；女性进入高等教育的途径。

"女性中心论派"倡导的女性教育史学观念主要包括：第一，强调女性的主体性的发挥。女性不是历史的受害者，而是历史的创造者。第二，

---

① Irwin Unger, The "New Left" and American History, *American Historical Review*, 1967. Vol. 72, No. 7. pp. 12 – 37.

强调女性教育不仅影响了女性的生活，也影响了女性的职业选择。第三，强调女性必须要获得受教育权。女性教育不仅与广义上的社会变革相联系，也与女性主义结合在一起。第四，强调女性教育可以促进女性的社会流动。第五，强调大学教育经历给予女性超越纯学术意义的个体身份认同和群体精神。第六，强调女性教育的历史实际上是一部女性获得受教育权以及女性为此遭遇挫折的过程。

除了所罗门以外，"女性中心论派"的代表人物及其作品还有：凯瑟琳·魏勒（Kathleen Weiler）和休·米德尔顿（Sue Middleton）合著的《说出女性的生活：讲述对美国女性教育史的质疑》（*Telling Women's Lives：Narrative Inquiries in the History of Women's Education*）、菲利斯·斯托克（Phyllis Stock）的《比宝石还珍贵：美国女性教育史》（*Better than Rubies：A History of Women's Education*）、芭芭拉·布雷泽尔（Barbara M. Brenzel）的《19 世纪美国女性教育史，要求包括种族和阶级》（*History of 19th Century Women's Education：A Plea for Inclusion of Class，Race and Ethnicity*）、凯瑟琳·维勒（Kathleen Weiler）的《郊区学校的女教师：在加利福利农村教学，1850—1950》（*Country School Women：Teaching in Rural California，1850—1950*）、埃夫丽尔·麦克莱兰（Averil McClelland）的《美国女性教育》（*The Education of Women in the United States*）、夏洛特·威廉姆斯·康乐伯（Charlotte Williams Conable）的《康奈尔大学的女性：平等教育的神话》（*Women at Cornell：The Myth of Equal Education*）、大卫·密什那（Devon A. Mihesuah）的《塑造表演者，彻罗基族女性教育，1851—1909》（*Cultivating the Rosebuds：the Education of Women at the Cherokee Female，1851—1909*）、乔伊斯·安特丽（Joyce Antler）与莎莉·比克伦（Sari Knopp Biklen）合著的《日益改变的教育：激进派以及保守派的女性》（*Changing Education：Women as Radicals and Conservators*）。

在笔者看来，20 世纪 60 年代以后教育史家沿着两条路径对伍迪经典进行修正的主要原因是：第一，女性主义既是美国女性教育史学发展的动力，也是美国女性教育史学发展的重要理论源泉。女性主义作为西方政治文化的重要组成部分，在很大程度上影响了包括教育史学在内的社会科学领域的学术研究。笔者认为，女性主义与教育史学之间的关系美国教育史学的融合并不是单向的，而是一种互动关系。一方面，女性主义对美国教育史学的贡献主要体现在三个方面：作为一种政治力量，它推动了教育史研究中教育变革背后的意识形态领域变革的研究，改变了传统的性别观念；作为一种社会运动，它推动了西方各国女性教育研究的发展，包括女性教育史和性别教育史在内的各类研究的发展；作为一种全新的理论和视角，它改变了教育史学认识论和方法论，推动了教育史学研究的变革。另一方面，美国女性教育史学也完美诠释了女性主义，主要体现在三个方面：美国女性教育史学家的身份首先是女性主义者，其次才是历史学家；运用女性主义科学观撰写美国女性教育史学；运用女性主义的研究范式来撰写美国女性教育史学，主要是从生理性别到社会性别科学范式的转换。因此，可以将美国女性教育史学理解为20世纪60年代以来美国女性主义历史学家用女性主义的认识论、方法论来撰写女性教育的历史。

第二，女性主义理论内部的分化。女性主义显然不是铁板一块，在女性主义的阵营里流派纷呈，主张各异。美国的女性主义思潮主要分为两派："自由主义女性主义"和"激进女性主义"。[①] 首先，自由主义女性主义者一直认为自由主义理想也适用于女性。在18世纪，他们认为女性和男性一样具有天生的权利。在19世纪，他们用功利主义论据去支持女性在法律条件下同男性一样享有平等的权利。进入20世纪，随着福利国家自由主义理论的发展，自由主义女性主义要求国家应该积极寻求社会改革的多样化，以确保女性拥有平等的机会。自由主义女性主义的首要目标是把自由主义原则应用到女性和男性两方面，最明显的是它认为法律不应该赋予女性比男性更少的权利。在教育领域，自由主义女性主义一直在为提高女性的受教育机会开展持续的运动，并强调正是由于缺乏这样的机会，使女性不能充分发展她们的理性能力。因此，平等的受教育机会意味着大多数女性和许多男性将会比现在更充分地实现他们自身的潜能。其次，激进主义女性主义是20世纪70年代女性解放运动产生的一种同时代现象。"个人的就是政治的"是激进主义女性主义的核心思想，"政治的"和"个人的"领域并没有明确划分，生活中的每个领域都是"性别的政治"范围。女性和男性的所有关系就是权力的制度化的关系。随着本质主义的出现，激进女性主义内部也分为"自由派"和"文化派"两派，

---

① 李银河：《女性主义》，山东人民出版社2005年版，第38页。

"自由派"坚持认为女性既要敢于表现男性气质也要敢于表现女性气质，要超越社会性别制度的限制，而"文化派"则认为不要去强调与男性相联系的价值和美德，应该展现女性的价值和美德。20世纪70年代以后，激进主义女性主义的观点更加极端，"从把女性的地位低下归因于生理状态，转变为谴责男性的生理状态，鼓吹排斥男性，把男性视为敌人"[1]。可以看出，自由主义女性主义者主要希望通过改良制度，努力铲除在教育、法律和经济方面的性别歧视，由此达到社会性别平等，这些改良的最高目标是为女性争取平等的权利；而激进主义女性主义者则认为女性受压迫的根源来源于父权制，因此要通过改革现存社会制度的方式实现男女平等。

本章小结

西方女性主义的含义主要来源于女性解放运动，这个运动特定的名称不仅反映了女性主义产生的政治背景，在某种程度上也为不同历史时期女性主义的概念提供了不同的发展线索。早期自由主义女性主义运用"权利"和"平等"的语言。20世纪60年代后期，"解放"和"压迫"则成了女性主义新左派运用的关键词。

"女性主义教育批判派"和"女性中心论派"的主张既有共性也有区别：首先，从思想根源上来说，"女性主义教育批判派"以自由主义女性主义（激进自由派）思想为指导，而"女性中心论派"则是以激进主义女性主义（激进文化派）思想指导，强调将女性的兴趣、活动、观点放在历史中心的位置上，承认女性也有自己的支持系统，包括家庭、朋友圈以及社交网络等，尤其强调女性的主体性和自我意识。其次，从产生的时间来看，自由主义女性主义在美国有300年的历史，从18世纪提出女性和男性一样具有天生的权利，到19世纪以功利主义为指导支持女性在法律框架内享有与男性平等的权利，再到20世纪随着福利国家自由主义理论的发展，要求国家要对社会进行改革，以确保女性拥有真正平等的机会。而激进女性主义思想产生的时间相对滞后，它发端于20世纪60年代后期的女性解放运动，激进女性主义者没有左派组织的政治经验，也不再坚持用一个明确

---

① 程锡麟、方亚中：《什么是女性主义批评》，上海外语教育出版社2011年版，第26—27页。

的和系统化的政治理论来确定激进女性主义者的身份；相反，她们是草根运动的一部分，也是繁荣美国文化的一部分。实际上早期的自由主义女性主义思想家就曾预示过激进女性主义的某些因素。[①]　最后，"女性主义教育批判派"以"标准二元论"作为分析范畴。所谓"标准二元论"是指人存在的独特价值在于一种特殊的"心智"能力，即理性的能力。[②]　尽管也承认男性和女性之间存在身体上的差异，但更强调人的本质是理性的发展。她们试图通过展示女性实际拥有的理性能力来争取自身的权利。而"女性中心论派"则以"社会性别"作为分析工具，从社会制度和社会关系中寻找两性不平等的根源，否定了二元论的所有形式，认为女性的生物性并不能导致女性从属地位，父权制才是导致两性不平等的根源。

　　尽管两派在"如何反抗压迫？"以及"是什么构成了当代女性受压迫？"这两个问题上存在观念上的分歧，但当代女性主义者在反抗女性压迫方面还是能够团结一致，这就说明在它们之间并没有不可逾越的鸿沟。笔者认为，无论是"女性主义教育批判派"还是"女性中心论派"都认为美国秉持着某种价值，而史学家的任务就是发现、记录或歌颂这些价值。两派对历史的解释都秉持工具主义历史观，在他们的笔下，无论是冲突还是和谐，都与历史真实相去甚远。尽管如此，女性主义的思想和方法仍是其坚守的底线，即反抗压迫、倡导平等。在教育史学领域里，无论是信奉自由、进步、一致的传统史学还是修正主义史学，抑或是近年来大量涌现的对教育的结构主义分析和文化分析，都存在一个缺陷，那就是严重忽略了社会性别的分析范畴，然而，如果不分析社会性别与种族、阶级之间的相互作用，那么对教育史或教育制度改革史（无论是公立学校还是私立学校）的分析从一开始就是有缺陷的。对于任何教育现象的分析，尤其是在课程、教育学领域以及教育结构和政策形成方面，如果不对社会性别制度进行解读，那么这种分析必将会陷入危机，也将无法全面深刻地解读教育事实。

　　[①]　［美］阿利森·贾格尔：《女权主义政治与人的本质》，孟鑫译，高等教育出版社 2013 年版，第 84—86 页。

　　[②]　同上书，第 37 页。

第四章 "女性中心论派"代表人物所罗门

如前所述，托马斯·伍迪确立了美国传统的女性教育史学的范型，尽管被史学界誉为经典，却也遭到来自"女性主义教育批判派"和"女性中心论派"的修正和创新。芭芭拉·米勒·所罗门正是战后美国"女性中心论派"中的一员。她不仅是美国女性高等教育的坚决倡导者，也是女权主义温和而又坚定的支持者。她在《与知识女性同行：一部美国女性与高等教育史》书中，将女性放在历史研究的中心位置，重点研究女性争取受教育权的历程，尽管她也承认将女性主义与女性教育史结合起来研究有一定的难度，但是她还是主动地将"社会性别"和"差异"的女性主义分析范畴运用于美国女性高等教育史的研究中，并指出女权运动唤起了美国社会意识觉醒，美国的社会理想对女性教育具有一定的指导作用，从多元文化的视角来看，美国女性内部存在差异，因此，需要在整体教育史观的指导下，综合性地将政治、经济、文化甚至宗教因素运用于历史分析中。

第一节 哈佛学院首位女副院长

1919 年，芭芭拉·米勒·所罗门出生于马萨诸塞州波士顿的一个俄罗斯裔犹太家庭，是家中的独女。由于家境良好，儿时的所罗门曾在波士顿女子拉丁学校读书，后在拉德克利夫学院（Radcliffe College）取得了美国文化史方向的博士学位。在攻读博士学位期间，所罗门在其导师亚瑟·施莱辛格（Arthur M. Schlesinger, 1917—2007）和奥斯卡·汉德林（Ocsar Handlin, 1915—2011）的指导下，对美国社会史研究产生了浓厚兴趣。"学会思考你自己"（Learn to Think for Yourself）是导师教给所罗门的教育理念，也是所罗门一生的学术信条。在这种学术理念的指导下，所罗门对社会公正和社会中"局外人"的地位感兴趣，于是开始致力于移

民和女性权利和女性教育的研究。1959 年、1965 年和 1963 年先后被任命
为美国"女性档案室"（Women's Archives）、"拉德克利夫研讨班"（Rad-
cliffe Seminars）及"拉德克利夫继续教育项目"（Radcliffe Continuing Pro-
jcct）的董事。1963 年，她被任命为拉德克利夫学院的副院长以及拉德克
利夫东校的校长。

1970—1974 年，所罗门担任哈佛学院（Harvard College）[1] 副院长，
引起世界的关注，因为她是该学院的首位女副院长。在哈佛学院担任院长
期间，所罗门一直坚持从事教学工作。她在哈佛学院首次开设了美国女性
史课程，这也成为哈佛大学正规的女性研究的开始。所罗门还积极参与到
各种学术组织中，如美国大学女性协会、美国历史协会、伯克郡历史会
议、美国犹太人历史的全国咨询委员会等。

芭芭拉·米勒·所罗门的学术生涯主要分为两段，早期主要是从事移
民史的研究，后期则将注意力转向了女性史研究。所罗门一生著作颇丰，
其《与知识女性同行：一部美国女性与高等教育史》一书最为经典，并
荣获美国大学协会颁发的第五届弗雷德里克·W. 内斯奖（Frederic
W. Ness Award）。这本著作是所罗门结合自己的亲身经历，运用女性主义
理论撰写，内容包括女性为进入高等教育机构而不懈努力的经历、女子学
院的发展历程和高等教育对女性生活选择的影响等，其中女性主义与女性
教育进步的结合是该书的创新点也是其核心论题。

学者们对《与知识女性同行：一部美国女性与高等教育史》一书评
价颇高，有学者认为这是一本论点正确的杰出的学术成果，有学者评价这
本著作是过去 50 年里第一本系统和全面地研究美国高等教育领域中女性
历史的权威著作。[2]《出版人周刊》（Publishers Weekly）认为"这本著作既
是女性主义者和教育者的必读书目，同时也迎合了一般读者的需要，该书
将一些熟悉的资料和来自小说、杂志以及来自院长和教师的记录中反映的
新思想融合起来"[3]。休·贝克威思（Sue Beckwith）评价这是对社会史学

---

① 哈佛学院（Harvard College）是美国哈佛大学文理学院下属的授予学士学位的两个学院
之一，另一个是哈佛大学继续教育学院（Harvard Extension School）。

② Barbara Miller Solomon, *In the Company of Educated Women: History of Women and Higher Ed-
ucation.* New Heaven and London: Yale University Press. 1985.

③ Ibid. , p. 298.

家和任何对女性教育感兴趣的人都非常有价值的一本书。乔治·赫布斯特（Jurgern Herbst）在《美国历史评论》中评价这本书兼具学术性和鼓舞性，对于女性争取平等权利提供了非常有帮助的资料。美国科罗拉多大学教育基金会主席罗本·多纳托（Ruben Donato）认为在美国女性高等教育史著作中，最具代表和突破性的著作是芭芭拉·米勒·所罗门撰写的《与知识女性同行：一部美国女性与高等教育史》一书。①

1992 年，美国著名史学家、马萨诸塞州历史协会秘书莉莲·汉德林（Lilian Handlin）在"马萨诸塞历史协会"会刊《马萨诸塞评论》（*Massachusetts Review*）中专门撰写回忆录《芭芭拉·米勒·所罗门》（*Barbara Miller Solomon*），以纪念所罗门及其为美国女性教育史学作出的贡献。②美国著名的教育史学家琳达·艾森曼也系统研究过所罗门及其著作，并于1997 年在《哈佛教育评论》上发表了《重新思考一部经典：若干年后评估芭芭拉·所罗门的美国女性高等教育史》。

第二节　女性主义视角下的美国女性教育史

20 世纪 60 年代末，美国出现了空前的"新社会史"热，到 70 年代更是成为史学领域的焦点。新社会史对女性主义史学产生了一定影响：首先，新社会史为女性主义史学提供了诸如计量、日常生活细节描写和借鉴社会学、人口统计学和文化人类学等跨学科研究方法。其次，新社会史将"社会性别"这一概念引入女性主义史学的分析和解释之中。最后，新社会史改变了传统政治史中以男性、精英人物为中心的叙述方式，将视线集中到传统女性史学中被排斥、被忽视的女性群体，将种族、阶级和宗教的因素运用到女性主义史学的研究中，使女性和她们的经历成为历史的主体。③ 正是在这样的历史背景下，"女性中心论派"教育史学家也广泛地运用社会学理论来解读女性教育史学。

---

① Ruben Donato. Marvin Lazerson, New Directions in American Educational History: Problems and Prospects. *Educational Researcher*, 2000. Vol. 11. p. 12.

② Lilian Handlin, Memoirs: Barbara Miller Solomon, *Massachusetts Review*, 1992. Vol. 14. No. 3. pp. 201 – 206.

③ Joan Wallach Scott. *Gender and the Politics of History*. New York: Columbia University Press. 1999. p. 101.

芭芭拉·米勒·所罗门是一位坚定的"女性中心论者",也是一位自觉的女性主义者。与托马斯·伍迪、玛贝尔·纽康麦盲目崇尚直线进步的论调不同,所罗门尽管也认可这是一段进步的历史,但是她更强调的是,美国女性教育史是"一场未完成的革命",因为女性仍然没有获得完全的平等,女性仍然在与社会对女性社会角色改变所持的隐性的矛盾和恐惧心态作斗争,因此,所罗门叙述的美国女性教育史是一部几代美国女性努力争取高等教育权的完整的历史,这里面不仅包括女性在教育领域取得的进步,也包括女性在争取教育权的努力中遭遇的挫折,秉承着这样的史学思想,所罗门叙述了四个主题:女性为获得教育权而不懈奋斗;女性大学教育经历;教育对女性生活选择的作用;女性主义与女性教育进步之间的联系。这四个主题归纳起来主要论述了三个问题:第一,受教育权是揭秘女性教育史的钥匙;第二,遭遇:影响女性大学经历的多重因素;第三,进步:女性主义与所罗门试图为我们呈现一部以受教育的女性为中心的历史,这段历史有三个层次的含义:首先是观念史,其次是奋斗史,最后才是机构史。[①]

一、受教育权:揭秘美国女性教育史的钥匙

所罗门提出的教育口号是——美国女性教育史就是一场"未完成的革命"。[②] 要理解这句话,所罗门认为"受教育权"(access)是解密的钥匙。她认为研究起点在于从历史的视角寻找到教育与女性生活选择之间的关联。殖民地时期,没有个人选择的观念,也没有为女性提供正式教育的机会,但女性作为一个群体在过去二百多年里一直在进步。战后尽管社会在不停地改变,女性却一直被期望成为一个稳定不变的因素存在于美国社会中,可是女性的社会角色不可能一成不变,因为不仅女性的自身发展需要改变,动态的社会也需要女性不断进步。随着美国教育现代化进程的发展,女性对自身的经济和社会状况的理解越发成熟,在一个以男性为主导

---

① Cynthia Farr Brown. In the Company of Educated Women: A History of Women and Higher Education in America by Barbara Miller Solomon. *The Journal of Interdisciplinary History*, 1987. Vol. 18. No. 2. pp. 381 – 382.

② Barbara Miller Solomon, *In the Company of Educated Women*: *History of Women and Higher Education*. New Heaven and London: Yale University Press. 1985. pp. 1 – 3.

的美国民主社会里，女性开始不断地对自身社会地位提出要求，同时对自身的教育期望也越来越高。女性开始相信自己的判断，并发现自己已卷入关于"女性半球"的边界的争论中。由此可见，女性教育会影响女性生活和职业选择。

进而，所罗门提出影响女性教育的两个因素：一是传统力量；二是个人的需要与责任。首先，女性教育以及日益改变的社会需要共同改变了女性的婚姻观。尽管婚姻是女性最终追求的目标，但是她们更热衷于寻求自我独立。所罗门统计了芒特·霍利约克学院在 1837—1850 年女学生的婚姻状况，从年龄上看，女大学生结婚较晚，研究生结婚的平均年龄在 27 岁，而一般人的结婚年龄是 21 岁。从对婚姻的态度上看，女性在接受高等教育后对传统的女性生活模式有新的理解，因此，部分女性延迟结婚，部分女性不愿意结婚，这也是女性迈向独立的表现，正如凯瑟琳·比彻所说，这是"光荣的独立"（honorable independence）。

其次，女性教育促使女性社会职业多样化，提高了女性的自主性。教师是女性最早从事的职业，尽管和男性教师相比，第一代女教师的收入只有他们的三分之一，但女性可以用它来贴补家用、自我开支或作为未来教育的储备资金。很多女学生都将教师作为终身职业，女性教师职业不仅能满足公共需要，也能满足女性个人的需要。第二代女性教育者有的从事学校管理工作，有的担任学校的行政职务，有些已婚女性不再只满足于做一个好母亲或好妻子的角色，她们会选择进入大学深造，为未来获得一份好的职业做准备。还有些已婚的女性和自己的丈夫一起从事学校教育管理工作，在从事学校教学管理工作中女性获得了更多的独立和尊重。继教师职业对女性开放以来，女性也开始在传统以男性为主导的医学、科学等领域有所尝试。随着印刷技术的发展、交通的发展以及女性知识能力的发展，使写作成为女性专属职业，女性开始以作家、编辑、小说家等身份出现，并借助这些身份进入了商业领域，也进入了传统以男性为主导的杂志出版行业。

最后，受教育的女性成为社会改革运动的倡导者。很多受教育的女性在美国社会反奴运动、反对黑人运动以及女性主义运动中发挥了重要作用。纵观美国女权运动历史可以看出，美国女性解放运动的组织者和发起人基本都是受过教育的知识女性，其中不乏有高等教育学历的女性。学校是一个知识创新和思想创新的地方，女性主义思想对受教育的女性产生了深远的影响。对于女性来说，教育不仅可以为她们提供个人选择的机会，也激发了她们的意识觉醒，提高了女性的社会变革能力，让她们成为了社会改革运动的组织者和倡导者。①

"女性争取受教育权"是《与知识女性同行：一部美国女性与高等教育史》全书的中心论题。所罗门在书中描述了几代女性不断争取受教育权的努力：从最初女性寻求进入教育机构的个别机会到后来力争全面进入高等教育领域。

首先，女性争取受教育权会受到内外双重阻力，一是外界传统观念和父权制下的性别歧视的影响，二是女性社会角色冲突的影响。她列举了美国社会中反对女性接受高等教育的看法，如认为女性的理性不充分、教育会使女性健康受损、教育使女性心理不稳定等。所罗门也提出了自己的见解："人们要求女性不要追求太高的目标的说法是完全错误的，因为这种建议只会增加女学生的不稳定性和冲突。"② 其次，女性争取受教育权还与社会对女性成功的界定以及家庭、社区和学校为女性提供的教育机会有关。一直以来，对于女性教育的社会价值问题的讨论从未中断过，实际上这个问题涉及人们对女性半球的边界界定问题，从传统的"共和国母亲""基督教母亲"，到社会女性甚至是职业女性的界定，对于女性半球边界的界定逐步脱离家庭半球开始走向更广阔的社会领域，因此，对女性教育价值的研究也从女性对家庭价值的研究转向她们对社会价值的研究。

所罗门分析了美国内战至第一次世界大战期间促进女性争取高等教育权的三种推动力：第一是公立教育普及化的趋势。第二是大学教育的扩张。家长和女性自身都意识到受教育的益处，其中家庭对女性的经济支持、心理支持都对女性争取受教育权起了关键作用。第三是女性对教育的渴望与很多文化因素有关。文化因素有三点：一是宗教因素，宗教知识的讨论除了让学生更虔诚之外还能促进学生的学业优异；二是自由的牧师或演说家激进的思想影响女性对教育意义的理解；三是美国著名作家拉尔夫·沃尔多·爱默生（Ralph Waldo Emerson，1803—1882）强调的"人类可能性"的新意识，也对女性意识觉醒产生一定的影响。

---

① Barbara Miller Solomon，*In the Company of Educated Women：History of Women and Higher Education*. New Heaven and London：Yale University Press. 1985. pp. 207 –212.

② Ibid. , pp. 209 –210.

二、遭遇：影响女性大学经历的多重因素

美国工业化的发展、生产力的显著提高以及正规教育机构的扩展，都成为女性摆脱传统社会角色、接受高等教育的影响因素。在《与知识女性同行：一部美国女性与高等教育史》中，所罗门主要从以下三个方面来分析女性的大学经历。

（一）影响女性大学生活的因素

所罗门认为，女大学生在大学里的经历各有不同。从个人的角度来说，女大学生会比较重视从大学中获得了什么——知识、职业培训或是社会资源。在女性的大学生活中，有四个因素影响其大学经历，即正规的学习、非正规的交往（包括与管理者和教师）、同辈群体交往以及个体对大学生活的理解。[①]

首先，大学除了给女大学生提供知识以外，更赋予其超越纯学术意义的个体身份和群体精神的认同。大学是社会的缩影，学生不仅要在大学里完成学业、学会与人相处，还是社会活动的参与者。女性接受大学教育实际上是在追求完满的生活目标。大学设置的大部分活动都直接与社会政治、道德相联系，女大学生同辈群体也会影响大学生活的社会和政治结构。因此，大学生活实际上成为对女大学生的发展强有力的控制力量。

其次，生活安排与学校类型影响了同辈群体之间的关系。第一，住校的女大学生比在校外住宿的女大学生具有更稳定的同辈关系。第二，男女同校制的学校和单一性别学校也为女大学生建立同辈关系提供了更多机会。第三，体育锻炼和学校的协会组织也影响了学生的同辈关系。例如，很多美国高校建立了"社会服务中心"（settlement houses），也称为"大学社区"（college settlement），很好地解决了美国校园里对"外围人"（outsiders）[②] 的歧视，也可以使处在社会两极的学生之间能互相理解、互相融合，消除歧视和距离。

最后，女大学生对大学生活的理解也是一个不可忽视的因素。女大学生对大学生活的理解取决于很多变量，如性格、愿望、经济和社会需要甚

---

① Barbara Miller Solomon, *In the Company of Educated Women*: *History of Women and Higher Education*. New Heaven and London: Yale University Press. 1985. p. xix.

② "外围人"包括天主教徒、犹太人、有色人种及移民。

至是入学的时间和地点。尽管变量很多，但每个女大学生都会受到那个时代大学精神的影响，第一代女大学生尽管受到很多限制，但她们有很强的教育目的性。第二代和第三代女大学生则从日益扩大的学术和社会选择中获得了自信。实际上，三代女大学生对大学生活的理解的变化体现了从"维多利亚女性"到"现代女性气质"的发展变化，都反映了她们对教育的理解和尊重。

（二）影响女性接受高等教育的因素

所罗门在《与知识女性同行：一部美国女性与高等教育史》中分析了在美国教育史上影响女性接受高等教育的多重因素，主要包括家庭的经济收入和社会地位、大学所处的地理位置和学费的高低、家庭是否有受教育的传统、教师对女学生的影响以及学生的经济支持体系。

1. 家庭经济收入和社会地位

家庭对女大学生的支持主要依据家庭的经济状况以及家庭成员的社会资源。所罗门引用了美国大学女校友协会对 22 所大学毕业的 3636 名女毕业生家庭状况的调查结果，证明 1869—1890 年，美国家庭的年平均收入从 680 美元提高到 830 美元，而这些被研究的女校友所在家庭年平均收入在 2042 美元，远远高于当时美国家庭的平均水平，由此可见，家庭的经济收入是影响女性接受高等教育的首要因素。同样，家庭社会地位的高低也决定了家庭享有社会资源的多少，这对女性接受高等教育也产生一定的影响。

2. 大学的学费和地理位置

大学自身的情况也是女学生选择高校的因素之一。美国各大学的学费差距很大。一般来说公立大学的学费相对较低，而私立大学的学费则非常昂贵。各大学的学费也因其所在位置不同而有所区别，一般说来，美国东北部以及各州的城市学校学费较高。

3. 家庭受教育的传统

在所罗门看来，有教育传统的家庭是一个特殊的影响因素。这种家庭一般是父亲接受过大学教育或职业教育，母亲接受过高等教育；或者父母双方或一方是社会改革家，女权倡导者。这些受过教育的父母会认为教育就像一种宗教信仰和一种促进个体与社会进步的手段。他们坚信，大学是促使孩子智力发展乃至社会进步最合理的第一步。另外，在有受教育传统的家庭里，姐妹之间也形成了一种相互支持的系统，彼此激励，进入学校接受高等教育。

4. 教师对女学生的影响

所罗门认为，在一些富裕的农村家庭，女性接受教育主要的支持力量还是来自教师。无论是黑人女性还是白人女性，甚至是在国外出生的女性，她们最初对高等教育的理解都来自她们的教师。同时，教师本身也成为学生们自我独立的楷模。甚至在 19 世纪前半叶，学校教师还给女学生提供就业机会。

5. 学生的经济支持体系

在所罗门看来，学生的经济支持体系不仅包括家庭的经济支持，还有学校、社会集团、私人资助以及学生通过兼职提供的经济支持。这个经济支持体系对于女大学生能否接受并完成高等教育都起到至关重要的作用。但是，20 世纪初的美国在学校经济支持方面的努力显然是不够的，例如，1917 年，加利福尼亚州史密斯学院教务长伯克利（Berkerly）提出大学需要给予学生更多的经济资助，要通过奖学金和助学贷款等方式给女大学生提供资助。然而，教师和校方在这个问题上的意见不一致。教师认为此举可以激发有天赋大学生潜力的发挥，而校方则认为没有足够的资金去支持这些学生，结果只能有少部分学生能获得这种资金支持的机会。

（三）影响女性大学经历的多重因素

首先，从政治维度来看，女性教育的目的是为国家服务。综观历史，可以发现，共和国早期美国教育的目的是培养基本的读写能力，后来发展到技术训练，再发展到自由科目的学习。这个历程说明美国人逐渐意识到教育不仅可以为其子女带来更好的生活，也可以更好地服务于国家。1862年《莫里赠地法案》（*Morill Land Grant Act*）通过赠予大学土地，促进了美国高等教育的发展，扩大了大学的教育对象。虽然这项法律不专门针对女性，却让女性意识到她们也可以拥有受高等教育的权利。很多女性教育的倡导者认为，正如男性废奴主义者宣称女性要求获得平等的选举权的原因是为了解放黑人男性，同样的道理，如果不希望损害男性的高等教育质量，也要允许女性接受高等教育。19 世纪美国女权运动的目标已经超出了选举权，开始出现妇女俱乐部的萌芽，并产生了妇女联谊会、新英格兰妇女俱乐部、女性进步促进会和女性基督教福音会等新的妇女组织，这些组织都积极支持女性接受高等教育。这样，拥有不同社会和政治信仰的基督教福音派、保守的大臣、教育者以及职场男性、妇女政权论者和反对废奴主义者都一致意识到女性接受高等教育的重要性。

其次，从宗教维度来看，女性教育目标受到宗教思想的影响。女子学院产生之初的教育宗旨就是要将女性培养成基督教的拥护者，使其成为好妻子和好母亲。后来，史密斯学院校长克拉克（L. Clark）指出，女性接受高等教育的目的并不是为了满足女性特殊的半球角色或职业角色，而是要尽一切可能充分发挥女性的潜能，使她们能胜任任何岗位。历史学家爱德华·鲍尔（Edward Power）认为这些女子大学宗教的目的胜过学术的目的。

再次，从机构维度来看，教育机构的增长为女性接受高等教育提供了前提条件。1850—1870年，各种高等教育机构在美国迅速增长，如私立女子学院、宗教本位的男女同校大学、私立的男女分立的大学、世俗的男女同校制教育机构以及单一性别的职业教育机构等。高等教育机构的多样化促进了教育的实用主义倾向的发展，每种教育机构都有各自独特的目的。所罗门四所典型的女性高等机构如女子学院、瓦萨学院、卫斯理学院以及布林莫尔学院，这些学院的发展对后来的男女同校制大学和单一性别大学产生了深远影响。

最后，从经济角度来看，一方面，大学的经济支持体系确保了女性能够接受高等教育。另一方面，经济因素也影响了女性获得高等教育权。所罗门认为，高等教育通过对不同族裔、宗教和家庭背景的女性开放，在增加生源的同时，也增加了学校的收入。但是尽管美国女大学生可以享有三种层次的经济支持体系，包括学生的兼职收入、州政府的奖学金和联邦政府的资助①，但是，对于家庭经济困难的女大学生来说，接受大学教育还是很困难的。

三、进步：女性主义理论和实践推动女性教育的发展

如前所述，20世纪60—70年代以来，女性主义思想介入美国教育史学领域，历史学家们开始自觉地运用女性主义理论来分析美国女性教育史学。所罗门意识到女性教育取得了巨大的进步，但是仍反复告诫自己的学生："一场战斗的胜利并不代表整个战争的胜利，女性主义所取得的成

---

① Barbara Miller Solomon，*In the Company of Educated Women*：*History of Women and Higher Education*. New Heaven and London：Yale University Press. 1985. p. 146.

绩，尽管是令人振奋的，但是未必能持久，美国社会中女性的地位尽管有了很大的进步，但是这种进步仍是不稳定的。"① 所罗门将女性主义与女性教育进步结合起来研究，尽管她也承认这种结合难度很大，但是，她通过女性主义理论中的"社会性别"和"差异"的分析范畴，不仅研究了美国女性高等教育机构的增长，更阐释了一种理念的进步，即知识将会使女性在实现真正平等的道路上更有力量。"虽然很多学校完全忽略或否认女性主义是女性教育的催化剂，但对于受教育的女性而言，她们都是女性主义思想的受益者，尤其是激进的女权运动对如今美国女性的生活有重要影响。女性教育进步的过程虽然充满艰辛，但不可否认的是，女性主义思想为其进步提供了支持的环境。"②

（一）"社会性别"的分析范式

英文中的"社会性别"一词原本是语言学中一个最古老的语法词汇，其本意是指名词和代词的词性。《牛津高阶英汉双解词典》中对"gender"的解释主要有两层含义：第一表示某些语言中的性；第二指生理上的性别分类。在美国第二次女权运动中，社会性别却成为核心概念，这主要与美国女权主义者所处的社会文化背景有关。20世纪中期，美国意识形态和社会体制组织共同打造出女性作为贤妻良母的传统社会角色，这是典型的生物决定论，但自20世纪70年代以来，女性主义者将"生物决定论"作为批判的主要目标，用"社会性别"来指称女性的社会文化意义，对19世纪出现的本质主义和生理决定论提出了挑战。③ 一方面，不同流派的女性主义研究都以社会性别作为出发点，来探讨女性在历史、文化和社会中处于从属地位的根源。社会性别也是女性主义切入文学、语言、教育、心理、经济、政治、人类学、社会学和历史学等领域的基本概念和分析范畴；另一方面，随着女性研究的深入和发展，社会性别的概念和范畴也日益丰富和深刻。20世纪70年代以来的社会性别概念向人们揭示了这样的观念：既然社会性别是在社会制度和文化中产生的，那么社会

① Barbara Miller Solomon, *In the Company of Educated Women*: *History of Women and Higher Education*. New Heaven and London: Yale University Press. 1985. p. 101.

② Ibid. , p. xxi.

③ 王政：《"女性意识""社会性别"意识辨易》，载《妇女研究论丛》1997年第1期，第16页。

性别是可以在政治和社会的影响下重构的。在当代社会，社会性别不仅与女性主义研究相关，也与人类的进步与发展相关。从理论上说，在人类的性别意识里，社会性别已经动摇了生理性别的传统地位，并开始建构新的男女平等的性别知识体系。从实践上说，男女社会性别平等是人类平等理念的重要组成部分，只有消除阶级、种族和性别等社会差异，才能实现人类的全面进步与发展。

由上可见，社会性别是 20 世纪 70 年代以来西方女权运动的产物。女性主义者创造出社会性别的分析范畴，除了揭示社会性别是不受生理性别差异影响的社会文化建构之外，还要表明作为社会的构成物，社会性别是可以改变的。既然社会性别是社会学家用来描述男性女性在特定的社会中，由社会形成的群体特征、角色、活动及责任，那么对社会性别的思考，主要解决以下几个问题，即谁做什么，谁拥有什么，谁来作决定，怎样作决定，谁从中获益，谁受到损失。[①] 因此，"社会性别" 是指男女两性在社会文化的建构下形成的性别特征和差异，即社会文化形成的对男女两性差异的理解，以及在社会文化中形成的属于男性或女性群体的特征和行为方式。[②] 社会性别身份决定了社会如何看待男性或女性，以及期待他们如何去思考和行动。

所罗门作为 "女性中心论派" 的教育史学家，将社会性别分析范畴引入史学著作中，试图揭示 "社会理想"（social ideal）对女性教育的指导作用。主要表现在：首先，女性特殊的社会性别角色 "共和国母亲" 就是最有利的论述。其次，女性的 "宗教领袖"（religious leader）的社会角色也要求女性成为学校教师。最后，美国共和国的民主理念从哲学的角度分析了女性应享有平等权利。于是，要求个体依据自己能力而发展的 "杰斐逊理想" 开始被运用到女性身上。因此，所罗门认为社会理想对女性的影响主要是要让女性明确自身对教育的需要，然后力图让更多的家庭也意识到让女性接受教育的理论和实践价值。

（二）多元文化背景下的女性教育的进步

在《与知识女性同行：一部美国女性与高等教育史》一书中，所罗

---

① ［美］坎迪达·马奇：《社会性别分析框架指南》，社会性别意识资源小组译，香港乐施会，2000 年，第 16—17 页。

② 郑新蓉、杜芳琴：《社会性别与妇女发展》，陕西人民教育出版社 1999 年版，第 12 页。

门从"多元文化差异"的角度揭示了不同种族、民族、家庭背景的女性的教育进步。

　　首先，富裕或贫穷家庭背景对于女性接受高等教育的影响。美国女大学生主要来自美国中产阶级家庭。有些是接受过南北战争前传统的知识教育和社会改革的人，他们普遍认为大学教育可以从知识方面、社会方面以及经济方面帮助人们实现完满生活，在这样的家庭中，父母一般倾向于将自己的女儿送入大学接受教育。美国东部的精英人士更愿意让自己的女儿在家里接受教育，或让她们出国留学，或在私立学校接受教育，认为传统的家庭模式更好，婚姻对于女孩来说非常重要，或者认为大学是为那些立志从事教师职业的女性服务的，女性需要的是悠闲的生活，而不是富于挑战的工作。另外，移民家庭的女儿无论是否获得家庭的支持都率先进入了大学，这些女性也为其他具有类似背景的女性提供了受高等教育的可能模式。20 世纪越来越多的外国出生的女孩也纷纷进入大学。1907 年的波士顿大学校长报告指出，这些国外出生的孩子成为新的申请者。一份美国移民委员会的报告中记载了美国 36 所大学的女学生其中有 23.8% 来自移民家庭。① 但是，大学教育对于美国穷人来说几乎是天方夜谭。

　　其次，不同族裔家庭对女性接受高等教育的影响。在第一次世界大战后，虽然大学生中主要部分还是白人和新教徒，但黑人、天主教徒、犹太学生的数量也在显著增加。所罗门以犹太人、天主教徒、黑人学生以及移民子女为研究对象，用数据记录了 1936—1938 年美国 5 所东部女子学院招生人数的情况，以及 1934—1937 年拉德克里夫学院新生入学人数。从这两个表格可以看出，美国女子学院犹太学生的入学人数呈不断上升趋势。由于不同族裔学生入学人数的不断增加，还出现了独立于主流教育机构的新型学校机构，如天主教女子学院以及黑人女子学院。1920 年，大学接收天主教徒子女已是很普遍的现象。天主教女子学院的发展标志着天主教徒家庭的社会和经济地位的提升，也说明天主教徒家庭非常重视女孩的教育。

　　总之，20 世纪早期有很多不同族裔、宗教和家庭背景的学生通过不

① Barbara Miller Solomon, *In the Company of Educated Women: History of Women and Higher Education*. New Heaven and London: Yale University Press. 1985. pp. 75 – 77.

同的方式进入了大学，这些学生拥有不同的经济背景，处在不同的社会阶层，拥有不同的家庭出身，甚至拥有不同的肤色和宗教信仰，但教育对于她们来说不仅是内在需求，更是社会对于她们的要求。越来越多的女性逐渐意识到美国社会的变化深深地影响了她们的生活，而接受更多的教育不仅可以满足她们服务国家的愿望，也是提升她们的社会性别地位的最好的方式。

（三）女权运动促进社会意识觉醒

在所罗门看来，美国的女权运动对美国社会意识的觉醒产生了重要影响。她将女权运动对社会意识觉醒的影响归结为四个方面，即女大学生开始思考自我、家长的支持和理解、公众的观念的改变以及教师对教育行为的理解。

首先，女权运动让女大学生开始思考自我。所罗门认为，从20世纪60年代至21世纪初一共产生了三代女大学生，她们对自己有不同的认知。第一代女大学生（1860—1880）很清楚她们只是致力于扩大女性半球的先行者，她们将自己界定为"真正的女性"（true woman）。第二代女大学生（1890—1900）和第一代女大学生一样，也是女性教育的先行者，拥有丰富的思想，精力充沛，但她们称自己为"新女性"（new woman）。第三代女大学生（1910—1920）则是更成熟的"新女性"，既富有改革社会的理念，也坚持传统习俗。

其次，女权运动影响了家长们对教育的理解。家长们逐渐意识到教育是社会的缩影，教育在促进社会流动和形成完满生活方面起着非常重要的作用。于是，家长支持女性教育。家长对女性教育的支持不仅反映在行动上，更体现在思想的转变上。

再次，女权运动通过影响教师进而影响学生对教育的认知。教师对教育行为的理解也与女性主义的影响密切相关。其一，具有改革精神的教育者们试图构建一种现代自由教育的课程体系。早期学校主要传授拉丁文、希腊文、数学和哲学等传统课程。19世纪中期，随着达尔文进化论的出现，学校试图用引入手工劳动、健美操、工程学以及家政学等课程，取代传统的自由教育的课程，1870—1915年，大学课程发生了翻天覆地的变化，以哈佛大学的做法最为激进。哈佛大学除了英语为必修外，允许女大学生选修所有的课程。学生对课程的选择不仅与职业发展和个人兴趣相关，更是一次知识的实验（*intellectual experimenting*）。① 因此，针对 20 世纪初家政学成为女性主要选择科目的问题，一些女性主义教育家提出质疑，认为以家政学为主会使女性逐渐远离其他学科的学习，也会延缓女性获得教育与知识的平等的进程。其二，教师对社会的理解也影响了学生对社会的认知。在教师职业中，女学者尽管只占小部分，但很多女学者开设人类学、社会科学和自然科学等课程，运用新的方法进行思考和教学，女学生不仅从中学习了教师对女性接受教育的态度，也了解了在更大的社会范围里蕴含的知识和社会问题。学生对教育的理解不局限于显性课程，更来自于教师对课程知识的理解。严格的学术训练只是自由教育的一部分，学生们还会受到教师们对课堂以外事情的分析的影响，教育者们对时代背景下的知识危机和种族危机的理解，深深地影响了学生对社会公共事务的认识。同样，教师对女学生的期望也会增强或减弱女学生对知识学习的愿望。

最后，女权运动促进了公众观念的改变。20 世纪的两次女权运动使女性主义思想逐渐深入人心，人们开始意识到，对于女性来说，无论是以学生、教师还是学者的身份出现，她们都是实现高等教育现代化进程中的一个重要组成部分。大学课程的演进过程如果缺乏女性的参与，这样的课程体系是不完善的。

总之，女权运动中产生的女性主义思想无论对教师、社会大众、学生家长还是学生的影响都是深远的，观念的改变促进了行为的改变，这也就不难理解，从 20 世纪初女大学生人数的增加与有组织的女权主义之间是如何产生联系的问题了。

第三节　丰富女性的集体记忆：所罗门的整体教育史观

20 世纪中期以后，国家为了控制集体记忆，试图制造国民认同的特性和价值观，但社会中的其他群体却在讲述着各自独特的故事，这些故事经常与追求共同记忆的历史故事南辕北辙，处境各异的史学家在忠于历史

---

① Barbara Miller Solomon, *In the Company of Educated Women: History of Women and Higher Education.* New Heaven and London: Yale University Press. 1985. p. 81.

真相和保存客观性的前提下，力图丰富集体记忆，但是结果是他们一边找到了令美国人骄傲的历史事实，同时也翻出了威胁某些群体信奉的传统的历史。面对这种冲突，史学家们要么以历史批判家示人，谨守国家利益；要么既描述历史的进步，也真实地记录历史的倒退。随着科学的发展，各学科之间出现了学科体系整合和综合的趋势，历史学家开始运用系统论的观点、整体性的思维方式来研究社会和教育的发展，整体史观的产生不仅是由于科学的发展促使人们思维方式的改变，也是由于教育本身在现代社会结构中的性质、功能和体系的变化造成的。整体史观影响了教育史学的发展，出现了"整体教育史观"。所谓"整体教育史观"是一种以相互联系、整体的和统一的历史观念来认识和理解人类教育的历史现象、历史过程及本质，作为一种基本的历史观念，整休史观不仅强调某一历史事实与其他历史事实、现象之间的联系，还强调历史事实与政治、经济、文化、思想、科学、社会的总体联系，将历史事实放在整个教育历史进程中来审视。这就要求教育史学家综合地考察教育系统内部各个组成部分之间、教育系统与社会环境之间、教育的整体与部分之间相互联系甚至是互动的关系。① 为了丰富女性的集体记忆，所罗门基于整体教育史观的指导，将女性内在愿望与外在影响结合起来，重点分析女性对教育的渴望与女性教育遭受的外在阻力之间的交互作用，将显性史实和隐性史实结合起来，以女性史、机构史和性别史作为研究基础，构筑了一部综合的女性高等教育史学。

一、女性内在愿望与外在影响之间的互动

所罗门在《与知识女性同行：一部美国女性与高等教育史》一书的前言中指出："我试图叙述一个故事，包括四个方面的主题。在论述每个主题时，我主要研究女性愿望与外在影响力之间的交互作用。这些外部的影响力或阻碍或推动女性的高等教育发展。"② 她认为在女性心理因素与外部社会因素之间有着某种联系。

---

① 张斌贤：《整体史观——重构教育史的可能性》，载《清华大学教育研究》2010 年第 1 期，第 12 页。

② Barbara Miller Solomon，*In the Company of Educated Women*：*History of Women and Higher Education*. New Heaven and London：Yale University Press. 1985. p. xvii.

所罗门主要从以下几个方面研究了女性的内心世界与外部客观条件之间的互动。

第一，女性对教育的选择与女性教育进步。在殖民地时期，女性既没有个人选择的权利，也没有选择进入正式教育机构学习的机会。在这种状况下，为什么女性还能获得教育进步呢？带着这个疑问，所罗门将女性对获得人文科学教育的渴望作为研究的起点，经过深入研究后发现，无论从女性对自身的要求还是从社会的需要方面来看，都需要女性在教育方面有所进步。

第二，经济和社会因素对女性教育有重要影响。工业化、社会生产率下降以及很多正规学校教育机构的设立都对女性社会角色的变化产生影响。教育唤醒了女性的反抗精神，给予女性一种超越家庭范围的社会身份认同，随着女性自身能力逐渐被认可，她们也逐渐放弃传统的家庭角色，但这种状况也引起了人们的担忧。

第三，女性对教育的渴望与其遭遇的挫折之间的关系。公众对女性获得学术训练一直存在质疑，包括女性是否应该进入大学、是否应该接受职业教育和知识教育等。女性对其所遭遇的这种挫折不断进行抗争。但从18世纪至今，也出现了支持的声音，主要是由于人们意识到女性教育对社会发展的确具有促进作用，女性作为男性公民的母亲的特殊角色也为女性接受教育并在教学中承担"宗教领袖"的角色提供了强有力的依据。

第四，"共和国的理想"从哲学层面为个人权利提供了解释。渴望教育的女性依据杰斐逊的理念，主张人权平等以及言论、宗教和人身自由，强调女性也应该拥有平等的受教育权。

第五，教育对女性的多重实用价值。一方面，教育可以促进知识女性社会阶层流动，女性高等教育可以促进知识女性自主性的提高。另一方面，社会对没有受教育的女性有更多限制，她们一方面要承担家庭责任，另一方面希望能实现自己的理想，另外，不同族裔背景的女性实现理想和责任的路径也不尽相同。

二、女性史、机构史和性别史的融合

首先，所罗门的女性高等教育史的贡献在于将女性在私人领域与公共领域的行为结合起来研究。她认为，一方面，女性对教育平等的追求既受公共态度和角色的影响，也影响了公共角色和态度。另一方面，女性对教育平等的追求既影响了个人生活，同样也被个人所影响。所罗门在整体史观的指导下，以女性的种族、民族、阶级和宗教为线索，重点研究了女性知识的寻求，职业的意义以及家庭以外社会身份的认同这三种因素，运用口述史、访谈和回忆录等方式展示了个体的趣闻逸事。所罗门吸纳了格尔达·勒纳女性史研究的成果，将美国女性史作为其研究的主要理论来源。与她之前的几位女性教育史学家如托马斯·伍迪和玛贝尔·纽康麦倾向于机构史不同，所罗门没有将机构史放在第一位，而是将女性史、机构史以及性别史进行了综合。所罗门倾向于女性中心的历史编纂方式。

其次，所罗门扩大了机构史研究内容。在所罗门之前，大部分的女性高等教育史学家都重点关注精英女子学院的本科生和毕业生，或者关注一些重要的公立或私立大学中男女同校制的先驱运动，以精英大学或典型大学代表整个的高等教育。所罗门则努力将天主教大学和南方传统的黑人大学的女性教育经历包含其中，扩展了机构史的范围。她不仅借鉴了一些天主教女子大学的博士论文以及对黑人女学生的研究成果，也对《危机》（Crisis Magazine）和"全国女大学生协会"的期刊中一些关于黑人女校友的经历和思想进行研究。所罗门认为以马内利学院（Emmanuel College）、圣·凯瑟琳学院（St. Catherine's）、圣·特丽萨学院（St. Theresa's）以及巴黎圣母院大学（The College of Notre Dame）都是最好的女子天主教大学，这些大学为一些来自富裕的和虔诚的家庭的孩子提供了"合适的指导"。① 她不仅吸收了托马斯·伍迪和玛贝尔·纽康麦关于机构史的研究成果，也拓展了新的机构史研究内容。

最后，以性别史作为其研究基础。作为一名激进的女性主义者，所罗门的史学研究无法忽视社会性别史的研究。从本质上说，性别史是反对本质主义的，注重从"差异"的角度来看待女性。在所罗门看来，两性和两性关系要作为社会、政治和文化的存在来看待，不能简单地看作历史之外的因素，因为基于社会性别的领域、关系、行为、权力在社会性别的基础上的差异无处不在。所罗门强调运用"社会性别"和"差异"的分析范畴来研究美国女性教育史学。

---

① Barbara Miller Solomon, *In the Company of Educated Women*: *History of Women and Higher Education*. New Heaven and London: Yale University Press. 1985. p. 145.

三、显性史实与隐性史实的结合

受美国新教育史学家伯纳德·贝林的影响，所罗门注重将显性史实与隐性史实相结合，所谓"显性史实"是指人们自觉地参与其中，能够清楚地察觉到的历史事件；所谓"隐性史实"是指人们尚未认识到或尚未完全意识到的历史史实，它一般被湮没于历史的长河中，但它对构成完整的历史有重要的作用。由于常常受所处时代背景和史学成果的局限，历史学家往往重视显性史实的研究，却忽视或不能深入研究隐性史实，这也造成历史学家对历史全景掌握不全面，对历史原因的分析不透彻。

所罗门力图将"显性史实"与"隐性史实"两者有机地融合在一起，以呈现美国女性高等教育史丰富的、多层次的和整体的面貌。在《与知识女性同行：一部美国女性与高等教育史》一书中，有几乎一半的内容都是讲述被忽略的隐性历史。例如，她将"家政学"作为一个研究领域，追溯家政学产生的历史，并研究其对女性产生的积极作用和消极作用。所罗门还用编年史的方式研究了智力超常女性对教育产生消极态度的演化过程，揭示了教育中隐性的歧视现象，包括在课堂中女性遭受忽视和敌意的情况，以及对女学生中的犹太人和黑人的排斥情况。所罗门指出，从表面上看，人们都会反对学校中的歧视行为，但实际上这种歧视现象却被大学的官员和大学整体系统隐性地强化了，尤其是在精英女子大学中，这种现象更加明显。

第四节　走向综合：美国女性
教育史研究的新模式

20世纪80年代中期，新史学家纷纷开始寻找能够反映美国整体历史发展的综合理论和模式，其中较有影响的有两种：一是托马斯·本德尔（Thomas Bender）在《美国历史杂志》上发表的关于"公众文化的形成"的综合理论，认为完整的情节是一切综合性叙述史的核心，可以将零碎的片段有机贯穿起来，整体展现历史发展的过程。[1] 二是美国历史协会主席

---

[1]　Thomas Bender, Whole and Parts: The Need of Synthesis in American History, *Journal of American History*, 1986. Vol. 73. No. 1. pp. 120 – 123.

卡尔·诺依曼·德格勒（Carl Neumann Degler，1921—）提出"做一个美国人，即做一个合众国公民意味着什么"的综合理论。他从历史的社会作用和美国人的同一性出发，认为历史研究要服务于社会目的，这样才能构建包含一切新史料的框架，最终实现历史学的目的。

无论史学家持哪种综合论，都意味着 20 世纪 80 年代之后的美国新史学向新的综合方向发展。历史学家融合了过去对各种族、族裔和社会群体历史研究的成果，以整个公众社会为中心展开了对历史的综合分析和叙述。新史学家试图通过这种综合以恢复历史学的自主性，发挥历史学对于人们认识过去、现在和未来之间关系以及历史发展的一般趋势的独有的价值和作用。① 在上述史学背景下，所罗门的美国女性教育史研究在方法、史料及撰史方式上与传统美国女性教育史学有很大区别，最显著的特点是"走向综合"。

一、走向综合

（一）编纂体裁：编年史与专题史的综合

所罗门作为新史学家，选择了与传统女性教育史学家托马斯·伍迪的"中间取向"完全不同的史书体制，实现了编年史和专题史的综合。全书共分 12 章。第一章"隐藏的世界"，主要讲述从殖民地时期到共和国早期女性无法获得机构化教育，因此也无法证明其受教育的能力。第二章"共和国早期学术的萌芽"主要讲述共和国成立后，受教育的女性备受关注，女子学校大幅度增长，大学研究也从理念转为现实。第一代女教育家出现，她们认为她们的经历只是女性在争取受教育权漫长道路上的开始。第三章"女性教育的作用，1800—1860 年"主要讨论受教育的女性的想法以及教育对她们的生活的影响。第四章"女性进入高等教育"主要研究推动女性进入高等教育的三大力量：一是公立教育的普及化，以及师范学校、公立中学甚至大学数量的增加；二是内战及其影响；三是社会动乱及大学教育的扩展在女性教育中的反映。第五章"谁进入大学?"主要说明不同背景的女性都开始进入大学接受教育。第六章"女性和自由教育的现代化，1860—1920 年"主要围绕"女性该学习什么?""她们对课程

---

① 张广智：《西方史学通史》，复旦大学出版社 2011 年版，第 157—158 页。

的反映如何?""女性如何对自由教育现代化产生影响?""在何种程度上,知识学习激发了女性的职业目标?"等问题,探讨大学日益变化的课程以及课程对女研究生的影响。第七章"大学经历不同的分析维度"从个人的、社会的、知识的角度来分析女性接受教育意味着什么,并且认为有三种因素互相作用于女性的大学生活:正规的学习、大学管理者和职员、非正规的助理以及与同伴之间的关系。第八章"大学教育之后是什么"分析了人们对1870—1920年受教育的妇女变化的态度,重点分析女性在后大学时期各种不同的力量对她们的影响。第九章"女性的大学教育:它的几条主线,1920—1940年"主要分析20世纪二三十年代女性教育机构的日益增加对女性教育的影响,这一时期,教育的多元化构成了不同学校不同女学生的不同的经历。第十章"第一批现代女大学生:她们的期望,1920—1930年"认为年轻的女研究生对自己的能力非常自信,因此女性认为一切皆可得,同时她们非常认同女性主义的著作,坚信性别不再是原因。第十一章"对女大学生的争论,1920—1940年"关注的是对第一次世界大战后出现的问题的批判,包括女性应该成为一名妻子还是一名职场中的人?渴望家庭的女性会放弃职业吗?第十二章"普通教育的承诺,究竟是该遗忘还是该满足"主要分析从第二次世界大战到20世纪80年代在高等教育领域女性的成长道路,在这期间女性面临一系列冲突和困难,深刻影响了她们对教育的渴望,最终形成了女性主义思潮的全面爆发,于是在20世纪70年代几代女性极力要求教育平等以兑现自由教育的承诺。

综上所述,该书前三章主要讲述了18—19世纪女性对进入高等教育的渴望,叙述了共和国政府与女性教育之间的关系。中间六章是全书的重点,研究了1870—1920年美国女性高等教育成形时期的特点,主要讨论女性获得了高等教育的受教育权,1920年之前大学生的社会背景,课程、大学生活以及对"大学以后该如何"问题。最后三章主要分析了1920年以后的女性高等教育史,特别关注了南部白人、天主教徒、犹太人以及黑人女性的大学经历,并分析了受教育的女性在职业和家庭生活中的矛盾冲突。

从以上各章标题可以看出,所罗门综合了编年史与专题史结合的撰史方式。首先,所罗门按照时间顺序将女性接受高等教育的历史分为三个主要时期,分别是南北战争时期、19世纪末20世纪初以及第二次世界大战后期,描述了不同时代与女性高等教育相关的机构、课程、目的等内容。

通过所罗门构筑的研究框架,可以很好地将中产阶级的白人女性与黑人女性的大学经历区分开,编年史的撰史方式让她更加关注教育机构的发展。其次,所罗门在每一章都设置了一个独立的论题,一般这些论题体现了那个时期女性教育的显著特点,围绕这些特点展开讨论,从被隐藏的女性到高等教育中的女性,再到后大学时期的女性以及第一代现代女大学生。女性一直是研究的中心。

(二)史料来源:第二手史料和重新筛选的原始史料的综合

所罗门并不希望像伍迪那样试图构建一个史料王国,她对史料的选择有自己的原则和目的,在广泛吸收二手史料的基础上,努力对原始史料进行筛选。在二手史料方面,所罗门认为芭芭拉·克罗斯(Barbara Cross)的《受教育的妇女》(*The Educated Women*),这是一本以女性主义思想为指导、以女性史为背景、主要研究女性教育的著作选集。1970 年格雷汉姆(Patricia Graham)的《女性高等教育指南》(*So Much to Do:Guides for Historical Research on Women in Higher Education*)、吉尔·康威的《对美国女性教育史的一些看法》为其提供理论基础,琳达·科伯(Linda Kerber)、玛丽·贝斯·诺顿(Mary Beth Norton)、安妮·菲罗尔·斯科特(Anne Firor Scott)和凯瑟·基什·斯克拉(Kathryn Kish Sklar)的著作对于重新审视女性接受人文教育的起源有帮助。尽管吸收了很多二手史料,但是所罗门承认著作中的二手史料有两个主要来源:托马斯·伍迪的《美国女性教育史》以及玛贝尔·纽康麦为纪念瓦萨学院百年而写的《百年美国女性高等教育史》(*A Century of Higher Education for American Women*)。在她看来,托马斯·伍迪的史料几乎覆盖了从妇孺学校(Dame school)到女子学院所有女性教育机构的起源。纽康麦的著作运用了经济学统计的方法研究女子学院的发展,提出了对女性教育的思考。所罗门对原始史料的运用并不是很多,主要包括两类:个人手稿和大学原始档案和记录。

1. 大学(学院)机构史

所罗门非常重视大学机构史的作用。她指出:"即使是逸事抑或是不系统的解释,对于特定历史时期特定的大学机构的分析都是非常重要的。"[①] 所罗门主要借鉴了亚瑟·科尔(Arthur C. Cole)对芒特·霍利约

---

① Barbara Miller Solomon, *In the Company of Educated Women:History of Women and Higher Education.* New Heaven and London:Yale University Press. 1985. pp. 257 – 259.

克学院的研究，罗伯特·弗莱彻（Robert Fletcher）对奥柏林大学的研究，温顿·索伯格（Winton Solberg）对伊利诺伊州州立大学的研究以及默尔（Merle Culti）和弗农·卡斯滕森（Vernon Carstensen）对威斯康星大学的研究，海伦·奥林（Helen Olin）对威斯康星州立大学的研究，以及多萝西·麦奎根（Dorothy McGuigan）、密西根（Michigan）和夏洛特（Charlotte Codable）等学者对康奈尔大学的研究成果。学者们对男子高等教育研究中"知识和社会问题"的解释也为所罗门提供了一种比较的视角。另外，劳伦斯·维希（Laurence Veysey）、弗雷德里克·鲁道夫（Frederick Rudolph）、休·霍金斯（Hugh Hawkins）以及乔治·彼得森（George Peterson）虽然将女性边缘化了，但也为所罗门提供了影响女性教育的学术环境的历史背景。彼得·法林（Peter Filene）的《他或她自己》（Him/her Self）引入了具有革命性的现代美国中的"性别角色"（sex roles）的概念，也为所罗门提供了借鉴。

2. 大学档案

所罗门认为大学档案是重要的史料来源，因为大学档案提供了已出版的和未出版的两种原始史料，有回忆录、自传、信件、日记、小说以及电影。在书末，所罗门列举了大学档案史料，包括论文和记录（paper and records）、个人手稿。其中论文和记录类史料有：由马里恩·塔尔沃特（Marion Talbot）撰写的关于波士顿大学马萨诸塞协会对女性大学教育记录的论文；由拉德克里夫学院埃塞尔·斯特奇斯（Ethel Sturges Dummar）撰写的美国女性史的论文；由克莱里亚·杜埃尔·莫舍（Clelia Duel Mosher）撰写的斯坦福大学历史档案的论文等，个人手稿包括，芝加哥大学布尔特·德米亚（Bulter Demia）的日记手稿，在史密斯学院档案室保留的由豪斯（Howes Ehtel Puffer）撰写的关于已婚和未婚史密斯学院女校友非正式研究的材料。斯沃斯莫尔学院（swarthmore college）的托尔斯·弗雷德里克（Tolles Frederick B.）的《斯沃斯莫尔学院档案》等。[①]

3. 报纸杂志

所罗门认为报纸杂志对于教育史研究是有用的，"像《纽约时代》（New York Times）这样的杂志就像一个'公众意见箱'，报刊中刊登的政

---

① Barbara Miller Solomon, *In the Company of Educated Women: History of Women and Higher Education*. New Heaven and London: Yale University Press. 1985. p. 257.

府文件以及杂志中的文章的尾注里都蕴含着关键信息"①。所罗门以大学杂志为主要史料,例如,"大学女校友协会会刊""美国大学女性协会会刊"以及"黑人女校友协会"的《危机杂志》(*Crisis Magazine*)。对黑人女性高等教育的研究主要借鉴了马里恩·卡斯伯特(Marion Cuthbert)、威拉·普莱耶(Willa Player)与诺布尔(Keanne Noble)的博士论文以及《黑人教育杂志》(*Journal of Negro Education*),该杂志曾在1982年发表了《在教育中黑人女性的作用》一文。对南部黑人和白人女性高等教育研究方面,主要借鉴1982年由帕特丽·施特林格(Patricia Stringer)和艾琳·汤普森(Irene Thompson)撰写的《走下基座》(*Stepping off the Pedestal*)的附录,另外也有选择地选取了莫兰德研究中心出版的黑人女性的自传。

4. 口述史料

口述史是个人和社会对事件表述,表述内容不可以超越民族、种族、国家、主权、性别、年龄等现代"分类技术"的控制。在研究对象上,口述史重视下层民众历史,因为后者的活动和心理很少见诸文献,必须借助口头资料。在研究方法上,口述史是历史学与社会学、民族学、人类学等学科相结合的产物。由于口述史料的直接性,使其更易接近真实,减少史学家的主观性。对口述史的重视是所罗门对史料运用的创新。她一方面选择了班克罗夫特图书馆、施莱辛格图书馆以及加利福尼亚大学、威斯康星大学、拉德克里弗大学、卫斯理大学、弗斯科大学的图书馆的口述史资料;另一方面,她还亲自与一些史料尾注中出现的不同的人进行面谈,获取第一手的口述史料。

(三)计量史学方法的运用

计量史学方法在广义上普遍被用来形容对历史著作进行定量资料的量度和分析,以区别于传统上强调定性的历史研究方法。贝林认为:"计量史学的新颖之处在于引用了数字,从而提高了研究的精确性,然而在引用数字之后,人们可能对一些认识不充分,或认识模糊,或根本没有认识的

---

① Barbara Miller Solomon, *In the Company of Educated Women: History of Women and Higher Education*. New Heaven and London: Yale University Press. 1985. p. 258.

'潜在的事件'展开新的研究。"① 不同学科领域对计量方法的运用各有侧重：社会学家通常运用所谓的"调查问卷"，通过对统计分析结果所需要的足够量的人们进行现场访谈；政治学领域的学者则研究选举统计（也称"选举学"），以及民意调查；人口学学家研究人口出生率、死亡率和婚姻在不同社会的变化；传播领域的学者则利用"内容分析"的方法，针对报纸、杂志、书籍或电视节目的计量研究方式出现，检验某个特定话题占据多少空间，以及某些关键词出现的频率等。②

　　所罗门在《与知识女性同行：一部美国女性与高等教育史》一书中主要运用了调查问卷法。全书一共列出了 8 项统计表格，分别是：1870—1981 年大学对男女学生开放数据；1870—1980 年女性进入高等教育机构人数；1870—1980 年大学女性在美国年轻女性中所占的百分比；1820—1930 年女校友的婚姻比例；1910—1982 年女性有选择的职业领域以及这些领域工人百分比数；1870—1980 年学术学位和职员任用的趋势；1936—1938 年犹太学生进入 5 所东部女子学院的百分比；1934—1937 年拉德克里夫学院新生入学人数。

Table 1　　　　　Colleges Open to Men and Women 1870—1981

Year	Number of institution	Percentage Distribution		
		Men Only	Women Only	Coeducational
1870	582	59	12	29
1890	1082	37	20	43
1910	1083	27	15	58
1930	1322	15	16	69
1957	1326	13	13	74
1976	1849	4	5	91
1982	1928	3	5	92

Source：Mabel Newcomber, *A Century of Higher English for American Women* (New York：1959. p. 37) . and U. S. Department of Health, Education, and Welfare, National Center for Education Statistics, *Digest of Education Statistics*, 1976 and 1982.

---

　　① ［美］伯纳德·贝林：《现代史学的挑战——美国历史协会主席演说集》，王建华等译，上海人民出版社 1990 年版，第 400 页。

　　②·［英］彼得·伯克：《历史学与社会理论》，姚朋等译，上海世纪出版集团 2010 年版，第 36 页。

Table 2   **Women Enrolled in Institutions of Higher Education, 1870—1980**

Year	Number of women enrolled (thousands)	Percentage of all students enrolled
1870	11	21. 0
1880	40	33. 4
1890	56	35. 9
1900	85	36. 8
1910	140	39. 6
1920	283	47. 3
1930	481	43. 7
1940	601	40. 2
1950	806	30. 2
1960	1223	37. 9
1970	2884	41. 9
1975	3847	45. 4
1980	5694	51. 8

Source: Mabel Newcomer, *A Century of Higher Education for American Women* (New York: 1959. p. 46.) . U. S. Bureau of the Census, National Center for Education Statistics, *Digest of Education Statistics* (Washington. D. C. , 1980. 1982. 1983.) .

Table 3   **College Women as a Percentage of Young Women in the United States, 1870—1980**

Year	College women compared to 18—21-year-old women	College women compared to 18—24-year-old women
1870	0. 7	—
1880	1. 9	—
1890	2. 2	—
1900	2. 8	—
1910	3. 8	—
1920	7. 6	—
1930	10. 5	5. 7
1940	12. 2	7. 1
1950	17. 9	9. 9
1960	—	15. 4

续表

Year	College women compared to 18—21-year-old women	College women compared to 18—24-year-old women
1970	—	23.5
1975	—	27.7
1980	—	37.9

Source：Mabel Newcomer, *A Century of Higher Education for American Women* （New York：1959. p. 46.）. U. S. Bureau of the Census, National Center for Education Statistics, *Digest of Education Statistics*（Washington. D. C. , 1962. 1971. 1976. 1982.）.

以上例举了八张表格中的三张，其中表格一记录了 1870—1981 年美国大学男女生比例以及男女同校制大学在高等教育机构中所占比例，从纵向上看，大学数量在这 11 年间呈大幅度增长趋势，男女同校制大学数量也在增加；从横向上看，女大学生所占比例从低于男大学生，到 1976 年以来和男大学生持平，说明高等教育对越来越多的女性开放。表格二记录了 1870—1980 年女性接受高等教育的入学率。可以看出，这 11 年里，女性的入学率在呈百倍的增长。表格三则记录了 1870—1980 年女大学生占美国年轻女性的比例。1870—1950 年，18—21 岁的女大学生比例不断增加，但是 1950 年后，这一年龄段的女大学生开始减少，而 18—24 岁的女大学生开始增多，表面上看接受高等教育的女大学生年龄在增大，实质上也说明高等教育逐渐成为女性终生教育的途径之一。

（四）综合叙述女性高等教育历史的整体发展

早在 20 世纪 70 年代，新史学家就提出要恢复历史学的自主性，将历史学独立于社会科学，并与社会科学建立正常的关系。如果要建立正常的关系，史学家必须加强自身的社会科学方面的修养，充分运用社会科学的理论对历史进行深入的研究。但是，历史学家不可能只通过社会科学来完成自己提出的任务。尽管很多史学家强调要将社会科学知识纳入历史综合的内容中，但是很显然，历史综合本身超出了社会科学范围，因为历史学家不是一个分析者，而是一个叙述者，综合叙述历史的整体发展才是历史学家的最终任务。所以，新史学家强调恢复叙述，但是这种叙述是一种新的复归，是充分吸取和融合计量研究和社会科学理论而取得成果的新的叙述方式。同时，美国新史学经过 30 多年的发展，扩大了研究范围，揭示了美国文化和社会的多样性，也迫切需要史学家重新综合叙述美国整体历史的发展。正如伯纳德·贝林所言："在未来的年代，历史学家面临的最大的挑战是用前所未有的综合性和分析性来恢复历史的全貌，以及如何把可利用的资料，包括定性的和定量的资料、文字和统计资料、视觉与口述资料融合成富有趣味的、记叙重大历史发展过程的著作。"①

所罗门在《与知识女性同行：一部美国女性与高等教育史》一书中的前言里明确表示，她要撰写的是一部叙述史，要讲述一个故事，但她充分运用了经济、政治、宗教、文化等多因素来综合叙述一个故事。所谓"综合叙述法"要求将历史的技术性研究与分析性研究结合起来，将不同学科的因素引入历史的叙述中，试图构建一种高度结构化的历史图景，将不同类型、不同学科的资料，包括定性和定量的资料、文字和图像资料，巧妙地结合起来，以一定的逻辑为主线，撰写综合性的历史著作。这种综合叙述法既着眼于静态的历史背景、观念、环境，也注重对历史动态的分析与解构，力图还原一种有别于传统撰史方法下的历史原貌，实质上，这是一种将叙述史学与问题史学相结合的撰史方式。运用综合的和多因素的观点来解释和分析历史事实，主要是由于，一方面新史学的目的是试图发现那些文明的变化和社会制度的起源所具有的总体意义，另一方面是因为历史运动是受政治的、经济的、地理的、心理的等多种因素所决定的。②加拿大学者帕特里夏·鲁克（Patricia T. Rooke）认为，所罗门和托马斯·伍迪信奉的直线进步的史学类型完全不同，她总是先列举一些描述性事实然后再进行分析，全书中大部分是史实的描述，只有少部分才是作者的分析。③

二、《与知识女性同行：一部美国女性与高等教育史》的历史评价

芭芭拉·米勒·所罗门的《与知识女性同行：一部美国女性与高等

① ［美］伯纳德·贝林：《现代史学的挑战——美国历史协会主席演说集》，王建华等译，上海人民出版社 1990 年版，第 422 页。

② 张广智：《西方史学通史》第六卷《现当代时期》，复旦大学出版社 2011 年版，第 118 页。

③ Patricia T. Rooke, Review: In the Company of Educated Women: The History of Women and Higher Education in America by Barbara Miller Solomon. *Canadian Journal of Education*, 1999. Vol. 15. No. 3. pp. 328 – 331.

教育史》一书是自玛贝尔·纽康麦的《美国女子高等教育百年》以来第一本专注于女性学术进步的书籍，也是第一本将美国女性史研究中涌现的新资料、新方法和新思想融入美国女性教育史学的著作。正是因为这本书最具综合性和科学性的特点，因此，它不仅作为必备教材被广泛运用于高校女性史、高等教育以及教育史等学科教学中，同时也是业余爱好者学习和研究女性高等教育史的主要资料来源之一。

很多学者都对该书作了积极的评价。1997年，琳达在《哈佛教育评论》上发表的《重新思考一部经典：在芭芭拉之后若干年重新评估美国女性高等教育》一文中指出："所罗门的《与知识女性同行：一部美国女性与高等教育史》至今仍是经典之作，因为它完整地呈现了从殖民地到第二次世界大战期间美国女性进入高等教育领域的图景，讲述了几代女性为进入高等教育而不懈奋斗的故事，有助于读者理解大学对女性开放之前的女性教育。但是也要意识到几个问题，第一，这本书是如何影响、界定甚至从某种意义上说是限制了女性教育史的研究领域的？第二，这本书在哪些方面是很有价值的？哪些方面是不可缺少的？哪些方面是令学者和教师很失望的？第三，所罗门过分关注'女性在高等教育中的受教育权问题'，忽略了广义上的历史影响和教育影响。"[1]历史学家帕特丽夏·帕尔米耶里（Patricia Palmieri）认为20世纪七八十年代的所罗门则是一位不折不扣的悲观主义者，因为她觉得女性对高等教育非常失望，女性并没有受到公正的对待。美国威斯康星麦迪逊分校的尤尔根·赫布斯特（Jurgen Herbst）教授认为这本著作融合了很多新的资料和新的思想。比如，她引用了南希·科特（Nancy F. Cott）的《女性气质：新英格兰女性半球，1780—1835》中关于"女性半球虽然有局限性，但是它也成为女性力量"的重要观点。[2]

尽管备受推崇，但这本著作也饱受质疑：（1）为什么所罗门对学校机构的隐性分层中将女子学院置于顶层，而将其他学校特别是师范学校置于底层？（2）为什么将受教育权作为一个优先的组织原则，对女性参与

---

[1]　Linda Eisenmann, Reconsidering a Classic: Assessing the History of Women's Higher Education a Dozen Years after Barbara Solomon, *Harvard Educational Review*. 1997. Winter. p. 689.

[2]　Nancy F. Cott. The Bonds of Womanhood: "Woman's Sphere" in New England, 1780—1835. New Haven: Yale University Press. 1997. p. 225.

社会的其他方面因素都轻描淡写，而这些被忽视的因素恰恰是影响高等教育发展的。例如，忽视了女性进入非教育机构，忽视了女性一旦拥有受教育权她们的处境会怎样，忽视了女性教育的成本问题。（3）为什么忽视了其他社会组织对高等教育的影响，如基金会、信贷组织以及联邦政府？

笔者认为，所罗门最大的创新在于引入了崭新的分析范式：一是情感（sensibilities）。二是学生的经济身份（economic standing of students）。三是家庭角色。在研究哪些女性需要帮助进入大学时，她认为家庭角色在其中承担了发起者（sponsor）的角色。四是移民家长的角色。由于所罗门早期是研究新英格兰移民史的，因此她非常重视移民家庭的父母在推动自己的女儿进入大学中扮演的重要角色，这在当时是很少见的。五是对种族、民族的关注。即使这方面的二手史料很少，但是所罗门还是意识到要研究在白人为主的大学里那些少数族裔女性，为今后的比较研究提供了基础。

但是，这本著作的缺陷主要集中在以下四个方面：第一，这本书最大的缺陷在于时间下限截至第二次世界大战。尽管在最后一章中所罗门将这个故事延续到今天，但并没有研究那个时代发生的政治和社会运动，也没有提及大学生活中的娱乐问题。第二，对阶级因素的重视不够。所罗门没有研究工人阶级女性的状况以及20世纪二三十年代工人的教育运动。第三，没有研究女性在获得职业教育中遇到的困难，以及女性作为教师和管理者在职业中面临的阻碍。第四，书中还需要添加种族、地理、经济以及知识史方面的内容。例如，在所罗门解释女性职业选择时没有从经济史的角度解释。对高等教育的实用性的讨论方面，虽然偶尔谈到女性选举权运动和节欲之间的联系，却没有谈到女性理性发展的历史。另外，也忽略了美国历史方面的知识。第五，尽管所罗门提出了"大学之后是什么"的问题，但是她却忽视了女性在离开了传统的职业和工作以后对社会的作用。

琳达·艾森曼教授认为由于所罗门过分依赖二手史料，因此，"她仅仅完成了'自我描述'的叙述的综合"[①]。基于此，琳达·艾森曼为学者今后的研究指明三个方向：第一，更广泛地关注美国教育发展中的教育机

①　Linda Eisenmann, Reconsidering a Classic: Assessing the History of Women's Higher Education a Dozen Years after Barbara Solomon, *Harvard Educational Review*. 1997. Winter. p. 689.

构的意义，特别是学术机构和师范学校。第二，将女性视为受教育的专业
人员。第三，对女性中的边缘人群增加关注，包括非裔美国女性、拉丁裔
美国女性、亚裔美国女性甚至是本土的美国女性，重点关注她们在高等教
育中的发展。基于以上的设想，琳达·艾森曼在《美国女性教育历史大
词典》和《战后美国女性高等教育，1945—1965》等著作中展开了以上
研究。

本章小结

　　芭芭拉·米勒·所罗门作为一位激进的女性主义史学家，在其研究中
摒弃了传统美国女性教育史学的"冲突—进化论"教育史观。她不赞同
女性主义教育批判派的"和谐论"观点，反而认为对一切进步的教育史
观都可以进行质疑，一段整体的历史不仅应该记录进步，也应该记录倒
退。为此，所罗门运用多因素综合叙述的方法，运用"社会性别"和
"差异"的分析范畴，在女性主义理论的指导下，叙述了一部美国女性不
断争取高等教育权的历史故事。

　　所罗门的研究主要得益于三个方面：一是托马斯·伍迪和玛贝尔·纽
康麦为她提供的系统的美国女性教育机构史、美国女性高等教育史的框
架；二是20世纪中期教育史研究成果丰硕，特别是克雷明提出的将教育
视为一系列学习机会的综合，包括并超越了正规的学校教育，这种史学思
想较之以前的学校教育史来说创造了更多的女性研究的空间；三是美国历
史学家在研究美国女性生活时，对女性半球是如何对宗教、改革、教学和
家庭生活领域产生影响的关注。

　　虽然所罗门在她的著作中添加了上述内容，但她将其描述成女性为进
入大学不断争取受教育权的故事，并作为她研究的重点。不断争取受教育
权的过程固然重要，但以今天的眼光来看，她忽视了在更广泛的教育视野
里女性的角色和女性的贡献。她对于女子争取受教育权和女子学院给予了
过多关注，这使她忽视了外部力量例如政府和信托机构对女性高等教育的
支持。此外，所罗门也忽视了阶级因素在女性高等教育中的作用。究其原
因，主要因为在那个时代要想撰写一本综合的女性高等教育的历史所能获
得的二手史料是严重缺乏的。20世纪90年代，美国著名的史学家琳达·
艾森曼在所罗门研究的基础上提出了新的研究设想，开辟了新的研究领
域，同时也将美国女性教育史学带入了一个新的时代。

第五章 新文化史语境下美国女性教育史学的转向

　　琳达·艾森曼是 20 世纪 80 年代末以来美国女性教育史学转向的掌舵人。在新历史主义、后现代主义以及全球化的时代背景下，艾森曼创造性地以意识形态竞争的女性教育史观作为指导，引领美国女性教育史学实现了文化转向和语言学转向，在美国女性教育史研究领域酝酿了一场新文化史的转向。艾森曼从人的主体性出发，采用"批判性的综合"的方法试图超越以往关注平等、差异的范式，在理论和实践层面上为女性教育史学提供"性别包容"的公民身份，首次在女性教育史学中运用了"历史词典"的编纂方式，掀开了美国女性教育史学的新文化史篇章。本章主要以琳达·艾森曼参著和独著的两本经典历史著作《美国女性教育历史大词典》和《战后美国女性高等教育，1945—1965》为研究对象，研究艾森曼是如何将美国女性教育史学引入新的历史时代，揭开新文化史背景下的美国女性教育史学将呈现一幅什么样的图景。

第一节　历史学的语言转向和文化转向

　　20 世纪 80 年代后期出现了后现代主义的思潮，给历史学乃至整个西方文化都带来了强烈的冲击，尤其是对西方史学编纂学的一些基本理论和实践提出了颠覆性的挑战。后现代主义将历史视为文本，引导史学朝着语言学转向，同时，这一时期也是历史主义向新历史主义过渡的时期，文本性与历史性及其两者之间的关系是新历史主义批判的焦点，通过文化意象构建人类的主体性，实现了史学的文化转向。在文化转向和语言学转向的社会思潮的影响下，美国教育史学开始呈现新文化史的面貌，这对美国女性教育史学产生极大影响，并促使其实现了新文化史转向。

一、后现代主义与语言学转向

后现代主义的产生与 20 世纪 60 年代美国的人权运动、女权运动、反越战运动等社会运动的发展分不开。后现代主义着力批判工业社会的弊病。80 年代，"后现代主义"一词基本替代了"后结构主义"，因为后现代主义比后结构主义更强烈地主张现代世界正接近于终结。然而，无论是后结构主义还是后现代主义都认为语言是构成社会和文化的关键，语言中有一个自主的系统，不依赖于现实却又建构了现实。人们使用的语言不带有思想，但是人们如何思想却是由语言决定的。这也导致了西方社会文化进行了"语言学转向"（linguistic turn）。

西方文化思潮的语言学转向也反映在历史编纂学中。很多史学家开始意识到语言不只是表述思想的工具，其本身就含有人们理性思想之外的东西，思想的过程同时受制于语言的符号系统。后现代主义者否认在历史文本之外存在现实，否认有脱离文本的历史发展的因果关系、进步观和目的论，认为"历史就是文本"。人们对历史的了解主要来自各种历史解释，历史学家也只是在对各种历史文本进行分析的基础上，再用语言创造出新的文本。历史研究的中心不在过去本身，而在现在和过去之间。换句话说，现在说明过去的语言与过去本身存在不一致性。安格尔斯米特用一种形象的比喻来说明后现代历史编纂学的特点："历史过去就像一棵大树，传统史学集中注意于历史之树的树干，而后现代史学则认为，历史编纂学的本质不在树干而在树叶，历史学家的任务就是收集落叶，并看看能用这些落叶组成什么类型的模式，而不是去研究这些落叶原来在树的什么地方。"[1]

二、从历史主义到新历史主义

"历史主义"一词译自英文"historicism"。所谓"历史主义"，即相信历史知识为人类活动最重要的指标，借助历史，人们可以评价、了解生活的一切，因此，社会和生活的一切经验都可以纳入历史的范畴，也就是说，任何事物的性质都由历史发展的过程来决定，任何事物的性质都可由

---

[1]　F. Ankersmit, "Historiography and Post Modernism, *History and Theory*", 1989. Vol. 28. No. 2. pp. 149 – 150.

历史来判断。① 实际上，旧历史主义既是一种世界观也是一种方法论，作为世界观的旧历史主义认为"人是历史的产物"，人的价值和意义必须从历史中寻找答案，作为方法论的旧历史主义重视对于史料的直觉把握，"同情的理解"（Sympathetic Understanding）②。19 世纪后半叶，历史主义几乎成为西方史学家著史的原则和推动力，在历史主义的原则下，那个时代的史学家充分展露出对 18 世纪理性主义的不满，他们希望通过"个体性"和"发展"的观点来取代理性主义指导下的"普遍的人性和理智"的观点，是其治史原则。然而历史主义极端地强调历史是不容置疑的真理，以及注重总体历史观的做法遭到了新历史主义的反对。

　　"新历史主义"以历史主义挑战者的身份走上历史的舞台。1982 年美国加州大学伯克利分校斯蒂芬·格林布拉特教授（Stephen Greenblatt，1943—）在《文类》杂志的第一期首次提出"新历史主义"，之后，人们常用这个词来描述文艺的新动向。新历史主义一走上历史舞台就鲜明地摆明了自己的立场：第一，历史是需要解释的内容而不是发现的结果，历史学家只能构想历史，不能恢复和还原历史。第二，新历史主义将"权力关系"放在历史分析的优先位置，将"历史语境"理解为一种权力关系，通过研究文本与权力关系的关联方式来显示其文学观点。第三，文本性、历史性及其之间的关系是新历史主义批判实践的主要参照点。美国的新历史主义与其说是一种批判，不如说是受意识形态支配的主体。③ 新历史主义特别强调主导意识形态对社会和文学中他异因素的同化、化解和利用。④ 国家主导意识形态能够控制文化表达。第四，历史的小写复数化。新历史主义认为历史不是单数的大写的历史（history），而是小写的、复数的、众多的历史（histories），将以往重点关注政治军事史转向微观的、民间的和多元的文学史。第五，新历史主义是一种"文化诗学"，体现了历史与文学的边缘意识形态化即"互文性"：一方面历史是一个开放的对话过程，历史与文本对话；另一方面不同学科性质的文本之间也展开了跨

---

　　① 黄进兴：《历史主义与历史理论》，陕西师范大学出版社 2002 年版，第 7 页。

　　② "同情的理解"（Sympathetic Understanding）是指体会历史人物内在的含义，感受史事因果脉络，如实地撰写历史，才能呈现真正的历史。

　　③ Louris Montrose，"Renaissance Literacy Studies and the Subject of History"，*English Literary Renaissance*，1986. Vol. 16. p. 7.

　　④ 张进：《新历史主义与历史诗学》，中国社会科学出版社 2004 年版，第 41—42 页。

学科对话。①

　　女性主义者对新历史主义总是抱有一种试探性但又矛盾的态度。正如美国俄亥俄州立大学玛丽·莱赫（Mary Lech）教授所言："为了避免遭遇20世纪60年代贝林对美国教育史那样的公开指控，我们有必要关注新的批判理论，因为它有助于我们理解现代的变化和挑战，新历史主义理论不仅能够为我们提供对历史意义争论的复杂的视角，也能够对现行的、主流的文化批评模式提出真正的挑战。"② 正如新历史主义倡导的，没有永恒和普遍的人类的本质，人类的主体性是通过文化意象建构的。这些文化意象通过不同的方式制约和影响着人类；历史没有客观性，人们只是在语言学层面经历着这个世界，包括我们通过对世界的陈述来了解世界，通过对历史文本的解读来理解我们的历史地位以及价值观和政治观；通过塑造人们的意识来表现"使事件发生"，文化就像一种力量对历史起作用。新历史主义在实践中实现了由历史向文化的转向，强调从政治权力、意识形态和文化霸权等方面对文本实行一种综合的解读，把文学与人生、文学与历史、文学与权力话语作为分析的中心问题，使历史意识的恢复成为文学研究和历史研究的重点。

　　新历史主义是女性主义的"母亲根源"（mother—root），女性主义与新历史主义共享以下特点：第一，批判"客观性"。第二，主张思想理论和文本陈述的政治特性。第三，研究"个人"与"政治"之间的相互关系。③ 女性主义者普遍认为没有普世的人性，人的主体性是通过文化建构的，所有对文学和历史的文本都有一定政治偏见，历史文本、历史陈述以及社会关系之间是相互作用的。历史陈述对人的主体性的构建有实质性的作用。女性主义历史学家通过种族、阶级和性别的方法研究了女性角色和身份的多元性，研究了女性身份与角色之间的交叉和冲突，给教育史家诸多启发。女性主义历史化为研究19世纪的教育和政治之间的关系提供了一种崭新的和更为复杂的解释。

---

　　① 吴玉杰：《新历史主义与历史剧的艺术建构》，中国社会科学出版社2005年版，第32—47页。

　　② Mary Lech, "Toward Writing Feminist Scholarship into History of Education", *Educational Theory*, 1990. Vol. 40. No. 4. p. 458.

　　③ Andrew Ross, *University Abandon*? Minneapolis：University of Minnesota Press. 1988.

三、从新社会史到新文化史

新文化史的兴起是在以"文化转向"（cultural turn）和"语言学转向"（linguistic turn）为标志的当代西方社会思潮的影响下产生的，标志着西方史学领域的又一次方向性的转折。新文化史体现出许多新社会史不具备的优点，尤其在对性别等文化因素的研究中产生了重要作用。两者的区别在于：其一，新文化史强调定性研究，习惯于特定案例研究，新社会史则注重计量分析。其二，新文化史注重微观史学研究，关注普通人、边缘人的生活。而新社会史则关注大多数人的生活。其三，新文化史根据一个特定社会自身的规则和类别给出其社会关系的解释，也就是将文化与社会相结合的研究。而新社会史强调一种因果解释，关注当时代人并未理解和意识到的趋势。其四，新文化史关注日常活动和生活对于维持或加强某种世界观具有什么样的意义，而新社会史学家则更关注社会结构和关系。其五，新文化史以涂尔干、布迪厄、吉尔茨等人的理论为指导，新社会史一般以马克斯·韦伯的现代社会学理论为基础。

要理解新文化史的研究范式首先要从文化着手。"文化概念本质上是属于符号学的，人是悬挂在由他们自己编织的意义的网上的动物，文化则是这些网，因此，文化的分析不是一种探索规律的实验科学，而是一种探索意义的阐释性科学。"① 从新社会史向新文化史的转向不只是添加了"文化"的概念，而是一种全方位的变革，包括：第一，在西方史学主流中，产生了从社会史向文化史的转向；第二，在文化史的学科内部，产出了从传统文化史向新文化史的转向；第三，在历史学其他分支领域中，出现了从非文化向强调文化分析的转向。②

新文化史有两个特点：第一，注重考查历史中的文化因素和文化层面，其研究对象和研究方法从对社会和经济政治等因素的关注转向对社会文化的关注。正如雷沙尔·埃文斯（Rechard Evans，1947—）在纪念卡尔《历史是什么?》一书发表40周年的纪念文集《现在历史是什么》中

---

① ［美］克利福德·吉尔茨：《文化的解释》，纳日比利格译，上海人民出版社1999年版，第5页。

② 张广智：《西方史学通史》第六卷《现当代时期》，复旦大学出版社2011年版，第301页。

说的那样："现在出现了对文化史的强调，身份、意识、心态等方面替代了社会结构、社会组织和社会权力的经济基础，历史学中宏大叙事的解体，帮助个体的人恢复了在历史记录中的位置。"① 第二，用文化的观念解释历史，主要借助于文化人类学、语言学、文化研究等学科的理论和方法，通过对语言、符号或仪式等文化特征来分析历史的文化内涵。

新文化史的转向影响了美国女性主义史学的发展。从 20 世纪 80 年代开始，美国性别史研究发生了重大的方向性改变，从过去把女性当作一种性别存在，转变为认识到只有从两性关系的语境出发才可能理解女性的处境。由此，从性征的角度对女性所做的生理学定义与女性在更广阔的社会和文化背景下对女性所做的定义之间有了明显的区别，正如琼·瓦拉赫·斯科特所言："'妇女'一词在使用的时候很难不做一些限定，如人种、种族、肤色、阶级、性取向等，还要掺入女性运动中的政治差异。"② 无疑，女性主义史学带有明显的政治倾向，并向主流文化中的父权制提出了挑战。如果继续固守传统的历史学术研究，希望保持价值中立，显然已不适应史学潮流的发展。性别研究已经不是可以通过经验的方法观察到的，而必须通过史学家的质疑和分析来建构，这也正是新文化史为女性主义史学指出的新方向。

第二节 艾森曼的女性教育史学思想

在上述史学背景的影响下，20 世纪 80 年代的美国女性教育史学也发生了转向，呈现出新文化史的特征：第一，质疑历史客观性，使用意识形态的文化工具来指征文化实践，展示其新文化史的转向。第二，反对宏大叙事和元叙事，运用词典编纂学的史学方法研究微观史学，展示了其语言学的转向。第三，强调公民身份和培养女性公民，反映了其女性主义的教育史观。第四，在全球史观的影响下，以"后女性主义"理论为指导，强调人类社会是一个整体，男女两性教育呈现性别融合的趋势。美国女性教育史学的转向是与美国著名教育史学家琳达·艾森曼的努力分不开的。

---

① Doug Munro, What is History Now? *Journal of Social History*, 2004. Vol. 37. No. 3. pp. 814 – 816.

② Joan Wallach Scott, *Gender and the Politics of History*, New York: Columbia University Press. 1988.

20 世纪 90 年代以来，琳达·艾森曼在后现代主义的指导下实现了美国女性教育史学的文化转向和语言学转向，这一转向具有强烈的批判性，首先，批判社会科学的历史学关注大规模的、没有人的结构和进程，忽视了普通女性和多元文化背景女性的生活经历；其次，批判现代化理论，因为这一理论遵循了西方中心说；最后，批判了经验主义，包括计量史学的方法以及对这样的研究提供的客观知识的确信。

一、艾森曼的生平及著作

1975 年，琳达·艾森曼获得康涅狄格大学英语专业学士学位，并荣获全美优秀生奖学金。之后她又在乔治城大学获得硕士学位，在哈佛大学获得教育史专业硕士学位，1987 年，在哈佛大学教育研究生院教育史专业获得博士学位。其博士论文为《布朗大学的女性：1891—1930 年，学术上相同但在社会中却有差异》（*Women at Brown University*，1891—1930：*Academically Identical*，*But Socially Quite Distinct*）。

艾森曼的研究兴趣主要集中在高等教育和教育史两个方向。艾森曼对教育史研究主要包括：女性的经历；1960 年以后的城市大学的扩张；教育专业化发展以及教育史学研究（historiography）。重点关注三个主题：一是第二次世界大战后美国高等教育的发展，特别是它对美国女大学生和女教师的影响；二是 20 世纪 60 年代以后作为美国一种新的教育机构的城市公立大学的发展；三是 20 世纪 80 年代至今美国男女同校制大学的发展。

艾森曼是一位多产作家，目前共发表论文和书评 60 多篇，在美国女性教育史学方面的著作主要有两部：一是艾森曼编著《美国女性教育史学大词典》，以新的"历史词典"的编纂方法研究女性教育发展的历史。二是艾森曼独著的《战后美国女性高等教育史，1945—1965》，主要研究文化期待对战后美国女性大学经历的影响。这两本经典著作也是美国女性教育史学转向新文化史学的标志。

艾森曼也是一位积极的学术社会活动家。她参与了很多学术组织的活动。2007—2008 年先后担任美国高等教育研究会主席、美国教育史协会主席和美国教育研究会副主席。她还积极参与美国历史学家协会、美国历史协会、美国高等教育协会和美国教育理事会等学术组织。此外，她还是《高等教育杂志》的编委会成员、美国《教育史季刊》的副主编、美国《哈佛教育评论》编委会副主席和英国《教育管理和历史》杂志编辑。她还供职于"圣约瑟夫学术指导委员会"（The Board of Directors Saint Joseph Academy）。

除了著书立说和参与社会组织活动外，艾森曼还在很多高校担任行政职务。她先后在马萨诸塞波士顿大学担任"高等教育管理"博士项目的负责人，在约翰·卡罗尔大学担任文理学院院长，在拉德克里弗研究中心担任副主任。2009 年至今在美国惠顿学院担任院长。

二、意识形态竞争：艾森曼的女性教育史观

"意识形态竞争"（competing ideologies）是艾森曼研究战后美国女性高等教育史的主要理论依据。她将"意识形态"与"社会性别的文化期待"等同起来。艾森曼认为，如果要设计一种旨在培养女性公民身份的高等教育模式，必须弄清楚女性所面临的不同的"社会性别的文化期待"。① 20 世纪 90 年代以后，女性主义人类学者开始思考"文化是怎样对女性的活动、家庭、女性气质和男性气质制定出不同的内容和意义"这个问题，人类学者得出的结论是：男女不平等是因为文化贬低了女性的一些活动，贬低了与女性相关的一切活动。②

在论述意识形态竞争与战后美国女性高等教育史学的关系时，艾森曼认为，一直以来，对战后早期美国女性教育的研究都是以军事分析和政治分析为主，很少分析女性社会角色，学者们应该努力在一个更广阔的文化环境中去分析女性史。艾森曼提到，她撰写《战后美国女性高等教育：1945—1965》一书有三个目的，其中两个是解释性的目的，另一个是修正性的目的。两个解释性的目的主要是：第一，解释为什么在女性大学生数量持续增加的同时女性却一直被视为"附带的学生"（incidental student）。第二，解释战后越来越多女性进入高等教育的本质原因。修正性的目的主要是针对修正史学界普遍认为的 1945—1965 年是一段激进主义平息的时期，艾森曼指出，战后尽管女性面临四种竞争的意识形态，但是女性并没有放弃努力，激进主义女性主义者通过各种社会组织在研究、

---

① Linda Eisenmann, "Educating The Female Citizens in a Past-War World: Competing Ideologies for American Women, 1945—1965", *Educational Review*, 2002, Vol. 24. No 2, pp. 133 – 137.

② 王政、杜芳琴：《社会性别研究选译》，生活·读书·新知三联书店 1998 年版，第 246—247 页。

实践以及政策方面做着种种努力，因此，与 1920 年之前和 1965 年之后的激进主义相比，这一段激进主义表现得更为安静，更多包容性，更少苛责性。

（一）艾森曼对四种意识形态的解释

琳达·艾森曼提出的"意识形态的竞争"是一个崭新的概念，如何更好地理解这个观念，如何正确解释爱国的意识形态、经济的意识形态、文化的意识形态以及心理的意识形态，是摆在笔者面前的难题，为此，笔者于 2013 年 11 月 10 日通过 e-mail 的方式与琳达·艾森曼教授就相关问题进行了一次深度交流，艾森曼教授也详细阐述了她对意识形态竞争的解释，艾森曼教授亲笔回信如下：

Hello Zhu Yuan-Thank you for your note.

I have some brief answers to your three questions below.

The first, you once referred four ideologies in post-war for American women, patriotic、economic、cultural、psychological ideologies. Meanwhile in your article you also referred the expectations. So I want to know whether the cultural expectations mean the ideologies. Furthermore, what relationship between the history of women's education and the four ideologies?

—— the idea of "expectations" is similar to "ideologies" However, ideology is a more developed form of expectations, meant to suggest that people felt quite obligated to observe the ideologies. The relationship of women's education to the ideologies is played out in Chapter 2 of the book Higher Education for Women in Postwar America. Although I do not apply each of the ideologies specifically to colleges and universities, it is my view that the impact of the patriotic, economic, cultural, and psychological ideologies affected the sort of curriculum that was offered to women and the way their education was directed.

笔者提问：文化期待是否就是意识形态，美国女性教育史与四种意识形态之间是什么关系。

艾森曼回答：意识形态与文化期待概念相似，但是与文化期待相比，意识形态是一个更成熟的概念，是指人们普遍认为有责任去观察某种意识形态。至于美国女性教育与意识形态之间的关系，我在《战后美国女性高等教育史》一书的第二章有所说明，尽管我没有将四种意识形态一一运用到大学或学院中加以解释，但是我认为，这四种意识形态深刻地影响了大学里为女性所提供的课程以及她们的教育倾向。

依据琳达·艾森曼教授的阐释，结合美国社会发展的背景，笔者将爱国的意识形态、经济的意识形态、文化的意识形态以及心理的意识形态解释如下：

第一，爱国的意识形态。主要强调三个重点：一是在日益变化和备受危机的世界里维持一个稳定的家庭环境；二是满足国家在科学、技术、护理等方面对女性劳动力的需要；三是要求女性从事选举、任职、志愿者服务。艾森曼认为，国家号召女性爱国主要有两种途径：一是号召女性作为一个守护者保护自己的家庭。二是号召美国女性填补"男性劳动力"（manpower）的空缺，尤其是在科学和技术领域。美国社会对女性的家庭期待给了女性一种混乱的信息，一方面要求女性成"女性劳动力"（womanpower）和男性一样从事工作，甚至要填补男性劳动力的空缺，另一方面又要求女性待在家中守护自己的家庭。

第二，经济的意识形态。经济的意识形态宣称女性是心甘情愿地将她们在战时已有的职业领域和经济地位拱手让给男性，尽管希望更多的女性参与劳动力市场，但是却将女性界定为"不认真的，非专业的工人"。[①]经济的意识形态忽略了女性一个世纪以来的进步，事实上很多女性已经进入了"粉领阶层"、工会组织、工业生产领域，但是社会性别期待仍然认为女性的最大贡献仅限于家庭领域。

第三，文化的意识形态。文化的意识形态宣扬女性家庭角色的重要性，并形成了美国一直都有的"母性主义"（materialism）的传统，文化意识形态认为女性从事工作只是暂时的社会活动，然而如果美国女性在履行家庭责任之余，也能以志愿者的身份参与社会事务以及民间组织，并能合适地展现她们的女性气质，那么还是可以允许女性更多地参与社会活动。

第四，心理的意识形态。心理的意识形态主要建立在社会科学理论的

① Mary Ann Dzuback, "Book Review: Higher Education for Women in Postwar America: 1945—1965", *Journal of Social History*, 2007. Vol. 41. No. 1, pp. 191 – 194.

基础上，赞成弗洛伊德关于"女性的成功主要来自人们对女性生育角色的接受"的观点，将女性的心理健康置于异性恋婚姻和儿童照护的大背景下来研究，尤其强调家庭角色是女性最自然的社会角色。很多心理学者都将"女性主义"作为一种病理学因素，认为它会伤害国家和家庭，并让女性一直处于神经官能症状态中。战后，随着积极开展对性别的科学研究，科学家们公开了美国性别特征的多样性，美国女性在公共和私人领域行为上的差异无疑对弗洛伊德主义提出了巨大的挑战。

　　结合艾森曼教授的回复，笔者认为，战后美国女性面临四种竞争的意识形态主要是爱国的义务、经济的参与、文化的角色以及心理的需要。这四种意识形态构成了美国的文化，尤其对于美国中产阶级的白人女性来说，这四种意识形态影响了美国社会对于女性社会性别的文化期待，它们通过非常隐蔽的方式影响了女性的行为方式，也不断挑战女性传统的行为规范。在《战后美国女性高等教育》一书中，艾森曼向我们演示了这种无处不在的、具有极大权力的社会性别文化期待是如何影响教育者和女性主义者及女性教育历史发展的。

　　(二) 意识形态竞争对女性教育发展的影响

　　在艾森曼看来，第二次世界大战以后，西方国家在经济、国际关系以及家庭模式等方面开始逐渐恢复常态，这也使社会对女性的社会性别的文化期待与女性实际行为之间产生了巨大的差异，这无疑给美国女性教育带来了巨大的压力。为了缓解退伍士兵给美国经济带来的压力，政府鼓励女性离开劳动力市场转而服务于家庭，做一个对社会负责任的"公民"，社会普遍称颂女性在服务家庭方面的卓越作用，这体现了爱国的意识形态与文化的意识形态之间的竞争。然而，随着美国城市化、工业化进程的发展，尽管人们已经意识到种族和阶级差异，但是女性完全服务于家庭的情况在现实中已很少见。这种要求女性要服务家庭、成为公民的社会角色文化期待，与战后的女性无论在劳动力市场还是在教育领域中的数量都在不断增加的现实相违背。事实上，参与社会工作和教育工作的女性数量不断增加的趋势已持续近一个世纪。① 意识形态的竞争一方面对于战后美国女性教育目的定位带来巨大困惑，美国女性教育目的究竟要服务于社会角色

---

　　① Mabel Newcomer, *A Century of Higher Education for American Women*, New York: Harper Press. 1959. p. 70.

的文化期待，还是要满足女性的职业需求的现实。另一方面，这种意识形态的竞争也导致了女大学生仍是"附带的学生"的身份。主要原因是：第一，《退伍军人权利法案》通过之后，爱国的和文化的意识形态让女性失去了社会的关注。第二，在日益发展的研究型大学里，女性仍处于附属地位。第三，为女性设置的大学课程都强调她们的家庭责任，而弱化了女大学生的未来生活选择。

1. 意识形态竞争影响了女性对大学的选择

艾森曼认为，战后美国的高等教育将上述四种意识形态潜移默化地传递给学生。战后美国的文化的意识形态要求女性服务于家庭，使得女性在大学中的比例下降，尽管从绝对人数上来说是逐年增加的，但是女大学生和女研究生所占的比例还是从 1920 年的 47.3% 下降到 1940 年的 40%，再下降到 1950 年的 31%。爱国的意识形态要求女性填补男性劳动力市场的空缺，因此，女性在美国劳动力市场中的数量是呈上升趋势。美国学者弗里丹也认为"女性的奥秘"实际上就是美国社会对女性的"家庭期待"，这种期待使很多女性放弃接受大学教育。

2. 意识形态竞争影响了大学课程的设置

19 世纪中期以来，随着美国赠地大学数量的增加，大学开始平衡"自由教育"与"职业教育"两种导向。第二次世界大战之前，反对主知主义盛行，很多批评者开始批判"为完满生活准备"的课程进入大学。批判者一方面要求为使大学课程服务于学生的未来发展，必须淡化传统课程；另一方面，由于战争的压力要求大学增设"实践性"的课程，于是战后很多美国大学开始实施通识教育。第二次世界大战后，爱国的意识形态要求美国大学加强科学与技术课程的设置。因为战后美国与苏联之间的较量开始延伸到教育领域。1958 年，美国颁布《国防教育法》（The National Defense Education Act），承诺要将技术基础、科学以及数学方面的课程放在首位，弱化了通识教育课程。1945 年，哈佛大学教师委员会撰写了《在一个自由社会里的通识教育》报告，强调对于一个受过良好教育的人来说自由主义价值非常重要，大学生要有宽广的学术视野，要广泛地吸纳社会科学、人类学以及自然科学等方面的知识，为将学生培养成公民做准备。① 在全球化

---

① Linda Eisenmann. *Higher Education for Women in Postwar America*：1945—1965，The John Hopkins University Press，2006，p. 51.

的历史背景下，大学逐渐意识到现代生活对于大学生的影响，教师为了鼓励学生理解美国在世界范围地位的扩大，在大学中普遍开设了"语言"和"区域研究"（area studies）等世界文化的课程。因此，意识形态的竞争影响了大学课程设置取向。

3. 意识形态竞争限制了女性在职业领域中能力的提高

历史学家帕特丽夏·格雷汉姆（Patricia Albjerg Graham, 1935—1999）认为："20世纪女性的美德是与职业是严重冲突的。"① 经济的意识形态给女性贴上了"不认真"和"非专业"的标签，尽管公众越来越能接受女大学生，但女性的形象还是与其作为"美国女性"或"美国学者"的形象冲突。这也严重影响了美国女性接受高层次教育，进而影响她们的职业能力。从19世纪末开始，女性力争获得进入大学研究生院接受教育。由于美国无法给女性提供博士学位，很多女性只好在欧洲获得博士学位。第二次世界大战初期，女性获得了全国几乎1/3的硕士学位，在第二次世界大战期间，由于很多男性的缺席，使女性获得了近57%的硕士学位，但是1948年，由于国家给予退伍军人就业上的经济支持，女硕士生的比例从50%降到30%，女性获得博士学位的比例也开始大幅度下滑，几乎不足1/10。研究生院女性比例的下降限制了她们进入学术领域和其他职业领域的能力。事实上，尽管1950—1960年美国的研究型大学数量大幅度增加，但是女性并没有从研究型大学的扩张中获益。

4. 意识形态竞争使在专业领域中性别差异加剧

战后，美国的"文化的意识形态"将女性定位在家庭领域担任照护的职责，这种意识形态也对专业领域中的性别差异产生影响。在大学的家政专业教师中，女教师占96%；在图书馆专业教师中，女教师占71%。相反，在工程专业教师中，女教师只占0.5%；法律专业女教师中，女教师只占1.7%；在有些规模较大的大学里，也有少量女性进入了体育、农业、哲学等领域中，但从事宗教方面工作的几乎都是男性。可见，在与"文化的意识形态"相关的职业领域中，女性所占比例还是很大的，但是超越"女性职业"之外的专业，女性很难进入甚至无法参与，这也充分体现了社会性别的文化期待对女性在专业和职业领域中的影响。

---

① Linda Eisenmann, *Higher Education for Women in Postwar America*：1945—1965, The John Hopkins University Press, 2006, p. 58.

5. 意识形态竞争使美国大学忽略了女性作为重要的大学学术资源

经济的意识形态认为女性在非家庭领域中都只是非专业的、不认真的劳动者；文化的意识形态将女性固定在家庭领域，刻板地认为女性仅有服务家庭的能力；心理的意识形态强化了女性的生育能力。这三种意识形态导致在学术市场中，女性完全被排除在声望系统（prestige system）之外。美国学者希欧多尔·卡普洛（Theodore Caplow）和雷彻·J. 麦吉（Reece J. Mcgee）在《学术市场》（*The Academic Marketplace*）一书中明确指出："女性被排除在学术职业之外，并不是因为她们的学术声望不高，而是她们完全被排除在学术声望系统之外。"① 女性学者在大学中是不受重视的，她们也没有机会被正规的学术职业接纳。

6. 意识形态竞争影响了"美国女性教育委员会"政策制定

在"美国女性教育委员会"（The American Council on Education's Commission on the Education of Women，CEW）委员会出台的三个重要的研究报告中，可以看出四种竞争的意识形态对政策制定者的影响。第一份报告是1955年的《美国女性遭遇如何》（*How Fare American Women*），报告提出了三个论点，一是大学教育与社会改变不同步，导致美国女性对她们目前的社会和经济现状无能为力，二是鼓励更多的女性去寻求更广泛的职业领域和教育机会，三是尽管女性可选择的机会增多，但是这并不意味着女性可以立即适应所有的社会角色，女性应该意识到管理家庭才是她们的主要职责。可见，一方面鼓励女性寻求更大的职业机会，另一方面又认为女性的主要职责是持家，一开始该委员成员并没有被意识形态的竞争所影响，因为他们认为他们的主要任务是收集不同的想法，但是在起草该报告时，委员会成员开始意识到这种微妙的竞争关系，一位女子学院校长路易斯·贝内泽（Louis Benezet）提出教育者会误导女性认为能够在家庭、事业和服务社会方面三者兼得。于是，报告开始转向从理解女性的动机开始研究"女性如何应对社会性别的文化期待"。以往研究都认为在高等教育中，与男性相比女性参与数量少且常会辍学是因为女性不具备较强的求学动机，但是报告给予我们一个新的发现，即女性内部的差异性甚至会超越两性之间的差异性，也就是说不是所有的女性都是基于同一个原因作出

---

① Linda Eisenmann, *Higher Education for Women in Postwar America*：1945—1965, The John Hopkins University Press, 2006, p. 61.

选择。第二份报告是 1957 年"美国女性教育委员会"在纽约拉伊开会的会议论文集《女性教育：未来的预示》（*The Education of Women：Sign for the Future*），该报告的亮点在于提出了用"生命阶段"（life phases）这个词语来解释女性对教育的选择，引入了女性继续教育的崭新理念，认为继续教育可以为那些已婚和希望重回大学接受教育的女性提供新的机会。1959 年"美国女性教育委员会"主席帮廷（bunting）指出，个体心理、广泛的文化以及经济因素会影响女性对教育的兴趣、选择和投资。第三份报告是 1960 年"美国女性教育委员会"的《女性生活和学习的范围》（the span of a women's life and learning），这份报告与爱国的意识形态的争论相关，爱国的意识形态认为个别女性的发展也必然促进国家的发展，文件中指出女性家庭角色固然重要，但这只是女性复杂的社会角色中的一种，"家庭主妇的角色可以很好地与其他创造性的事业和活动结合在一起"①。女性也是一种人力资源，女性接受教育有利于女性自身、家庭、社会和国家。

　　总之，战后美国社会的四种意识形态深深地影响了女性教育的发展。对于那些渴望大学的女性来说，意识形态消减了她们对大学的渴望，因为大学生活无法提供给她们家庭生活所需的课程和知识。对于已接受大学教育的女性来说，社会意识形态让女性困惑于到底哪种课程才能为她们的完满生活做准备。对于那些追求职业目标的女性来说，意识形态限制了女性获得教育和职业机会，并阻碍她们的职业成功。尽管女性都意识到社会对她们的文化期待，但在战后的实践中，很多女性都追求超越传统的行为和价值，她们努力平衡作为妻子和母亲的生活与志愿服务之间的关系，并提升自己的领导能力。事实上，意识形态的竞争与美国女性教育实践的发展之间的张力，正是推动战后美国女性教育历史发展的动力。社会文化期待和战后美国女性实际行为之间的差异使那些努力调和二者的学者们倍感困惑，也让负责培养下一代的教师感到困惑。他们不禁要问：大学应该继续按照以男性为主的模式进行教育教学，还是应该采取一种更新的观念呢？当社会需要的是妻子和母亲时，大学还应该继续给予女性职业培训吗？所有这些困惑都需要学者在女性教育的实践中解决，事实上，没有比

---

① Linda Eisenmann, *Higher Education for Women in Postwar America*：1945—1965, The John Hopkins University Press, 2006, p. 107.

将两性融合起来更好的方法了。

三、培养女性公民：艾森曼的女性教育目的观

艾森曼提出，战后美国女性高等教育的目标是要培养"女性公民"（female citizen）。"公民身份"是女性主义者研究教育史的一个重要分析工具。传统的公民身份体现了个体在政治共同体中的成员资格，这种资格包含了权利和义务两个方面，20世纪中期以后，公民身份内涵拓展，女性公民身份反映了女性主义者将公民身份的思考范围延伸到性别领域，女性公民身份依然主张"平等""权利"和"义务"。作为女性主义教育史学家，艾森曼理解的"女性公民"是与战后美国四种意识形态紧密结合的，美国女性在四种意识形态的影响下被要求成为公民（citizen）和爱国者（patriots）。战争期间，女性的爱国精神体现在填补由于男性参军而空缺的社会职业，女性除了从事像"铆工露丝"（Rosie the Riveter）① 这样的制造业外，她们还进入了以前从未对她们开放的职业领域。但是在第二次世界大战结束之后，女性的爱国主义主要体现在回归家庭，并将其关注点放在家庭和家务活动中，成为"现代的共和国之母"。

（一）女性公民身份

1997年，《公民身份研究》刊物的出现标志着"公民身份"概念的战略重要性。英国学者露丝·李斯特在《公民身份：女性主义的视角》一书中对公民身份概念提出了自己的见解：公民身份"基本上是一个有争议的概念"，同时，公民身份是"一个背景性的概念"。②

英国社会学家马歇尔给公民身份作了一个界定："公民身份是授予处在共同体中的全部成员一种地位，拥有这种地位的所有人在所赋予的权利和责任方面都是平等的。"③ 这个定义主要强调的是共同体中的成员资格，以及因这种资格而带来的权利和责任。根据成员资格来理解公民身份，强调了公民身份不仅仅是处理国家与个人之间关系的法律准则，更是个人与

---

① 第二次世界大战时对美国女工的总称，也译作"铆工露丝"，该形象成为第二次世界大战时期美国的文化象征，意味着很多美国女性在美国从事制造业工作。

② ［英］露丝·李斯特：《公民身份：女性主义的视角》，夏宏译，吉林出版集团有限公司2010年版，第5—6页。

③ T. H. Marshall, *Citizenship and Social Class: and Other Essays*, Cambridge: The Cambridge University Press, 1950, pp. 10-11.

国家、个体公民之间的社会关系，这些社会关系是具有流变性的，它们的性质以及如何理解它们反映了民族的背景和文化。马歇尔进一步提出了作为权利的公民身份的三个基本要素，即公民权利、政治权利和社会权利。公民权利包括个体自由所需要的权利。政治权利主要是指公民作为政治权力机构中的成员或者作为选举者参与行使政治权力的权利。社会权利对公民身份的理解主要是从享有少量经济福利和保障权利到充分享有社会财富，并根据当前的社会标准，过上一种文明生活的权利。

马歇尔的公民理论实际上是传统的自由主义的公民身份理论，这种理论随即引来很多女性主义者的批判，她们认为马歇尔将女性排除在公民身份发展的图景中，忽略了阶级分化中的性别差异。[①] 太过强调实质性的公民权利（社会和经济的）而忽视了形式性的公民权利（公民和政治的），女性主义者倡导的是一种包容性的公民身份。在 20 世纪为妇女争取公民权利的斗争中，社会公民身份与政治公民身份的相互作用越来越明显，新的社会权利的本质反映了妇女参与的程度；相反，妇女政治参与程度也部分地反映了她们所取得的社会权利与生育权利的性质，她们的积极性程度已经成为她们与福利国家的关系的重要变量。也就是说，在今天的福利国家中，公民身份的这两个方面越来越紧密地结合在一起了。赫格·赫尔墨斯（Hega Hermes）完整地强调了综合理解公民身份的重要性："公民身份既包括个人权利和政治参与，也要研究两者之间的关系。"因此，我们可以将公民身份定义为各种权利和义务的集合，也可以将公民身份的本质理解为包容与拒斥。

艾森曼理解的女性公民身份是传统的公民身份内涵在当代的延伸，这意味着被传统公民身份所遮蔽或排斥正常公民身份之外的很多领域和问题开始逐渐被史学家关注。女性公民身份超越了性别的差异和选择，坚持一种性别中立的平等观念，因此，女性公民身份具有双重性，一方面男性和女性都作为国家公民，这体现了公民身份的普遍性；另一方面，在公民身份的前提下也存在男女的差异性，即男性公民和女性公民，这体现了公民身份的差异性。

笔者认为，艾森曼运用女性公民身份的分析范畴来阐释美国女性教育

---

① ［英］德里克·希特：《何谓公民身份》，郭忠华译，吉林人民出版社 2007 年版，第 21 页。

史学基于以下考虑：首先，强调女性具有国家正式的成员资格。这种资格表征了女性与国家之间的关系，国家构成了女性公民身份的前提条件。其次，平等是女性公民身份的核心。女性公民身份的本质是平等的原则。最后，"权利"和"义务"是女性公民身份的内容。既然女性公民身份是女性在国家中的完全成员资格，那么与这一资格紧密相连的就是权利和义务，无论是何种公民身份，都享有平等的权利和义务，因此，从权利和义务的视角来看待女性，无疑是对社会性别和差异视角的一种超越和包容。

（二）人的主体性

如前所述，要完整地理解女性公民身份的概念，必须将作为权利的女性公民身份和作为责任的女性公民身份进行批判性的综合，也就是要充分理解女性权利与政治参与之间的关系。这无疑使公民身份的概念处在一种过程与结果的辩证联系之中，那么如何理解这个变动中的概念是摆在女性主义学者们面前的一个难题，值得庆幸的是，学者们找到了解决这个难题的钥匙——"人的主体性"[1]，因为在一个宽泛的政治领域中，作为政治参与的公民身份表达的是人的主体性，而作为文化权利的公民身份使人能够作为主体而行动。[2]

何谓人的主体性？人的主体性包括能动性、创造性、主导性和意识性，它不仅仅是一种选择行为的能力，也是一种意识的能力。英国学者古尔德（Carol. C. Gould）认为，人的主体性观念可以用来表示一个自治的、有目的、有自我选择能力的个体，这些行为者的行为和选择构成了一个自我发展的过程，这个自我发展过程也是一个通过表达自己目的和需要的行为而选择所要成为的个人的具体过程。[3] 作为一个公民首先要有一种主体感，这样才能支撑他的行动，而个体依据公民身份而行动，能反过来支撑人的主体感。有意识的主体感无论是在政治层面还是在个人层面，都对女性摆脱不平等的地位成为完整而积极的公民至关重要。古尔德将人的主体

---

① Human Agency 有时也译为"人的能动性"。英国学者露丝·李斯特在《公民身份：女性主义的视角》一书中将综合性的理解历史上两种公民身份的理论的核心归于"人的主体性"（Agency）因此，本书将其译为"人的主体性"。

② ［英］露丝·李斯特：《公民身份：女性主义的视角》，夏宏译，吉林出版集团有限公司2010年版，第56—57页。

③ Carol. C. Gould, *Rethinking Democracy*: *Freedom and Social Cooperation in Politics*, *Economy*, *and Society*, Cambridge: Cambridge University Press, 1988, p. 47.

性视为女性主义者获得平等权利的基础，他认为："如果每个人都被看作是具有自由选择和自我发展的主体，就不存在一种性别比另一种性别更能充分运用这一权利的根基，一个群体对另一个群体的支配是对平等主体条件的拒绝，因而，女性的彻底自由存在于她们控制自己生活的经济和社会条件以及不受歧视和支配的能力之中。"① 通过古尔德的阐述，可以看出，主体性将公民身份的自由主义传统与共和主义传统结合起来共同作用于女性，使女性获得了作为公民的平等权利。从女性主义的视角来看，人的主体性对于在政治框架内重新把女性塑造成为积极的公民具有重要的意义，这不仅开启了女性参与政治斗争的历史，也将女性从历史的边缘拉到了历史舞台中来。从主体性来理解公民身份为建构"性别包容"的公民身份奠定了基础。因此，公民身份作为女性主体性的表达，对重新思考作为政治行动者的女性有重要意义，即女性不再被视为受害者，因为她们也具有"创造性的主体性"。

（三）女性公民的教育

将公民身份用来论述战后美国女性高等教育的目的实际上体现了艾森曼研究美国女性教育史学的女性主义视角，这种女性主义的视角试图从对公民身份的研究中找寻美国教育史中两性不平等的根源，研究从传统的"政治—法律"公民身份排斥作为边缘人群和主流文化之外的女性，到研究文化公民身份将具有多元文化背景女性都包容到公民身份之中的历史过程。女性主义视角下理解公民身份实际上就是用一种批判性综合的方式来理解公民身份，认为公民身份既可以作为一种地位来理解，也可以作为一种实践来理解，它不仅包括社会权利和政治权利，也包括广泛的政治参与，这两者之间是一种动态的关系，它可以因人的主体性概念而得到发展，其本身是由结构和文化来调节的。女性主义的公民身份强调"性别包容"，即作为"挣钱者—照护者"的公民和作为"照护者—挣钱者"的公民都能够得到普遍的认可。性别包容的公民身份改变了私人领域与公共领域之间相互对抗的状态，这也意味着公共政策不得不认可对来自私人领域的女性公民身份的限制，也认可那些在公共领域中对女性公民身份的限制，这种限制实际上是女性主义公民身份的实际目标，也就是家庭的

---

① Carol. C. Gould, *Beyond Domination: New Perspectives on Women and Philosophy*, New York: Rowman & Littlefield Publishers, 1984, p. 5.

"劳动分工"。

笔者针对女性公民的分析范式与艾森曼教授进行讨论，内容如下：

　　The second，the female citizen is the object of American women's educational. So can I think that the "citizen" is the feminist paradigm which is your feminist perspectives of history of women's education?

　　——the idea of the "citizen" is one of the focuses of women's education. It was particularly important in the years after World War Ⅱ because there was such a focus on return to normalcy, and an idea of returning women to their work in the home. In eras where not much is expected of women professionally, the idea of "good citizens" becomes more important.

　　笔者提问："既然培养女性公民是战后美国女性教育的目的，那么，我是否可以将女性公民理解为是一种女性主义的分析范式？它是否也反映了您女性主义的教育史学观？"

　　艾森曼教授回答："'公民'的概念是女性教育研究关注的焦点，'二战'后，这个概念显得尤为重要，因为战后普遍有一种观点就是要回归常态，这就意味着女性要回归家庭，而不希望变得更加职业，因此，'好公民'的观念变得非常重要。"

笔者认为，艾森曼对女性公民教育的理解也是建立在女性公民身份的基础上的。主要包含以下含义：第一，女性要运用公民身份，教育是一个重要的途径，教育可以提高女性的主体性，包括女性的自尊心、独立能力、教育儿童的能力。第二，女性在公有领域和私人领域的身份都将得到认可，女性既可以履行家庭职责，也可以从事职业劳动，强调一种包容原则。第三，女性的政治公民身份是一种"妇女—友好型"的公民身份，即在承认差异的基础上，实现政治领域的男女平等。

四、历史词典：艾森曼的女性教育史学编纂模式

历史词典的编纂方式并不是艾森曼首创，但是将词典编纂运用在美国女性教育史学上却是首次，这不仅是她对美国女性教育史学史发展作出的贡献，而且这本著作的问世也表明美国女性教育史学实现了语言学转向。

"词典"模式有其特定的编纂方法，一般以语言中的词为对象，内容包括选词（条）、释义、资料和附录等部分。首先，选词是在搜集资料的基础上编制词（条）目表，词典搜集的是已有文献和口头语言中的词语和语言资料。其次，释义是词典编纂最重要的环节，往往使用"指称（指……而言）"和"类称（是……的一种）"。再次，词典具有知识性和资料性。词典是提供知识和资料的书籍，它仿照百科全书式的知识性，讲述了基本概念及其起源、演变、概念内涵、作用及其现状等内容。所选择的资料主要是精确的事实资料。最后，附属成分，也就是书中的附录和索引部分。包括与正文无直接关系的附录，如历史年表等，也包括与正文紧密相关的各种辅助检索手段，如索引、学习指南、参考书目等。①

美国后现代史学家海登·怀特（Hayden White，1928—）在《元史学》一书中介绍了用文学方式来进行历史编纂的三种模式："情节编织模式""论证模式"和"意识形态蕴含模式"。②怀特认为，在传统的编年史中，史学家在建构故事中一般要回答"下一步发生了什么？""这是怎么造成的？""为什么事情会是这样的？""事情最终会怎么样？"等问题，但是如果将这些分散的问题合为一体会怎么样？它的意义何在？那么史学家就必须对某个特定的故事或编年史中可能"发现""鉴别""揭示"出的其他故事之间的联系作出判断，那么就需要用情节化解释、论证式解释、意识形态蕴含式解释来进行分析。③笔者认为，怀特对美国女性教育史学研究的最大贡献在于让历史编纂学向其他伦理、政治和文体风格的过去书写方式开放。④

艾森曼编著《美国女性教育历史大词典》一书具有"历史词典"的特点，也遵循了百科全书的编纂方法。她按照字母顺序排列词条，每个词条的释义选择的是不同作者撰写的完整的论文，在每个词条的结尾都列出了参考书目和作者姓名。书后还附有简短的"有选择的参考书目"，列出

---

① 辞书研究编辑部：《词典和词典编纂的学问》，上海辞书出版社 1985 年版，第 40—43 页。

② ［美］海登·怀特：《元史学：十九世纪欧洲的历史想像》，陈新译，译林出版社 2004 年版，第 7 页。

③ 同上书，第 8 页。

④ ［英］西蒙·冈恩：《历史学与文化理论》，韩炯译，北京大学出版社 2012 年版，第 35—40 页。

了很多参考书目以及附加的二手资料。另外还有附录（appendix），按照编年的顺序列出了一些具有历史意义的重要的事件及其解释。总体说来，这本历史词典主要采用的是前后参照的交叉引用（cross-reference）的方式来编纂的。笔者尝试依据怀特的三种模式来分析《美国女性教育历史大词典》的编纂特点。

（一）情节编织模式

情节编织模式（emplotment）是指历史学家通过多种类型的文学形式将研究的事件编入故事情节中。但是这些故事的类型或者情节不是任意的，它们与深藏的文化原型是一致的，读者正是借助于这些文化原型才能理解所讲故事的类型。海登·怀特划分了四种情节编织模式：浪漫的、悲剧的、喜剧的和讽刺的。[①] 史学家通过确定故事类别来确定该故事的意义，情节化就这样成为进行历史解释的一种方式。

在笔者看来，艾森曼的《美国女性教育历史大词典》中，每一个词条的释义都是按照一定的情节来组织的。在艾森曼的著作中主要运用了浪漫剧模式、喜剧模式，几乎没有关注悲剧模式和讽刺剧的模式，她主要强调一种渐进式的或历时性的历史叙述。艾森曼在《美国女性教育历史大词典》的前言中指出："一部完整的美国女性教育史总是包括已被认知的和尚未被认知的人物和机构，它也并不总是一部持续进步的历史，尽管在女性识字率和毕业率方面来说，女性获得了持续的进步，但是在全力支持女性教育机构和女性获得受教育权以及获得真正的平等方面仍然遭遇了很多阻碍和冲突。"[②] 因此，笔者将主要从浪漫剧模式、喜剧模式两个方面展开对这本历史大词典的分析。

1. 浪漫剧模式

浪漫剧模式主要描述英雄相对于现实世界超凡的能力、征服世界并取得胜利以及最终摆脱现实世界走向解放的内容，一般来说，浪漫剧带有基督教神话传说的色彩，本质上它是一部成功救赎的戏剧。这种成功意味着善良战胜邪恶、美德战胜罪恶、光明战胜黑暗以及人类最终超脱自我因为

---

① 彭刚：《叙事的转向：当代西方史学理论的考察》，北京大学出版社2009年版，第11页。

② Linda Eisenmann. ed, *Historical Dictionary of Women's Education in the United States*, Westport: Greenwood Press, 1998, p. xi.

原罪而被囚禁的世界。艾森曼在阐述"废奴主义"（abolitionism）这一词条时就按照隐喻解释并按浪漫剧进行情节化的历史。

> 尽管"独立半球"的意识将很多女性驱逐出经济圈，但是却赋予她们道德上的优势。……1840 年以后，废奴运动内部出现分裂，开始从道德改革转向政治领域改革，1850 年反奴集会达到顶峰，成功吸纳了很多废奴主义的宣讲者，……最终，在 1860 年黑人废奴主义者与白人废奴主义者结成的联盟解体了，因为共和党将黑人男性的选举权放在优先位置，苏珊·安东尼和斯坦顿开始与共和党的废奴主义决裂并开始为女性获得选举权而奋斗。[1]

首先，运用了"独立半球"隐喻。隐喻（metaphor）是指一套特殊的语言学程序，通过这个程序，一个对象的各个方面被传递到另一个对象，以便使第二个对象似乎可以被说成是第一个，传统意义上的隐喻是指比喻性语言的最基本形式。[2] 在历史学向语言学转向的背景下，史学家通过运用隐喻，一方面凸显历史叙述的生动性和直接性，另一方面也忽略了考究历史的真实性和客观性，因为隐喻就是真实。"独立半球"的隐喻主要是为了描述公共领域和私人领域的二分法原则，这种区分在历史上具有重要意义。无论从实践上还是从理论上，二分法都试图将女性排斥在公共领域之外，因为女性具有感性、服从性和非理性的特点，女性可以很好地在私人领域中发挥照护的责任，因此，私人领域成为女性的独立半球；相反，公共领域则是属于男性的独立半球。在两个半球之间拥有明晰的界限，这一说法也造成了后来女性主义者力图跨越两个领域的屏障，依据公民身份的分析来打破独立半球。

其次是成功救赎的戏剧安排。作者围绕"废奴主义"的论题，沿着从反奴隶制到逐渐取消奴隶制再到立即取消奴隶制以及最后向女权主义迈进的路线展开，在废奴运动开展过程中，从道德救赎转向政治改革，从联合到分裂，讲述了一部在基督教指引下的不同社会群体为争取废除奴隶制

---

① Linda Eisenmann. ed, *Historical Dictionary of Women's Education in the United States*, Westport: Greenwood Press, 1998, p. 1

② ［美］泰伦斯·霍克斯：《隐喻》，北岳文艺出版社 1990 年版，第 162 页。

度而奋斗的历史。笔者认为，就废奴主义这一内容而言，作者选择了历时性和渐进式的叙述模式，按照历史时间的顺序逐渐展开叙述，在叙述中结构的转换是基本的原则。

2. 喜剧模式

喜剧模式主要描述的是人类获得征服世界的短暂的胜利，一般在喜剧的末尾出现的是人与人之间、人与世界之间的妥协。① 怀特认为"喜剧模式一般分为三段，从显然为和平的环境，经由对抗的昭示，到在真正和平的社会秩序基础上解决冲突"。② 笔者认为，艾森曼在编辑"学院"（academics）这个词条时运用了喜剧式的模式。

> 学院是美国女性高等教育最初的形式，它起源于 18 世纪中期，在南北战争前，通常用"神学院"（seminary）来表示。学院是一个高度制度化的机构……女性在争取教育的过程中面临很多难题和挑战，这些都是男性不曾遇到的……但是女性作为母亲却可以对男性施加很大的影响。另外女性通过接受语法训练、书写以及算数可以帮助丈夫或父亲从事商业活动。18 世纪中晚期到 19 世纪的"学院"在殖民地时期的无学术性、零散的、无制度化的"临时学校"与 19 世纪的组织和制度更加严格和规范的"神学院"之间架起了一座桥梁。神学院反过来也有助于后来女子学院运动的发展。③

首先，运用了提喻的方法。提喻这种比喻主要通过辨明所有赋予事件"结构"特性的线索，将所要解释的事件置于其情境中。任何历史叙事都包括两个层面，其一是"历史发生了什么"以及"最后是如何"，其二是"它到底是怎么样发生的"。在回答"历史发生了什么"的问题时，需要辨明事件之间联结的线索，将某个事件插入语境中。而在回答"事件为何会这样发生"的问题时，则是在每一个后续阶段的现象彼此都进行更

① ［美］海登·怀特：《元史学：十九世纪欧洲的历史想像》，陈新译，译林出版社2004年版，第240页。

② 同上书，第241页。

③ Linda Eisenmann. ed, *Historical Dictionary of Women's Education in the United States*, Westport：Greenwood Press，1998，p. 7.

高层次的综合。也就是说历史被看成是分散事件的综合体，这些分散的事件是通过一定的关联性线索联系在一起的，所有事件都被置于一定的情境之中，于是，历史领域被描绘成由各个部分组成的整体图景，在历史中能够分辨出来的最后形式的一致性便是社会和文化组织的最高形式，它也能在整个过程中合理地认识到。在解释"学院"这个词条时，艾森曼首先阐述了学院的历史发展，从非正规、非制度化"临时学校"和"神学院"发展到正规的、制度化的"学院"，这些分散的历史事件之间的联结线索正是学校制度的历史演变，其具体的情境则是不同的历史背景和历史时期。在分析第二个层次的"事件为什么这样会发生"的问题时，艾森曼认为从临时学校到神学院再到学院的发展是历史的必然，因为学院的出现是建立在前面学校机构基础上的，学院在临时学校和神学院之间架起一座桥梁正是表明了这个意思。

其次，艾森曼按照怀特预设的喜剧模式三段论展开叙述。历史中的斗争或冲突都将消解在历史的完美和谐之中。一切冲突或进步都被呈现为建构喜剧的结局所最终成就的社会秩序的手段。艾森曼按照类似于怀特预设的喜剧模式三段论展开叙述，从介绍临时学校到神学院，再到介绍学院是一个高度制度化的机构都是相对平和的，转而描述女性在接受教育中遭遇的挑战和困难，凸显了冲突的视角，最终以学院在临时学校和神学院之间建构一种桥梁为终结，不仅体现了学院的历史进步意义，同时也为叙述画上一个圆满的句号。所有的冲突和进步都不再那么重要，一切都融入历史的情境之中，学院绝不因女性教育遭遇质疑和挑战而消亡，也绝不因为它的进步性而成为唯一，文中最后指出的女子学院也即学院的后续历史呈现。

综上所述，艾森曼编著的《美国女性教育历史大词典》在词条释义方面主要运用的是情节编织模式，根据资料的性质和类别，主要采用的是浪漫剧和喜剧的模式来组织情节，因为这两种情节组织模式都是历时性的，按照历史顺序的发生先后，采用渐进式的展开叙事的，二者都强调在过程之外出现的新的力量和新的情况。怀特提出的"悲剧"和"讽刺剧"的模式在艾森曼的著作中并不显见，但是，笔者认为，这两种情节组织模式在艾森曼的浪漫剧和喜剧中也留下了痕迹，只不过在作为整体的历史过程的表现中，处理连贯性和变化之间的关系在侧重点上有所不同，应该说，这四种叙事模式为我们刻画不同种类解释效果的特点提供了一种手段，这种效果也正是史学家在叙事的情节化方面能够做到的。对于认识行为来说，这些原型的情节结构各有其意义，然而，在原型结构提供一种历史真实形态的想象这一过程中，史学家正设法"说明"真实发生的到底是些什么。

（二）论证模式

在历史学家对故事进行情节化编织之外，还要解释和说明"全部的意义是什么"以及"总和是什么样"，也就是历史故事的中心思想，这就涉及情节之外的论证层面即论证模式（argument）。论证模式就是要通过援引某些人们认作历史解释的规律性的东西来表明故事中究竟发生了什么，论证模式直接关系到史学家以何种方式来看待世界。①

论证模式包括形式论证模式、有机论证模式、机械论证模式以及情境论证模式。② 实际上，四种论证模式中的任何一种都可以在历史作品中提供一种解释的可能，但是自从19世纪史学专业化发展以来，在学院派史学家中只有形式论证模式和情境论证模式成为史学正统。

艾森曼的《美国女性教育历史大词典》主要运用了形式论证模式和情境论证模式。尤其在对历史人物的词条进行释义时充分体现了这一特点。

> 亚当姆斯·阿比盖尔·斯密斯（Adams Abigail Smith，1744—1818）是美国女性教育历史上最早的先驱人物，在她死后，通过出版她生前与其丈夫——美国第二任总统约翰·亚当姆斯的信件资料使得她的影响进一步扩大。这些信件中蕴含了斯密斯的教育理念，即男女智力上是平等的，需要扩大女性受教育的机会，这一思想与19世纪中期蓬勃发展的美国女性主义运动思潮之间产生了共鸣……③

形式论证模式主要通过辨识出历史领域中的某一对象的独特性和个体

---

① 彭刚：《叙事的转向：当代西方史学理论的考察》，北京大学出版社2009年版，第11页。

② ［美］海登·怀特：《元史学：十九世纪欧洲的历史想像》，陈新译，译林出版社2004年版，第245页。

③ Linda Eisenmann. ed，*Historical Dictionary of Women's Education in the United States*，Westport：Greenwood Press，1998，pp. 6 – 7.

性来达到说明研究对象的目的。"情境论"证模式是将历史事件置于一定的情境之中就可以获得解释，旨在通过揭示一种事件与其他同在一历史情境下发生的事件之间的特殊关系来进行解释的模式。从以上释义可以看出，艾森曼在对亚当姆斯·阿比盖尔·斯密斯这个历史特殊人物进行解释时，是将人物的独特性与其所处的时代背景紧密结合起来研究的，人物的特殊性在于她既是美国女性教育历史上最早的拥护者，同时也是美国总统和人。这就意味着她的教育思想不仅与女权运动相关，也与她所处的政治和社会环境相关，实际上，她也为美国第一次女权运动的产生提供了思想基础。

（三）意识形态蕴含模式

意识形态蕴含模式（ideological implication）是继情节化和论证模式之外的第三个层面，反映的是历史学家对于历史知识的性质、研究方式对于理解现而而言具有何种意义这样一些问题的思考。在怀特看来，词典与意识形态之间有着一种必然的关系，由于词典与社会关系密切，而一定的社会产生一定的意识形态，因此词典编纂与意识形态之间也有着不可排除的关系。① 笔者认为，社会意识形态决定了历史词典的编纂。首先，某个历史时期的社会思潮，哲学思想影响词典编纂宗旨和编纂结构。其次，编者人的思想认识与社会意识是联系在一起的，在释义的时候一定会选择历史个人的意识。最后，编者依据自己的意识和爱好选择历史事例。可见，词典与编者的思想以及社会的意识形态是紧密相连的。艾森曼在解释"天主教教育"（Catholic Education）的词条时就蕴含了意识形态的因素。

……美国独立战争以后，宗教法规和宗教实践的自由化，使天主教教育地位更加稳固……天主教教区学校的重要性不容小觑，通过提供英语以及不同族群语言的教学，教区学校吸引了成千上万的学生，教区学校允许不同族群的学生在接受美国主流文化的同时，可以保留自己的文化传统……最后，很多美国清教徒常会质疑一个问题，天主教学校作为独立的学校体系，它的发展会不会造成天主教徒与美国

① 黄建华：《词典论》，上海辞书出版社 2001 年版，第 9—10 页。

移民的意识形态割裂。①

海登·怀特仿照曼海姆在《意识形态与乌托邦》中的分析，将意识形态划分为四种立场，即无政府主义、自由主义与保守主义、激进主义，人文学科能够提供的指导的不同想法，维持或改变社会现状的愿望的不同观念、社会现状中的改革应该选择的方向，以及影响这种改革方式的不同概念。保守主义与自由主义强调在新的基础上重组社会，而无政府主义则要废弃社会，代之以一种"共同体"。笔者认为，艾森曼并没有在怀特设定的四种意识形态中选择其一，而是提出了另外四种意识形态，即爱国的、经济的、心理的以及文化的意识形态，这些意识形态影响了美国女性教育的课程并且也指明了女性教育历史发展的方向。

总之，艾森曼的《美国女性教育历史大词典》准确地说是一本历史词典，也是美国女性教育史学向新文化史转向的最好例证。应该说，《美国女性教育历史大词典》只是这一时期许许多多的女性教育史学的代表作品之一，事实上，20 世纪 90 年代以来，后现代主义作为一种世界性的文化思潮，它不仅引起世界各国学者的注意，而且迫使学者们从不同方面对其进行价值判断，它被视为文化、哲学、教育研究的前沿，文化的渗透性使美国女性教育史学领域呈现出一派新文化史中的面貌，笔者通过对 20 世纪末以来美国女性教育史学著作的梳理，发现新文化史背景下的美国女性教育史学有以下特点：

第一，走向微观史学。新文化史之"新"，其实质是一个史学观念的革新，它试图改变甚至颠覆的是我们对人类社会历史的一种整体认知，试图用新的视野，新的观念和新的范式来重新书写和表达人类社会的历史。新文化史影响下的美国女性教育史学将个别事件或个人放在重要位置上，文化将过去通过计量方法刻画了的普通人还原成了活生生的具有人性的人。首先，突破了只有某种人拥有历史，而另外一些人则不可能进入历史的狭隘精英观念，把各色人等都纳入了历史观察的视野；历史不再以精英为中心，其他人为陪衬，也不只是工人、农民、少数民族等弱势群体的

---

① Linda Eisenmann, ed. Historical Dictionary of Women's Education in the United States, Westport: Greenwood Press, 1998, pp. 70 – 71.

声音，任何一个普通的人都可能成为历史描述的中心。其次，它强调女性的独特性和主观能动性。最后，人也不是生活在真空中的，而是有自己的生活背景；个人的自由意志，不仅仅是简单的利益驱动，而是与心理的、社会的、文化的形态有着相互作用的关系。新文化史学将个人置于他生活的客观环境中进行考察，不是抽象地谈某个人的看法、行动，从而揭示出个人与生存环境之间冲突与和谐的复杂关系。

例如，在《美国女性教育历史大词典》中，艾森曼大幅减少了传记的引用，而更加关注于小的事件和话题，其中有些是跨地域、跨年代、跨种族，甚至是跨越社会和经济地位的，其历史词典是汇集词语（含词语的组合或词语的某些成分）、加以分别处理、提供一定数量的信息，并按照一定的方式编排的工具书。[①] 在这本历史词典中，从第一个词条"废奴主义"（abolitionism）到最后一个词条"年轻女性的基督教协会"（Young Women's Christian Association），全书一共有 245 个词条，每个词条作为一个独立的研究对象，涵盖了具有历史意义的运动、事件、思想、机构以及人物等，这充分说明艾森曼已经开始有意识地进行微观分析，关注小的社会群体和个体更深层、更生动和更丰富的生活。在埃文斯·斯蒂芬妮（Stephanie Evans）《象牙塔里的黑人妇女：1850—1954》（*Black Women In Ivory Tower*：1850—1954）一书中，最能体现新文化史特点的是，埃文斯叙述了个别女性的教育历史和学术生涯，她运用自传式的方式解释之前关于女性教育的总体经验的描述，使其更加个性化，例如，她引用了范妮·杰克逊·科平（Fanny Jackson Coppin）、玛丽·丘奇·泰雷尔（Mary Church Terrell）、卓拉·尼尔·赫斯顿（Zora Neale Hurston）、丽娜·比阿特丽斯·莫顿（Lena Beatrice Morton）、罗斯·巴特勒·布朗（Rose Butler Browne）和保利·默里（Pauli Murray）的自传。[②] 埃文斯在书的结语中写道："这段历史说出了我自己的故事，我作为那些弱势和被剥夺了某些权利的群体中的一员，我说出了她们的心声。"[③]

---

① 黄建华：《词典论》，上海辞书出版社 2001 年版，第 4—5 页。

② Stephanie Y. Evans, *Black Women in the Ivory Tower*, 1850—1954：An Intellectual History, Gainesville：University of Florida Press, 2007, 275, pp. Cloth.

③ Jana Nidiffer, "When I Went to College is Now Considered History！American Women's Participation in Higher Education in the Twentieth Century", *History of Education Quarterly*, 2007, Vol. 47 No. 3, August, p. 380.

第二，走向文化分析。艾森曼将新文化史的文化设定为复数的，即多元文化形态，她意识到女性之间的差异，她将不同年龄（女孩和妇女）、不同族裔（扩展到天主教徒、非裔女性、西班牙裔女性、亚裔女性、犹太裔女性及其本土的印第安女性群体）、不同宗教信仰、不同背景的女性囊括进历史叙述中，彻底抛弃了传统的"野蛮—文明"二分法。可见，她理解的文化不再是与政治、经济相对的概念了，而是包容政治和经济在内的一切人类活动的领域，例如意识形态、价值观、思想、习惯、社会行为的象征因素，等等。作为文化体系的意识形态是这一时期美国女性教育史学常用的方法，历史上，人们常把柏拉图的"理念世界"视为意识形态的雏形，德国的古典哲学将"异化"和"教化"引入意识领域，奠定了意识形态的发展方向，1796 年法国哲学家特拉西将意识形态理解为观念本身，之后马克思将意识形态发展成一种批判手段，卡尔·曼海姆认为马克思注意将意识形态从特定概念过渡到总体性概念，认为意识形态是受社会环境制约的，是人们所共有的思想和经验模式的交织体系，于是，意识形态从一种批判手段变成了社会与思想史研究的方法，这种方法要分析影响思想的一切社会因素，从而为现代人们提供对整体历史进程的一项修正观。[①] 后来，曼海姆干脆将意识形态理解为更加中性的"观念"，尽管曼海姆将意识形态内涵缩小了，但是他保留了意识形态概念的消极方面，即不可调和性和不可实现性。正如文化人类学家克利福德·格尔茨（Clifford Geertz）所言，"意识形态会强调社会现实的某些部分——例如被当前社会科学知识所揭示的那种现实——而忽略甚至压抑其他方面"[②]。由此可见，意识形态是和现实不协调的，与实践有一定距离的上层建筑，这也印证了琳达·艾森曼的观点，正是战后四种意识形态的竞争与女性现状之间的差异造成了战后女性对高等教育课程、职业以及家庭选择的困扰。

第三，走向文学叙事。从分析到叙事，是新社会史向新文化史转向的显著特点之一。新文化史的叙事前提是承认话语和文本的虚构性，因此，作者在叙事的同时尽量避免主观判断和绝对的说法，而是把作为史料的文

---

① ［英］约翰·B. 汤普森：《意识形态与现代文化》，高铦等译，译林出版社 2005 年版，第 51—54 页。

② ［美］克利福德·格尔茨：《文化的解释》，纳日碧力戈等译，上海人民出版社 1999 年版，第 226 页。

本作为研究的对象，揭示其中的话语结构和文化意义。艾森曼受后现代史学家海登·怀特的影响，将叙事性话语结构分为三个层面：情节化、论证式、意识形态蕴含式，在每一个层面内又各自蕴含了四种模式。艾森曼在编辑每一个词条时，都会综合考虑对象的性质和类型，综合地安排三个层面下的不同模式。尽管后现代要求历史从分析走向叙事，但是很显然问题意识是所有历史叙事话语赖以形成和展开的基础，如果脱离问题意识而进行纯粹的文学虚构，那么这种叙事是不可靠的。综观这一时期的女性教育史学作品可以发现，史学家都偏向于叙事风格，在克劳迪娅·戈尔金（Claudia Goldin）的论文《美国女性同学会》（*Homecoming of American Women*）中，作者就大量引用了传记资料中的自我介绍部分，这也使研究更具人性化。

第四，走向定性研究。新文化史不像新社会史那样依靠经济学、社会学和地理学等学科知识，而主要是同心理学和人类学相联系，这一时期的美国女性教育史学家几乎完全摒弃了计量的史学方法，主要依靠直观的分析判断来处理史料和进行解释，因此，在20世纪末艾森曼的著作中几乎看不到计量方法的运用，数据资料的引用也非常有限，而且也主要关注特定的案例的解释。对于计量方法的抛弃，一方面是由于研究内容决定的，另一方面也是由于计量的方法根本无法准确而科学地解决历史深层次的问题，人类学家克利福德·格尔茨提出了"厚描述"的研究方法，即深入细致地描述事件，分析其文化意义，从而全部揭示社会系统和价值观的方法。①

第三节　全球史观下美国女性教育史学的分析框架

美国著名史学家格奥尔格·伊格尔斯指出冷战以后全球史学的五大趋势：第一，持续性的文化转向和语言转向，导致了"新文化史"的兴起；第二，妇女史和性别史的持续扩大；第三，历史研究和社会科学在后现代主义批判的基础上建立起新的联盟；第四，在后殖民主义影响下，向国别

---

① 姜芃主编：《西方史学理论与流派》，中国社会科学出版社2007年版，第17—18页。

史研究发起挑战；第五，世界史的兴起以及全球化历史的兴起。① 20 世纪 80 年代末，美国史学从新社会史转向了新文化史，从历史主义转向新历史主义，随之，以文化转向和语言学转向为标志，美国女性教育史学也在后现代主义思潮的影响下走向新的历史纪元。

面对后现代带来的历史"碎化"危机，1955 年，巴勒克拉夫在《处于变动世界中的史学》论文集中最先明确提出全球史观，主张历史学家应以全球性的眼光来考察世界历史的演变过程，否定西方中心论，迎接全球化的挑战。这也预示了美国女性教育史学在全球化的时代背景下，在全球史观影响下将呈现新的趋势。

一、全球史观下美国女性教育史学的呈示

博尼斯·密斯在《全球视角下的妇女史和性别史丛书》中指出："如果 70 年代给我们带来了有关妇女过去的历史，那么 80 年代则让我们注意到性别，在 20 世纪的最后十年则出现了另一种征兆，需要用全球和比较的观点去看待妇女史和性别史。"② 美国教育史学者尤根·赫布斯特（Jurgen Herbst）明确指出："目前欧美国家的教育史已经没有新鲜的观点，大部分作品要么是填补空白的记录，要么是关注一些被忽略的问题和群体。在教育史研究中，如果运用全球化的思维方式，将会得出与之前不同的结论和判断。因此，赫布斯特呼吁教育史学家不要再对阶级、种族、性别和文化等分析范畴进行无休止的重复着老的颂歌，而应该做的是在全球化背景下应该在哪些地方运用这些分析范畴，以及怎样运用它们。"③ 赫布斯特的批判立刻在国际教育史学界引起广泛的回应，一场关于全球化时期教育史研究的学术价值及研究路径的讨论展开了。

1989 年，美国纽约州立大学水牛城分校的盖尔·凯莉（Gail Paradise Kelly）教授编写了《美国女性教育国际手册》（*International Handbook of Women's Education*），作者运用比较研究方法，论述了非洲、欧洲、中东、

---

① ［美］格奥尔格·伊格尔斯、王晴佳：《全球史学史：从 18 世纪至当代》，杨豫译，北京大学出版社 2011 年版，第 390 页。

② Marinalini Sinha, *Gender and Nation in Women's and Gender History in Global Perspective*, Washington DC: The American Historical Association's Committee on Women's Historians, 2006, p. vii.

③ Jurgen Herbst, "The History of Education: State of the Art at the Turn of the Century in Europe and North America", *Pedagogical History*, 1999.

亚洲、北美洲、澳洲和拉丁美洲等 7 个洲共 23 个国家女性学校教育的历史、现状与未来趋势。该书运用专题形式，将每个国家的教育作为一个专题编写，每一个专题都包括女性教育历史、意识形态和宗教信仰以及文化和政治传统，着重分析了女性教育发展的历程以及女性教育特定的形式。每一章都考虑了女性教育对女性在劳动力市场、在政治体系内以及在家庭领域中的作用，最后作者也考虑了同时代的政府政策对女性教育的影响，重新修正了妇女运动在女性教育中的作用等。该书的参考文献涵盖了世界范围的有关女性教育的 1000 多条文献。作者通过叙述和分析的方式编纂了一部有关女性入学模式及其原因探究的全景图片。这本书也是美国女性教育史学走向全球化视野的标志性著作。

　　除此之外，在全球史观的影响下，在性别史、女性史以及性别教育史等方面也涌现了很多著作，例如，2011 年，玛丽（Merry E.）和威斯纳·汉克斯（Wiesner Hanks）编著了《历史中的性别———种全球的视野》（Gender in History —Global Perspectives）一书，该书运用全球化的视角来审视性别教育和文化之间的关系，阐述了古典和后古典时代、文艺复兴时期以及民主、现代和自由化时期的性别教育。① 2003 年，《华裔美国人：历史和视角》（Chinese America：History and Perspectives）是以美国的华裔女性为研究对象的论文集，著作中运用比较的研究方法，比较了华裔美国女性和其他亚裔美国女性的在美国社会中参与选举和接受教育情况。2005 年，波利·G. 史密斯（Bonnie G. Smith）编写了《全球视野下的女性史》（Women's History in Global Perspective），这是一本在全球史观指导下编写的女性史和性别史的综合读本。全球史观有两个特点：第一，简单地将全球一些主要地域的不同史料进行综合，这也被成为"文化方法"（civilization approach）。第二，提倡一种比较的史学方法，将来自不同洲、不同民族、不同宗教背景的女性的经历进行比较，内容包括家庭、宗教、种族、民族以及其他带有社会性别因素的主题。② 此外，一些区域女性教育史学著作的出现也为未来美国女性教育史学的发展指明了方向，2010

---

① 　Merry E Wiesner-Hanks, *Gender in History Global Perspectives*, New York：the Wiley-Blackwell Press, 2011, pp. 170 – 182.

② 　Bonnie G. Smith, *Women's History in Global Perspective*, Illinois：University of Illinois Press, 2005, pp. 6 – 7.

年，美国盖尔·凯莉运用比较分析的方法与美国柏林顿大学卡洛琳·艾略特（Carolyn M. Elliott）合编《比较视角：第三世界的女性教育》（*Women's Education in the Third World: Comparative Perspectives*）一书为美国女性教育史学的未来模式奠定了基础，即区域史的范型。该书作者在前言中写道："自20世纪60年代以来，出现了大量的立足于西方工业化社会的关于女性教育的史学著作，但是基本都是围绕美国和加拿大展开，后来也陆续出现了少数关于英国、澳大利亚、苏联以及西欧的女性教育史学著作，这些史学著作为研究第三世界女性教育史提供了基础性的研究范式，但是第三世界本身在文化价值观、家庭结构、劳动力的性别角色等方面存在很大的差异，而且第三世界与西方国家之间也存在较大的差异，因此，该书运用比较研究的方法，从文化和历史的背景出发，比较不同国家之间女性教育方面的异同。"①

通过对21世纪以来在全球史观影响下美国女性教育相关史学著作的分析，笔者认为，美国女性教育史学研究将呈现以下新的趋势。第一，加强美国女性教育史学与其他国家之间的交流和联系。第二，倡导全球教育史跨文化的比较研究，加强美国女性教育史学与其他国家女性教育史学之间的比较史学研究。第三，"自下而上的历史学"的扩大。强调女性教育史中心和边缘之间的互动，将后现代倡导的下层女性和多元文化背景的女性都纳入历史研究中来。第四，将女性史和性别史的研究全部涵盖进教育史学中，90年代之后，女性主义史学和性别史将性别的作用放在核心位置。第五，把研究重点转向非西方世界，着重研究帝国主义产生的后果。除了性别之外，还将种族和人类作为史学的观察对象。第六，全球史的普世价值要求史学家思考全人类的命运，两性差异完全包容在全人类的范畴之内，强调构建一种文化认同的教育史学模式。

二、未来可供选择的分析框架

琳达·艾森曼对所罗门的女性教育史学研究的质疑主要集中于两点：第一，"access"是否是最好的分析框架？第二，后来的学者都在追随所

---

① Gail Paradise Kelly, *Carolyn M. Elliott. Women's Education in the Third World: Comparative Perspectives*, Albany: State University of New York Press, 1983, p. 1.

罗门的分析框架会对美国教育史学研究产生怎么样的影响?[①]

在研究美国女性争取各种受教育机会实现教育平等时，"受教育权"既是一个关键的分析要素，也是一个普遍的分析要素，但是如果仅用这一分析要素很难准确地分析不同种族、民族、身份的女性在不同时期和不同的学校发展的特点。[②] 之所以，史学家会倾向于运用"受教育权"的分析框架，主要是由于它不仅反映了女性为争取受教育权而努力的奋斗过程，同时它也蕴含了其他的重要的论题，例如父权制的影响。但是，这一分析框架只不过是"关于女性受压迫的主旋律（over-arching）的解释"[③]，因此它并不是一个最好的分析框架，它的用处是有限的。

（一）机构建设的分析框架

艾森曼一方面肯定了女性中心论派提出的"受教育权"的分析框架的重要性，另一方面也试图选择超越这一分析框架，于是，她提出了四种可供选择的对于美国女性教育史学的分析框架，分别是机构建设、网络、宗教以及金钱，然而在这四者中，艾森曼认为机构建设（institution building）的分析框架作为一种总体性的分析框架会更加有效，因此重点论述了机构建设的分析框架的意义和目的。

1. 机构建设的分析框架的意义

机构建设的分析框架也可以理解为通过机构的改变使女性教育行为具体化。由于要承认女性在教育中的合理地位很多学校机构不得不进行改革。但是，女性表面上的平等待遇却无法掩饰教育机构内部的"分离主义"，反而促成了单一性别学校的产生。尽管这些学校的出现是出于不同的教育目的，但是却让"机构建设"成为了一个以不变应万变的分析框架，通过它可以了解女性的教育机构和教育经历的变化。

2. 机构建设分析框架的目的

第一，无论是正式教育机构还是非正式的教育机构的建设，目的都是为女性提供教育机会，机构建设的分析框架实际上包括了所罗门提出的

---

① Linda Eisenmann, "Reconsidering a Classic: Assessing the History of Women's Higher Education a Dozen Years after Barbara Solomon", *Harvard Educational Review*, 1997, Winter, pp. 689 – 717.

② J. Goodman and J. Martin, "Editorial: Breaking Boundaries: Gender, Politics, and the Experience of Education", *History of Education*, 1999, Vol. 29, No. 5, pp. 383 – 388.

③ Linda Eisenmann, "Creating a Framework for Interpreting US Women's Educational History: Lessons from Historical Lexicography", *History of Education*, 2001, Vol. 30, No. 5, pp. 453 – 470.

"受教育权"的分析框架。第二，可以更好地解释女性的职业需要。教育机构除了为女性提供教育机会外，还逐渐发展成激发女性职业兴趣、提供女性职业机会和促进女性领导能力发展的场所。教育机构成了认证机构和专业组织。艾森曼认为，"机构建设"分析框架不仅能够解释职前女性受教育情况，还能分析职后女性在职业领域的情况。在她看来，运用机构建设的分析框架不仅可以解释女性享有的就业机会，也可以解释女性"职业主义"（professionalism）的发展。第三，推进社会改革议程（reform a-genda）。女性机构建设的前两个目的主要强调的是满足女性教育需要，第三个目的则力图解决女性教育中的问题，提高女性社会地位。通过创立教育机构将有相同兴趣和背景的女性组织在一起，也许他们拥有不同的种族、性别和阶级身份，但通过创设教育机构这种方式，可以使女性在公共领域中受到关注。

综上所述，"机构建设"作为一种分析框架，在解释支持女性教育、女性教育中的激进主义以及女性教育中个体的主体性方面体现了其灵活性和有效性。机构建设既可以作为一个积极的词汇，用来解释历史进步运动，还可以解释失败的历史运动和计划。当然，它并非解释美国女性教育史学的唯一分析框架。

（二）其他三种可供选择的分析框架

除了机构建设的分析框架外，艾森曼还提出了网络（networking）、宗教（religion）和金钱（money）三种可供选择的分析框架。

首先，网络的分析框架。网络分析框架与机构建设分析框架最为相似，但二者最大的区别在于：第一，网络分析框架更依赖对于个体经验的研究，具有一种不固定性。机构分析框架强调对教育机构的研究，相对来说比较固定。第二，机构建设的分析框架以一种不连续的形式呈现，为了展现女性有目的的活动而描述个别的教育机构。而网络式的分析框架则呈现一种循环的、像网络一样的图景。第三，从史学模式上看，机构建设的分析框架更倾向于构建一种统一的理论模型，而网络式的分析框架则允许呈现历史的不同侧面。因此，网络式的分析框架主要是通过对主题、事件以及人物的综述来进行分析。艾森曼列举了女性选举权运动、19世纪的废奴运动和20世纪早期的住房运动，认为运用网络分析框架的意义在于可以相互借鉴方法，比较分析影响彼此的想法，找出依靠彼此的组织和力量，并吸取彼此的错误的经验。研究以上三个运动的网络要与影响美国女性教育史的相关思想、人物和事件相联系起来进行。

其次，宗教的分析框架。如果说机构建设和网络式的分析框架强调女性在发挥能动性时的各种努力，那么，宗教框架则试图找出女性一直努力争取教育权的原因。因为宗教既可以解释为女性力争教育的推动力，也可以作为女性超越有限的受教育权的解释，运用宗教作为历史解释的框架实际上是将注意力从几何学的模型建构转向一种先验的（priori）方法，重点研究女性为争取各种权利斗争的动机和原因。

最后，金钱的分析框架。早期的研究者倾向于运用宗教的分析框架，忽视了其中的经济因素。金钱就像一个杠杆，它既会让女性丧失教育机会，同时也可以为女性提供教育机会，金钱的分析框架将女性视为教育领域中的"消费者"（consumer），而不是急需者。例如，学费成为制约女性进入各种教育机构的门槛。在约翰·霍普金斯大学、哈佛大学和密歇根大学都规定女性可以进入男性主导的专业进行学习，但必须能够满足经济的要求。如霍普金斯大学允许能够交纳学费的女性进入医学部学习，密歇根大学使用女性基金培养女教授。在地方学校，金钱也是衡量指标之一。

本章小结

20 世纪 90 年代以来，琳达·艾森曼引领美国女性教育史学向着新文化史方向发展，作为一位女性主义的教育史学家，艾森曼的两本经典著作《美国女性教育历史大词典》《战后美国女性高等教育史：1945—1965》完整地诠释了在后现代和全球史的背景下，美国女性教育史学向语言学转向和文化转向的特点，并且预设了四种可供选择的分析框架。笔者认为，艾森曼的研究是在芭芭拉·米勒·所罗门研究基础上的深入与超越。艾森曼肯定了所罗门对女性高等教育"受教育权"的分析框架，但是她认为所罗门忽略了更宽泛的历史影响和教育影响的重要性，例如，女性的职业选择以及女性在社会中的处境等问题都应该包括在其中。于是，艾森曼拓展了美国女性教育史学的研究领域：第一，广泛关注女性教育发展中教育机构的重要性。第二，关注女性作为受教育的专业人员、尤其是专业学者的发展。第三，关注女性群体中的边缘人群，包括非裔、拉丁裔、亚裔以及本土的美国女性，以及她们在高等教育中的经历。除了研究领域的拓展外，艾森曼预设了四种女性教育史学的分析框架，即机构建设、网络、宗教和金钱。在对美国女性教育史学未来的预测中，艾森曼坦言，随着目前女性史和边缘人群历史的丰富，学者们也许会认为美国女性教育史学会朝着"女性参与史"的方向发展，但是，在全球史观的影响下，教育史一定会朝着综合史的方向发展，性别的差异、教育类型的差异都将消融在综合的美国教育史学中，在这样一部综合的教育史中将包括不同的人群、不同的教育目的以及不同的教育机构。也唯有运用融合（blending）的方法，才会克服美国女性教育史学过分强调受教育权和实质上的分离主义的缺陷。

结　语

美国女性教育史学的发展主要经历了三个阶段：19世纪末20世纪初美国传统女性教育史学正式诞生；20世纪60—90年代美国女性教育史学的发展、20世纪90年代之后美国女性教育史学发生转向；21世纪以来初露全球史的端倪。综观其发展历程，美国女性教育史学是一个在女性主义理论指导下不断走向深入的过程，矛盾斗争是历史的常态，在斗争中前行是美国女性教育史学发展的脉络。

一、美国女性教育史学发展的三个历史时期

"美国女性教育史学"分为广义和狭义两层含义，广义上的美国女性教育史学涵盖了美国女性教育的一切史学；而狭义上的美国女性教育史学主要是指在女性主义思想指导下，由女性主义史学家或教育家为女性而写的女性教育的历史，其研究者和研究对象都是女性。笔者以20世纪60年代女性主义思想正式介入美国教育史学领域为界限，前后分别用"传统"和"现代"代表其发展的前两个历史阶段，即美国传统女性教育史学、美国现代女性教育史学。美国传统女性教育史学是在早期自由主义女性主义的影响下，初步呈现了"她史"的女性教育历史叙述的雏形。20世纪60年代以来，由于女性主义内部阵营的分化，美国女性教育史学分别在晚期自由主义女性主义和激进主义女性主义思想影响下，由"女性教育批判派"和"女性中心论派"相继作为史学叙述主体而发展出的具有"性别史"特色的美国现代女性教育史学形态。20世纪90年代以来，美国女性教育史学在后现代女性主义理论的影响下开始发生转向，呈现了"普遍史"的美国后现代女性教育史学形态。笔者对传统、现代、后现代三个不同历史时期的美国女性教育史研究不仅仅是基于显性的历史分期的考虑，更重要的是，女性主义思想在不同历史时期的多元化呈现将成为本研究的一条隐性线索。

（一）她史——美国传统的女性教育史学的特点

亚里士多德对性别问题的看法为女性主义的批判提供了一个相对明显的目标，因为亚里士多德认为"自然不会徒劳造物"，要根据事物的功能来确定事物的本质，这里的自然是分层次的，正如对男人和女人的关系，这是一种自然的统治和自然的从属的关系。亚里士多德也认为女性本质上是无能力的、无资格的。柏拉图也只是表面上的"女性主义"，尽管他认为生理结构不应该是命定的，生物学上的性别差异不能决定每种性别参与更广阔的社会秩序，但是男性至上主义在柏拉图的著作中频繁出现。希腊理性主义非常强调"男性—女性"的分级，女性主义对于传统的研究主张以一种批判现实主义的精神来解释这种性别化的现象。①

18—19 世纪早期的自由主义女性主义率先展开了对美国教育史学的批判。18 世纪自由主义女性主义的核心思想是"平等教育"，19 世纪自由主义女性主义则转向了"平等的权利和经济机会"。早期的自由主义女性主义主要从道德和审慎的角度来界定理性，然而无论从道德还是从审慎的角度来界定理性，自由主义女性主义都认同一个公正的社会允许个人去发挥他们的主体性，实现自我。因此，提出"权利高于善，必须优先考虑"的口号。② 总体来说，自由主义女性主义的基本观点如下：第一，提倡理性、质疑传统的男性权威。第二，注重公正和机会均等，认为女性受压迫的根源在于缺乏公正竞争和受教育的机会。第三，反对关于女性的传统哲学思想，即在理性上女性比男性低劣。③

托马斯·伍迪是早期自由主义女性主义思想的主要代表人物。1929年的《美国女性教育史》是一本具有"她史"特点的著作。第一，撰写历史上的杰出女性的教育以及她们在重大历史事件中的政治作用，将女性作为一个新的主体，纳入已有的史学研究范畴中，完成了一部浩大的"填补史"。第二，竭力挖掘一切有关女性教育的新史料，包括官方史料和未经筛选的大量的二手史料。基于女性的生活，从女性的视角出发，向

---

① ［英］米兰达·弗里克、詹妮弗·霍恩斯比：《女性主义哲学指南》，肖巍、宋建丽、马晓燕译，北京大学出版社 2010 年版，第 17 页。

② Michacl· J· Sandel, *Liberalism and its Critics*, New York: New York University Press, 1984, p. 4.

③ 李银河：《女性主义》，山东人民出版社 2005 年版，第 40—42 页。

史学领域中既定的概念发起挑战，为史学研究开拓了新的思路。第三，基于女性生活的结构和女性文化的特点，力图使女性教育史从传统的史学框架中脱离出来，以探讨形成女性主义思想的根基。这种"她史"的撰写方式无疑肯定了美国女性教育史的科学性，确立了它在史学界的地位，通过拓宽史料来源，挖掘有关女性教育的崭新史料，运用直线进步的史观来审视美国女性教育的历史，称颂女性教育在历史变迁中的进步性和能动性。另外，通过填补女性教育史的空白，有力地反驳了史学界对于主流史学没有女性自己的历史的刻板印象，不仅重塑了美国女性教育的历史，更催生了很多新的史学研究领域。

但是，早期自由主义女性主义指导下的美国女性教育史也有其不可避免的缺陷，第一，以生理性别作为分析范畴，无疑人为地将男性和女性割裂开来进行研究，这种研究是片面的、无法真正找到男女不平等的根源。第二，"填补史"只能简单地将女性教育史置于既定的研究框架之中，对现存的以男性为主导的教育史学或补充、或批判，实质上无法跳出主流史学的研究范畴，很多女性教育史学仍是从男性的角度来审视。第三，直线进步史观过分称颂了美国女性教育的历史是女性不断获得进步和解放的过程，没有看到女性在获取解放的过程中遇到的阻碍，因此，无法客观地对历史作出公允的评价。第四，早期的自由主义女性教育史学并没有将父权制、种族歧视和阶级霸权作为分析教育中两性不平等的工具，因此，自由主义女性教育史学陷入了矛盾中，这也为现代女性教育史学的确立构筑了逻辑起点。[①]

（二）性别史——美国现代女性教育史学的特点

正如美国后现代女性主义学者朱迪丝·班尼特（Judith Bennett）在《历史问题：父权制与女性主义的挑战》（*History Matters：Patriarchal and Challenge of Feminism*）一书中指出："女性史与女性主义史不能画等号，女性主义史学家应该写女性主义史学，因为女性主义是女性史在美国得以生存和发展的精神支柱，削弱了女性史中的女性主义，无疑是抽取了它的

---

① 甘永涛：《传统、现代、后现代：当代女性主义教育的三重视野》，载《教育科学》2007 年第 2 期，第 23 页。

骨髓，否定了它的存在价值。"① 现代视域中的美国女性教育史学将女性主义理论作为指导思想，开始了深入的社会性别史研究。

"现代"一词蕴含两种含义，一种表现在有形的物质方面，意味着积极性和前瞻性，主要是指技术的进步和创新；另一种是一种否定大于肯定的含义，意味着反对中世纪的思想偏狭、教条主义以及对权力的限制。因此"现代"的视域是一种人类对自身的胜利或是对特权者的胜利，其胜利的道路不是知识发展的道路，而是社会冲突的道路，这一现代性不是技术、财富不断增长的现代性，而是实现真正的民主（反对贵族统治和精英统治的民众统治），人类自我完善的现代性以及人类自我解放的现代性。② 现代性是 20 世纪后期西方哲学广泛关注的概念，哈贝马斯将现代性理解为一个新的社会知识和历史时代，而福柯则批判了哈贝马斯的观点，认为现代性是一种态度，不是一个时间概念。"所谓态度，是指与当代现实相联系的模式，一种由特定人民所作的特定的选择，一种行为和举止的方式，一种归属关系并将它表述为一种任务。"③ 因此，按照福柯的解释，现代性观念的核心是"理性"与"主体性"，用康德的话来解释即认识的可能性不再被视为是客体方面的，而存在于主体的理性能力之中。④ 近代哲学家笛卡尔的"我思故我在"鲜活地阐明了福柯现代性的两重维度，一是"自我反思"（self-reflection）成为现代性的理论基础和方法论意义，也预示着一种思维方式的转换；二是"主体性的发挥"，这也标志着主体的人成为现代性研究的中心，将人提到了一个至高的位置上。

运用福柯的现代性哲学为传统的美国女性教育史学的现代转向提供了思想根源。20 世纪 60 年代是美国女性教育史学"传统"与"现代"分野的时代，也是美国女性教育史学范式发生变革的时代。这种转型的原因既有史学潮流的外在动因，也有传统女性教育史学的内部困境。第一，美国的修正主义教育史学认为在女性主义的第一次浪潮中，女性虽然获得了

---

① Judith Bennett, *History Matters*: *Patriarchal and Challenge of Feminism*, Philadelphia: University of Philadelphia Press. 2011. p. 6.

② ［美］伊曼努尔·华勒斯坦:《自由主义的终结》，郝名玮、张凡译，社会科学文献出版社 2002 年版，第 126—127 页。

③ ［法］福柯:《何为启蒙》，转引自汪晖、陈燕谷主编《文化与公共性》，三联书店 1998 年版，第 430 页。

④ 陈嘉明:《现代性与后现代性》，人民出版社 2001 年版，第 3—4 页。

平等的受教育权、选举权和工作权，但是女性实质上的性别不平等并没有改变，家庭与社会中女性的性别刻板依然存在，因此，史学家需要从社会文化中反思这种实质上不平等的根源，于是，社会性别史成为现代美国女性教育史学的典型范式。第二，传统的美国女性教育史学的辉格传统过分强调直线进步的史观，忽略了历史中的消极和倒退的部分，显然已不能客观地反映历史的真相。20 世纪 60 年代以后的美国进入了一个社会科学的新时代，社会科学各个领域的繁盛，为美国女性教育史学方法论的发展提供了可能的选择，学科之间的相互融合成为历史趋势，社会科学理论也被引入了教育史学领域中。此外，这一时期，专业史家纷纷参与到教育史学研究中，专业史家的参与带动了教育史学研究领域的扩展、教育史学研究思维的转换，以上种种都预示着在传统女性教育史学内部将有一场剧烈的变革。第三，自我反思凸显了女性主体的意义和价值，传统的女性教育史学作为填补史，依然将女性视为他者和从属的地位，在两次女权运动的召唤下，女性开始"自我意识觉醒"，她们要彻底摆脱这种依附的地位，"自我"便成为理论知识和实践知识在内的知识学的第一原则和先决条件，于是女性中心论派将"自我"发展到了极致，将女性放在历史研究的中心地位。在现代性的视域下，史学家们对于传统美国女性教育史学要么采取温和的修正，要么采取激进的改革，在传统美国女性教育史学的基础上，运用女性主义的理论，沿着两条路径展开对现代女性教育史学的重塑。

正如美国著名的政治学教授希拉·爱森斯坦（Zillah Eisenstein）在《自由主义女性主义的激进的未来》（*The Radical Future of Liberal Feminism*）中预言："自由主义女性主义并未过时，它甚至还可能有激进的未来。"[①] 现代视域中的美国女性教育史学是女性主义介入教育史学，并运用女性主义理论分析教育史学的产物。这一时期，女性主义理论内部产生了分化，一种理论是由早期自由主义女性主义发展而来的，以"批判"和"修正"为特点的自由主义女性主义，围绕着"男女平等对待还是区别对待"这个问题，要求将女性从附属的生理性别角色中解放出来，批判性别主义对女性的歧视。另一种理论是强调性别制度是造成两性不平等

---

① Zillah Eisenstein, *The Radical Future of Liberal Feminism*, Boston: Northeastern University Press, 1986, pp. 96 – 98.

根源的激进主义女性主义。围绕着"生理性别与社会性别是有差异的"的论点，从表面的生物结构差异研究转向深层次的性别意识形态研究，为批判父权制、解构二元论、重新理解差异与平等以及性别本质主义提供可能。

在两种女性主义理论的指导下，传统的女性教育史学的现代转向开始沿着两条路径展开：一条是"女性教育批判派"引领的温和的改良主义道路，强调学校加强了美国社会的阶级、种族、性别分层，摒弃了传统女性教育史学的辉格传统，认为女性教育史学的发展不完全是直线进步的过程，在讴歌女性教育史是一段文明进步的历史的同时也要意识到历史中性别主义的存在，因此，学校不仅是限制（limit）也是解放（liberate）了人性，于是，女性主义教育批判派纷纷将"隐性课程"的内容添加进伍迪所谓的"学术课程"的范畴内，强调运用社会性别的分析范畴来分析教科书、教师行为、课外活动、咨询活动以及学校自身的组织行为。另一条是由"女性中心论派"引领的激进的改革道路。认为应该将女性的思想、观点、兴趣及行为放在历史的中心位置，认为一切进步的教育史观都是值得质疑的，女性中心论派尤其强调女性"自主性"，这一概念指出了女性是历史的发起者和创造者，而非牺牲品和受害者。总体来说，现代视域中的美国女性教育史学在传统女性教育史学的基础上更加深入研究了社会性别、阶级和种族等问题，从社会结构中找寻性别从归属和性别压迫的深层原因。

吉尔·凯·康威是自由主义女性主义教育批判派的代表人物，芭芭拉·米勒·所罗门是激进主义女性主义的代表人物，她们从各自的立场出发，或批判、或修正，将女性教育置于社会结构的框架中，将政治、经济、文化、宗教、性别、阶级等多种因素综合起来剖析社会改革和发展，书写一部性别史。第一，将女性作为历史的主体或中心来进行研究。第二，研究社会性别差异，撰写社会性别历史、强调运用社会性别、父权制的分析范式来分析美国教育历史中女性教育实质性不平等的根源。第三，将社会性别研究政治化。社会性别是由社会、经济、政治、文化等因素形成的，因此要书写性别史就必须更新观念，向传统的文化以及其他社会机体做斗争，只有将人类的历史经验看成一个整体，通过研究不同的社会机体的相互作用，才能寻找到女性受压迫的根源，个人的就是政治的。第四，史料的选择主要围绕着问题分析展开，以传统女性教育史学的史料为基础，精选了原始史料和部分二手史料，在史料的选择和运用上更加贴近研究主题，也更精确。第五，现代美国女性教育史学模式走向综合，试图通过综合恢复历史学的自主性。主要表现在：研究方法上主要运用多种因素综合叙述的方法以及新社会史学常用的计量史学的方法。通过调查问卷、数据统计，对女性教育史学走向综合作了初步的尝试。研究视野上修正了传统的辉格史学乐观主义的颂扬进步和聚焦精英女性的模式，转而提出整体的教育史不仅要记录进步也要记录倒退，不但要记录教育机构的发展也要记录教育机构的被剥夺。因此，以整体教育史观为指导，采用将女性的内心愿望与外在阻力结合、要将显性史实与隐性史实结合、将机构史、女性史和性别史结合，将历史叙述取向和问题分析取向结合，将专题史与编年史结合的撰史模式。

美国女性教育史学在经历了"女性主义教育批判派"和"女性中心论派"的修正和改革之后，伴随着女性主义思想影响的迅速扩大，尤其是20世纪70年代以来美国"女性研究"的兴起，很多大学纷纷开始了女性学和女性研究的课程，这说明女性主义已经全面进入学术领域，女性主义学者努力树立起学院派的地位。[①] 从自由主义女性主义到激进主义女性主义，尽管女性主义内部流派纷呈，但是他们都没有走出二元对立的思维模式，即西方传统学术是建立在男性理性的基础上，是包含性别偏见的，是排斥女性的，女性研究的目的就是通过知识立场的改变，能够建构一种真正解放的社会。然而，如果按照激进主义女性主义教育史学家的观点，将女性看成一个整体，并将其放置在历史研究的中心位置，这无疑忽略了女性群体内部的差异性，也忽略了女性受压迫和不平等遭遇的不同方式，忽略了形成这种压迫和不平等的种种社会以及文化环境。因此，势必会将性别史研究引向脱离实际、非政治化的方向。尤其在多元文化和全球化的时代背景下，现代美国女性教育史学遭遇了后现代的挑战，这也为美国女性教育史学后现代转向提供了逻辑起点。

（三）普遍史——后现代的美国女性教育史学的特点

后现代主义理论家齐格蒙特·鲍曼（Zygmunt Bauman，1925— ）指出："文明的缺憾源于压抑，即人们在获取某些安全的同时，却失去了自

---

① 吴小英：《女性主义的后现代转向》，载《青年研究》1996 年第 12 期，第 5 页。

由；而后现代性的缺憾源于自由，即人们在得到日益多的自由的同时，却失去了安全感。"① 海德格尔的回答是"每一种主义都是一种误解并且是一段历史的死亡"。② 利奥塔认为"后现代"绝不是和现代相断裂的一个崭新时代，它并不是在现代之后，而是现代的初始状态，而这种状态也是川流不息的。"后"字意味着从以前的方向转向一个新的方向。③ 后现代主义在很多方面都离经叛道：主张自我表现，蔑视社会认同；主张非理性和潜意识的作用，反对理性和逻辑；主张无政府主义，反对权威；主张多元论，反对一元论；主张相对主义，反对绝对主义；主张解构主义、解释学、描述现象，反对本质主义；主张个体主义，反对国家意识和群体意识。④

后现代女性主义学者在她们的写作中，纷纷摒弃了"菲勒斯中心论"(Phallocentrism)⑤ 的思想对于女性受压迫的情况，拒绝承认拥有一种无所不包的解释方法，这无疑对后现代女性主义教育史学的发展提出了新的要求，即多元化、多重性和差异性。后现代女性主义影响下的教育史学不能忽略两个问题：第一，不能忘记女性在历史变迁中的双重角色——"受害者"和"能动者"，在父权制下，尽管女性备受压迫和剥削，但是女性也在不停地进行抗争和改革，尽管女性的主体性的发挥不一定能改变父权制在美国社会中的地位，但是她们的努力对父权制的发展起到了一定的阻抑作用。第二，要充分认识到女性这个群体内存在的差异性和文化多元性。社会性别只是女性存在的一个部分，不同阶层、不同背景、不同地缘、不同信仰、不同文化下的女性遭遇是不同的，只有充分挖掘女性内部的差异性才能全面把握女性史的全貌，才能书写一部女性的普遍史。

后现代视域中的"普遍史"有两层含义：一是基于差异的分析，寻求单一性别整体历史活动的思考，更大程度上综合单一性别身份的差异，

---

① ［英］齐格蒙·鲍曼：《后现代性及其缺憾》，郇建立、李静韬译，学林出版社 2002 年版，第 3 页。

② ［德］马丁·海德格尔：《海德格尔选集》，孙周兴译，上海三联书店 1998 年版，第 1165 页。

③ ［法］利奥塔：《后现代性与公正游戏》，谈瀛洲译，上海人民出版社 1997 年版，第 43 页。

④ 张之沧：《后现代理念与社会》，南京师范大学出版社 2005 年版，第 20 页。

⑤ "菲勒斯中心论"（Phallocentrism）主要是指男性中心论。

从而实现单一性别史的丰富和完善。二是它寻求对人类整体历史的实践和哲学的思考，包括从时间和空间上对全人类历史实践活动的考察以及对人类整体历史活动进行规律总结。笔者认为，后现代视域中对美国女性教育史学向普遍史转向的构想，既基于现实也超越现实，从21世纪以来的很多史料中可以发现，基于差异分析范式的单一性别史研究，尤其是对女性普遍史的研究已经初步形成，无论从最初尝试运用差异分析范式的芭芭拉·米勒·所罗门还是成熟地综合运用差异范式的琳达·艾森曼，不仅意识到在差异范式在女性教育史学研究中的重要意义，而且还发展成了在差异基础上的综合。但是，普遍史的第二层含义，旨在全球史的背景下发展两性融合的教育史学，仍是一种理想和构想，或者说是未来美国教育史学发展的趋势。

20世纪80年代以来，很多女性主义教育史学家在后现代女性主义思想的影响下，开始对女性内部差异问题进行研究，然而，在研究中史学家们也发现，女性主义理论一方面过分重视白人中产阶级女性共同受压迫的经历，难免形成女性的本质主义的模式，从而忽略了工人阶级和黑人女性的历史；另一方面，也是以欧洲为中心的，忽视和低估了第三世界和殖民主义环境对女性生活的影响，因此，普遍主义和本质主义的路径恰恰遮蔽了女性内部种族、民族以及阶级的差异，那么如何处理这些差异？如何看待各种形式的压迫的相互作用？又如何更好地进行理论建构，使所有的黑人和白人女性都能获得正义呢？后结构主义和后殖民主义理论给了后现代女性主义教育史学家启示，"公民身份"理论的运用彻底解决了女性主义史学家面对差异和本质主义中的困境。

以美国教育史协会前主席琳达·艾森曼教授为代表的女性教育史学家，正是在后现代主义女性主义思想的影响下，将美国女性教育史学转到了一个崭新的方向。主要表现在：第一，否定宏大叙事，强调微观史学。反对对性别、种族、民族、阶级作宏观的分析。第二，反对本质主义的二分法，提倡多元、差异的分析模式。第三，话语即权力的理论。艾森曼将美国女性教育史学方向从"社会"转为"话语"，塑造了一个新的解释视角，即话语就是一切，文本就是一切，历史就是一套修辞的文本。后现代女性主义从福柯关于权力的解读中获得启示，即权力不是被占有的而是在运行的；权力的运作方式主要是生产的而不是被占有的；权力是自下而上的而不是自上而下的。艾森曼批判性地认为，女性中心论派和女性主义教育批判派都没有能够摆脱权力的压制模式，都把权力视为由某种机制或群体占有的东西。因此，她反对将女性和男性的领域划分为"家庭领域"和"公共领域"，女性并非隶属于家庭领域，她们也可以进入劳动力市场，履行其公民职责。第三，强调边缘和中心的互动，整体与部分的互动，最终走向综合。艾森曼彻底颠覆了中心和主流，将那些被历史隐藏和忽略的边缘人、他者、底层女性与白人中产阶级女性综合在一起研究，实际上，这也说明在全球化的时代背景下，后现代女性主义史学家更加强调以一种整体的方法论和历史观。综观艾森曼的史学著作，例如运用百科全书的方式编著的《美国女性教育历史大词典》，可以看出，她并不是反对理性和还原论，而是整体地、综合地、多元地和系统的进行史学研究。

（四）三个历史分野之间的关系

全球化语境下审视美国女性教育史学需要将传统、现代和后现代三个历史阶段进行整合，厘清三者之间的关系，有选择地吸收和借鉴。综观三种史学的历史脉络，可以发现，"她史"是性别史的前提和基础，性别史是在女性主义的推动下，在"她史"的基础上的深化。性别史中蕴含了后现代的倾向，性别史为普遍史研究做了初步尝试。因此，从纵向上来看，三个历史阶段的美国女性教育史学实际上是女性教育史学家在史学叙述中女性教育史学家在史学叙述中对女性主义理论运用的不断深入和发展。

1. "她史"对"性别史"的兴起奠定了基础，并且在对自身的反思中推动了社会性别视角进入史学

首先，"她史"打破了男性精英史学的主导地位，改变了女性被忽略和被抹去的状况，使越来越多的人意识到女性也有自己的教育史。其次，"她史"扩大了史学研究的领域，填补了传统历史的空白，正如琼·瓦拉赫·斯科特所言，"女性史就是要恢复女性在历史中的位置，为女性重建我们的历史"。[①] 再次，"她史"挑战了原有的历史分期方法，尝试按照女性的教育经历来重新划分历史时期，冲击了以男性经历为依据的史学分期方法。最后，"她史"也挖掘出了大量关于女性教育的史料，丰富了历史研究。然而，正当史学家将女性教育经历挖掘出来，试图填补进现有历史

---

① Joan Kelly, *Women*, *History and Theory*, Chicago: Chicago University Press, 1984, p. 1.

框架中时，对传统历史理论的怀疑和批判出现了，按照传统的视角，女性和男性的历史并没有太大的区别，然而，当史学家对不同历史时期、不同教育机构内女性教育的史料进行分析时，却发现很难找到与男性历史完全相同的女性教育史，这种简单的添加显然是无法实现的，为了更好地将女性教育经历整合进历史框架中，恢复女性在教育史中应有的地位和作用，史学家们不得不开始寻找新的理论和研究范式来突破传统史学自身的局限。无论是将女性教育经历整合进传统历史中，还是重写与传统史学相分离的女性教育史，女性主义理论和美国女性教育史都有很大的契合之处，也是史学家首选的理论范畴，尤其是社会性别理论在分析传统的生理性别差异方面有很大的创新。可以说，"她史"孕育了性别史。

2. 性别史具有后现代的倾向，后现代主义进一步影响了性别史理论

女性主义对于美国女性教育史学的贡献在于为其提供了两个研究范式：社会性别和差异。20 世纪 70 年代以来，"社会性别"进入美国女性教育史学研究领域，20 世纪 80 年代初，多数与女性史有关的论文和著作都用"社会性别"一词取代了"她史"（女性史）。社会性别的引入，成就了性别史的成型，也驳斥了生物决定论的观点，史学家开始从社会对两性不同角色分工来考察两性不平等的根源，社会性别的研究更倾向于中立的价值，将两性都纳入社会关系中研究。进入 20 世纪 90 年代，受后结构主义、后殖民主义的影响，社会性别已经不再是分析美国女性教育史学的唯一范畴，女性内部种族、民族、阶级等形成的复杂的社会文化意义上的权力差异，同样也开始被史学家关注，到 20 世纪末，差异理论已经成为性别史研究的一个重要特征。那么如何处理社会性别和差异的关系呢？美国学者苏珊·费里德曼于 1996 年提出的"社会身份疆界说"影响了女性主义史学家，她认为美国女性教育史学的研究既可以用传统的方法，也可以用后现代的方法，两者都有其功用。[1] 受弗里德曼的影响，后现代女性主义史学家运用"公民身份"理论，将社会性别和差异理论统一起来，培养公民身份也成为后现代女性主义教育史学家普遍的教育观。于是，性别史呈现了后现代的特点：注重探讨性别差异的形成和关于这种差异的社会文化知识的生产和传播。因此，后现代主义是性别史发展的一个重要理

---

[1]　Susan Stanford Friedman, *Making History. In Keith Jenkins*, *ed. The Postmodern History Reader*, London: Rout ledge Press, 1997, pp. 231 - 236.

论，在很大程度上影响了性别史的理论和写作方法。

　　3. 普遍史的发展是以"她史"为基础的，普遍史对"她史"是批判性的继承

　　第一，从宏大叙事到微观叙事。传统派史学家开创了美国女性教育史学宏大叙事的开端，这一叙事也称为"启蒙叙事"①，利奥塔认为"在启蒙叙事中，知识英雄为了崇高的伦理政治目的的奋斗，即为了宇宙的安定而奋斗，用一个包含历史哲学的元叙事（Meta-Narrative）来使知识合法化，将使我们对支配社会关系的体制是否具备有效性产生疑问：这些体制也需要使自身合法化，因此正义如同真理一样，也在依靠宏大叙事"。②因此，传统史学的叙事使以元话语为基础的宏大叙事成为知识和正义合法化的护身符，后现代就是要打破这种对于知识和正义的垄断，尽管后现代史学家强调"恢复叙事"，但是这是对"启蒙叙事"的解体，大叙事已经失去了可信性，利奥塔声称"语言游戏是以片段的方式建立体制，这样可以提高我们对差异的敏感性"。③因此，后现代女性主义教育史学家走向微观叙事。第二，从如实叙事走向分析性叙事的结合。受兰克学派客观主义和重视史料的传统的影响，"她史"的撰写倾向于"是怎么样发生的就怎么样叙述"的原则，史学家所做的工作主要是对原始资料进行广泛的搜集，进行适当的选择，历史研究过程主要是铺叙直述，描写精英人物或国家事件，尽量避免评价是非功过。但是这种方式使"她史"陷入了重重的危机，从史学本体论上说，极大地限制了历史学的研究领域，也无法对美国女性教育经历作出科学和正确的判断。从史学认识论上说，传统的"她史"否定了历史是一个有规律的发展过程，它标榜的是"让史料自己说话"，其结果必然导致历史学家在历史认识活动中主体性的丧失，最终使史学只能成为若干个别事实的知识，而无法对这些没有逻辑主线的、分散的知识和事件作出符合规律的结论。但是，后现代史学家对兰克学派的作风嗤之以鼻，英国史学家彼得·伯克就认为，叙事史的复兴也是

---

　　① 徐浩、侯建新：《当代西方史学流派》，中国人民大学出版社2009年版，第438页。

　　② ［法］利奥塔：《后现代状态：关于知识的报告》，车槿山译，三联书店1997年版，第2页。

　　③ 同上书，第80页。

历史学解释类型的变化。① 斯通认为新叙述史是对传统叙述史的复兴。笔者认为后现代的普遍史的叙述有以下特点：（1）将叙述取向和问题取向结合，叙述是形式，分析是核心。（2）注意的重点是"人物"而非"环境"，也就是说这种历史是处理"具体"问题，而不是处理"集体"问题。（3）通过在叙述中增强人文性，从而使历史作品主题更接近普通人，历史学从象牙塔走向公众。（4）历史叙述中充分借鉴了其他学科的知识和理论，特别是文化人类学为历史叙述走向文化研究提供了理论支撑。第三，对于史料的运用，"她史"为普遍史提供了充足的史料来源，这是普遍史研究的前提，然而，普遍史对于史料的选择和组织，更显精确和科学性，因为普遍史更倾向于围绕问题分析来选择史料，甚至也在"她史"的基础上扩展了史料范围。

综上所述，传统、现代、后现代的美国女性教育史学并不是简单的历史时期的划分，更是女性主义哲学在不同阶段对美国女性教育史学的规律性的总结，在对立与统一、分离与融合之中，我们似乎可以预测，女性主义的最终使命是让这三个历史阶段的美国女性教育史学走向一个更大的融合，在全球史的背景下，我们从零星的史学著作中已经初见了融合的端倪，也有学者开始预测美国女性教育史学未来发展趋势和研究范式，但是有一点是可以肯定的，"合而不同"是激励更多的学者对这一领域不懈研究的动力。

二、学术化与政治化
——美国女性教育史学的双重特征

综观 20 世纪以来西方学术界对教育史学研究的价值评述，可以归纳为两个主要时期，第一个时期是 18 世纪至 20 世纪六七十年代，西方学术界将教育史学定位在以师资职业培训为核心的实用主义价值层面，教育史学作为一门学科或训练科目的价值非常明显。第二个时期是 20 世纪六七十年代之后，西方教育史学界经过反思，意识到仅考虑教育史学的学科属性而忽视了教育史学自身的特殊的学术性，会限制教育史学未来的发展。因此，要加强教育史学学术性的价值取向。教育史学家理查德·奥尔德里

---

① Peter Burke, *History of Events and the Revival of Narrative*, *In New Perspectives on Historical Writing*, Cambridge: Polity Press, 2003, p. 283.

奇（Richard Aldrich）在《教育史之我见》一文中指出了教育史学的两重功能：一是学术功能，即通过耗费大量的时间，尽可能精确地描述历史的功能；二是社会功能，即通过编纂简明的历史读物，将教育史学作为"公共知识"，达到教育史学文化传播的功能。① 巴茨（Batts R. F）进一步发展了奥尔德里奇的社会功能，指出："第一要让人们看清，过去用以解决问题的要素有哪些还存在于目前，这些传统要素为什么遇到新的环境和新的需要会产生新的问题；第二是让人们分辨不同时代和民族曾经怎样解决类似目前出现的问题。"② 巴茨将人类文化发展史作为研究现代教育最好的方法，强调了教育史学的借鉴和指导功能。可见，西方学者对教育史学的价值取向研究经历了从单纯强调师资培训科目的学科价值走向关注教育史学与现实及未来之间关联的价值取向，同时也经历了强调实用性的单一功能转向多元化的功能和价值定位的过程。笔者认为，就美国女性教育史学的价值取向而言，基本弱化了作为一门规训科目的学科化取向，更加强调史学自身的学术化和政治化特征。

（一）美国女性教育史学的学术化特征

"学术"对应的英文"Academia"，通常是指进行高等教育和研究的科学与文化群体，学术以学科和领域来划分源自于中世纪欧洲的第一所大学内的学者思想模型所定下来的三学四科。随着社会发展，学术内容逐渐细化，各类专门的学术领域逐渐出现，研究内容也越来越有针对性。近代以来，"学术"这个词也可以用来指"知识的累积"。"学术"一般以学科和领域来划分，是系统的专门的知识。史学的学术性主要体现在对历史认识的深度和广度上，笔者认为，美国女性教育史学具有跨学科的理论性、独立的知识领域等学术化特征。

教育史学是历史学和教育学的交叉学科，与历史学和教育学有着密切的关系。③ 美国女性教育史学是以女性主义理论为指导的，而女性主义理论兼有政治学和社会学的意蕴，笔者认为，女性教育史学研究必将结合教

---

① ［英］理查德·奥尔德里奇：《教育之我见》，载［俄］卡特林娜·萨利莫娃、［美］欧文·V. 约翰宁迈耶主编《当代教育史研究与教学的主要趋势》，方晓东译，教育科学出版社2001年版，第122—123页。

② 杜成宪、邓明言：《教育史学》，人民教育出版社2004年版，第308页。

③ 郭娅：《反思与探索——教育史学元研究》，山东教育出版社2010年版，第1页。

育学、历史学、政治学、社会学、文化人类学等学科理论和方法，因此，美国女性教育史学学术化特征体现在其跨学科的理论性。

美国女性教育史学研究的学术性也体现在它的"发现问题—研究问题—解决问题"的研究路径上。在20世纪60年代之前，美国女性教育史学的产生得益于史学家发现美国教育史学只重视男性而忽略了女性教育经历，于是很多原本研究美国教育史学的史学家开始转向进行填补史学空白的工作，很显然这一时期的史学家只是匆匆应战，无论是史学家自身的素质还是史学研究的思路都不成熟的，所以这一时期的女性教育史学的研究成果也只停留在资料梳理和发掘的层面。然而，如果美国女性教育史学研究要继续前行，必须要有一种契合的理论作为指导，20世纪60年代以来美国女权运动的发展以及女性主义理论的成熟，使美国女性教育史学的发展找到了一种契合的理论，当然，毋宁说是女性教育史学研究主动寻求女性主义理论，还不如说，是女性主义理论介入各个科学门类的大势所趋，从此，女性主义理论在女性教育史学的学科领域内不断地深化发展，女性主义理论促进了女性教育史学的不断深入，反之，女性教育史学的发展也为女性主义理论的丰富提供了实践基础。这一时期的女性教育史学在女性主义理论的指导下，有条不紊地解决了史学家的诸多困惑，社会性别、差异、公民身份三个主要分析范畴的相继出现既是一个问题出现的过程也是一个问题解决的过程，研究的视角也从整体走向部分再走向整体，从宏观走向微观再走向宏观。从将女性作为与男性对立的整体，逐渐走向对女性内部的差异划分，最后在公民身份的范畴内共谱男性和女性的普遍史。笔者认为，美国女性教育史学历史发展的过程中，之所以能取得辉煌的成果，并成为战后美国教育史学的一支劲旅，主要在于它具有鲜明的跨学科的理论特色。社会性别理论的出现，作为重要的史学分析范畴，属于社会学的研究范畴，因为社会性别是社会关系的构成性要素，它既不是一个对象，也不是变化着的许多对象，它是指一套复杂的关系和过程，社会性别理论对考察所有形式的历史和现实都具有意义，社会性别的这种内涵也使它具有融入其他知识体系的基本路径，对史学具有变革性的潜力。差异理论早期作为政治学的范畴，强调为了服务于女性主义的政治目的，女性之间的差异是被忽略的，这使"女性"一词缺少了历史性，成为本质先于存在的女性身份，然而女性是由历史和话语组成的，它总是与其他本身也在变化者的范畴相关联。① 另外，差异也被社会学借鉴成为构成社会关系的一个重要方式，差异实施了权力关系，也创造了被策略地用来反抗和产生变化的身份认同。② 这也使公民身份成为女性教育史学研究视角的第三次创新，公民身份理论一方面是女性主义者为消除差异带来的争论，而寻求一种统一的理论基础；另一方面，很多女性主义史学家也意识到，单纯依靠女性自身无法使得女性主义运动取得实质性的成功，有必要加强与男性之间的沟通和融合。

20 世纪 60 年代以后，美国女性教育史学成为战后美国教育史学的流派之一。所谓"学派"是指在学术研究与交流过程中逐渐形成的，在学术价值观念、研究领域和研究方法等方面有共识的群体；有一批代表性人物和被同行认可的学术创新成果。③ 学派的含义已经表明，美国女性教育史学在美国史学界已经成为一个独立的研究领域和知识领域。而且自 21 世纪以来，这一领域成为美国教育史学领域研究热点。在对 21 世纪以来美国教育史协会出版的《美国教育史季刊》所有发表论文的定量统计中，发现 2001—2010 年间，女性教育史的论文占到 24 篇，其数量在这 10 年《美国教育史季刊》所有刊登文章研究主题排名第三位。④ 除此以外，美国大学教育学院广泛设置通史类女性教育史课程，以及大学女性史这样的专门史课程，这些课程的设置与学者的学术兴趣是紧密联系的，一些专门史直接反映了最新的研究成果和学术前沿进展。

出现了很多专门从事女性教育史研究的史学家和史学著作。除了前几章重点研究的美国惠顿学院琳达·艾森曼教授，哈佛学院的芭芭拉·米勒·所罗门教授之外，20 世纪以来还涌现了很多著名的女性教育史学家，最突出的是美国塔夫茨大学（Tufts University）的凯瑟琳·维勒教授（Kathleen Weiler）和美国加利福尼亚大学（California University）玛格丽特·拉什（Margaret Nash）副教授。凯瑟琳·维勒教授相继出版和发表了《乡村学校的女性：任教于加利福利亚农村学校》（*Country School Women*：

---

① 王政：《社会性别研究选择》，三联书店 1998 年版，第 374 页。

② 同上书，第 370—375 页。

③ 周采：《战后美国教育史学流派的发展》，载《教育学报》2010 年第 2 期，第 110 页。

④ 孙益：《21 世纪以来美国教育史学科新发展》，载《华东师范大学学报》（教科版）2011 年第 4 期，第 91 页。

Teaching in Rural California, 1850—1950）、《女性教学变革》（*Women Teaching for Change*）、《说出女性的生活：质疑美国女性教育史》（*Telling Women's Lives：Narrative Inquiries in History of Women's Education*）、《对教育的反抗：激进派女教育家》（*Pedagogies of Resistance：Women Educator Activists*, 1880—1960）。维勒教授作为专业史学家主要关注社会、历史和政治背景下的教育，包括社会性别研究、课堂教学的人种志研究、女性主义理论和教育学、美国西部女教师的历史研究。玛格丽特·拉什副教授是一位专门研究美国教育史的专家，特别关注美国教育在历史的建构公民身份方面的作用的研究以及社会环境和教育文化意蕴，她的论文主要围绕"谁受到教育以及为什么"的问题，讨论教育与公民身份之间的关系，以及教育与政策之间的关系。她发表的《美国女性教育史学史》（*The Historiography of Education for Girls and Women in the United States*）、《大学女性的公民身份：20 世纪 30 年代高校中面临的挑战与机遇》（*Citizenship for the College Girl：Challenges and Opportunities in Higher Education for Women in the 1930s*）、《美国女性教育：1780—1840》（*Women's Education in the United States*, 1780—1840）等都是 21 世纪以来非常有代表性的美国女性教育史学成果。在女性高等教育史学领域也涌现了很多史学家和著作，伯纳尔（L. M. Bernal）的《男女同校制的挑战：20 世纪 60 年代以来的女子学院》（*Challenged By Coeducation：Women'Colleges Since the 1960s*）、《逐渐分离：在单一性别学校以及男女同校制学校美国女学生的分离》（*Separate By Degree：Women Students'Experiences In Single-Sex And Coeducational Colleges*），爱丽（Eli Ginzberg）和爱丽丝（Alice M. Yohalem）合著的《女性受教育者的自我画像》（*Educated American Women：Self-Portraits*），莉莉·布罗迪（Lynne Brodie）《对高等教育中少数女性的思考》（*Perspectives on Minority Women in Higher Education*），等等。

　　20 世纪 60 年代以来，在美国兴起的女性学（Women's Study）和女性主义研究（Feminist Study）不仅是女性教育史研究的阵地，也为女性教育史学研究提供了知识养料。1969 年女性学作为高校内独立的课程首次在圣地亚哥州立大学开设，到 1977 年，全美已经开设 276 门女性史学课程，而且代表女性研究学术成果和领导女性的核心小组部门也开始以学科为基础的传统专业联合会中出现，另外，期刊杂志、研究中心（由福特基金会资助）、图书馆、档案馆、课本等学术支持也逐渐发展起来。例如，美国密歇根大学女性学研究中心、加州大学、全美女性学联合会指南（NWSA directory）列出了 621 个女性学中心，其中有 425 个为女性学副修科目、女性学证书或学习侧重点（Area of Concentration），187 个为女性学专业。女性学研究生课程的学院从 1988 年的 55 所，增加到 1990 年的 102 所，其中至少有 8 所院校设有女性学专业的硕士点，有 6 所学校能够授予女性学博士学位，分别是：克拉克大学（Clark University）、埃默里大学（Emory University）、宾艾姆顿大学（Binghamton University）、水牛城大学的 SUNY（Buffalo University）、联合学院（The Union Institution）、威斯康星大学麦迪逊分校（Wisconsin University，Madison）。①

总之，鲜明的跨学科理论特色和独立的知识研究领域，使美国女性教育史学成为战后史学界研究的热点领域，这一知识领域在今后还将继续深入下去。

（二）美国女性教育史学的政治化特征

史学与政治的关系一直备受争议，有学者认为，史学为政治服务乃史学的本意；有学者认为，史学为了保持自身的学术性，要远离政治；还有学者认为，无论从实践还是理论的角度来看，史学与政治不可分。② 笔者非常赞同 19 世纪英国著名史学家爱德华·弗里曼（Edward A. Freeman）对二者关系的阐述："历史是过去的政治，政治是现在的历史。"③ 也就是说，史学离不开政治，政治也需要史学，史学的政治化特征尽管不是史学的唯一功能，但是可以更好地为政治提供历史经验。一般来说，史学流派特别是影响较大的史学流派与一个发生重大政治经济变动的社会有着密切的关系，是这个社会发展变化的一面镜子。同时，一个史学流派的出现也是对史学自身的一次扬弃，标志着史学自身的演进。

1. 美国女性教育史学追求女性解放、教育平等和社会公正的政治理想

史学记载政治，史家参与政治运动。美国史学与政治结合的传统追溯

---

① 杜芳琴、余宁平：《不守规则的知识：妇女学的全球与区域视界》，天津人民出版社2009 年版，第 38 页。

② 陈茂华：《史学与政治——美国"共识"史学初探》，载《史学理论研究》2005 年第 1 期，第 61 页。

③ Edward A Freeman, *General Sketch of European History*, London: Macmillan Company. 1873. p. xi.

到建国之初，业余史家们致力于以民族国家为中心的历史编纂，早期建立的历史协会呼吁历史学家要服务当前的社会，提高政治讨论水平，在公共生活中重建整体性。① 20 世纪以来，美国史学之所以流派纷呈，从一个侧面也反映了美国国内外政治局势的变化，对历史学家的历史观念产生了影响。美国女性教育史学研究的精髓是女性主义理论，女性主义理论具有政治性和科学性，女性主义教育史学家更加肯定地认为，美国女性教育史学研究这种学术性的工作将有助于在实现女性解放方式的方面达成共识。在寻求女性解放的过程中，女性主义者势必会将其与自由、平等和公正思想联系在一起，女性主义教育史学家对政治哲学中的传统概念的关注实际上就意味着女性教育史学与政治哲学已经融合在一起。因此可以说女性解放运动一开始就融入了政治哲学中。

女性在传统的史学中是毫无地位的，传统的美国教育史学家在女性问题上表示沉默或干脆忽视，女性解放运动的目的就是要批判这种漠视女性社会地位的现象，从而证实在社会生活的每一个方面都存在着性别统治。女性教育史学家在女性解放运动的影响下，不但意识到社会生活都是由规则构成的，而且还对这些规则进行了批判，在批判的同时，所有的女性教育史学家都面临一个问题，即女性的本质是什么。因此，女性主义史学家将精力主要放在女性本质的研究上，说明她们的工作本身已经具有政治化的特点。因为她们的工作的重要前提就是成年白人男性已经不再是整个人类的代表，在教育史学领域中，成年白人男性的教育经历不能概括所有人的教育经历。

2. 美国女性教育史学与美国女权政治运动紧密相连

美国女性教育史学是在女权运动中发展起来的，女权运动又刺激美国女性教育史学研究的深入。正如美国史学家安·菲罗尔·斯科特（Ann Firor Scott）所言："女性教育进步是 19 世纪女性政治运动的核心。"② 第一次女权运动主要以欧美中产阶级女性为主体，以改变中产阶级女性的社会状况为出发点的一种政治运动和社会运动，这一运动促成了美国社会一

① John Hingham. *History Professional Scholarship in American*, Baltimore and London, the Johns Hopkins University Press. 1983. p. 11.

② Joyce Antler, Sari Knop Biklen. *Changing Education: Women as Radicals and Conservators*. Albany: State University of New York Press. 1990. p. xvi.

系列的社会变革和政治变革，如为女性争取一定的政治权利，包括选举权、受教育权、平等的投票权和工作权，消除法律上的性别歧视，从而开启了女性走出所谓的"家庭半球"领域，走向公共领域的新起点。第一次女权运动中形成的早期自由主义女性主义主要的政治诉求是权利平等，反映在教育领域中，很多早期女性主义教育史学家纷纷将政治领域的权利平等转化为教育领域两性受教育权利的平等。第二次女权运动后，美国社会掀起了轰轰烈烈的民权运动、学生运动以及以新左派为主的反战、反军事化的帝国主义运动。第二次女权运动的女性主义者主要来自新左派，她们是一群持有不同立场的女性主义者，在早期自由主义女性主义理论的基础上又衍生出不同的流派，如激进主义女性主义、后期自由主义女性主义、后现代主义女性主义等。她们分别从不同的女性主义立场对各领域存在的性别问题给予讨论，后期的自由主义女性主义从强调权利平等走向主张机会平等，提出了"个人的是政治的"口号，笔者认为，这个口号的内涵在于，由于劳动分工是政治不平等的根源，家庭与社会领域的劳动分工将男性和女性分别划分到公共领域和私人领域中，然而只有公共领域才是政治讨论的范围，这对于女性来说显然是不平等的，因此，这一口号实际上体现了女性主义对公共领域—私人领域、家庭—社会、文化—自然、男性—女性、理性—感性的二分法的解构，要求以社会性别的视角来重新理解平等与差异、多元与断裂之间的关系。因此，美国女性教育史学家中的女性主义教育批判派开始对女性机会的不平等，或在差异掩盖下的不平等进行深入的批判。性别主义是女性主义教育批判派批判的焦点，无论在课程、教学、师生交往、教育行为等一切涉及教育的领域都成为女性主义教育批判派批判的对象。"自由主义女性主义远没有成为过去式，它还有更激进的未来。"[①] 这也成为激进主义女性主义肇始的源头，激进主义女性主义强硬的政治立场，使其理论不再是追求"同"而是追求"异"，她们并不排斥男性气质和女性气质的两分法，但是她们却透过生理性别显示女性气质更为优秀，事实上，当激进女性主义试图证明女性气质的优越性时，无疑也采取了与男性中心主义同样的逻辑策略，同样坚持对性别身份的本质主义的理解以及从价值上的排序。这种激进的思想也影响了美国女

---

① [英] 米兰达·弗里克、詹妮弗·霍恩斯比主编：《女性主义哲学指南》，肖巍、宋建丽、马晓燕译，北京大学出版社 2010 年版，第 42 页。

性教育史学的女性中心论派，女性中心论派将女性的思想、观点、兴趣及行为放在历史研究的中心位置，尤其强调女性的主体性发挥，认为一切以讴歌男性教育历史进步的史学观都是值得质疑的，女性不再扮演受害者和牺牲者的角色，女性真正的角色应该是历史的施动者和创造者。第三次女权运动的实践主体是没有经历过前两次女权运动的女性主义者，他们从哲学层面反思了性别身份、性别政治、性别化的文化意识以及性别的意识形态等主题，接受后现代元叙事的解构，接受多元性的政治立场，和传统女性主义对本质主义的阐释和对性别压迫统一化的认识，坚持女性作为一种公民身份而存在，坚持女性经验、女性政治立场以及女性主义形式的多样性。[①] 后现代女性主义者不再相信平等与差异的二元对立模式可以用来分析女性教育不平等的根源，琼·瓦拉赫·斯科特从两个方面对差异与平等二元对立进行了解构：第一，把平等设定为差异的对立面，由此形成的权利关系是虚构的。第二，拒绝这种权力关系中不是平等就是差异的二元选择。[②] 后现代女性主义更倾向于彻底否定传统的主体的统一性原则，将历史知识看成一种文本或者一种语言的叙述，所有视为科学和真理的为父权制做辩护的本质主义解释都不再具有合法性。于是，社会身份的多样性替代了社会性别的单一性，以主体的身份说话意味着剥夺了保持差异的权力，美国女性教育史学在后现代转向最明显的政治特征就是：女性公民身份以及公民教育。

因此，从第一次女权运动争取平等权利到第二次女权运动争取社会领域中的机会平等，再到第三次女权运动从学术和哲学层面进行理论构建，女权运动的深入发展需要理论的指导，史学家对女性教育史学的每一次修正都是在女权运动的影响下对史学研究的深入。

3. 美国女性教育史学带有强烈的政治意识形态色彩

在历史与现实的关系问题中，史学与政治意识形态的关系是最值得争议的。尽管学术与意识形态是两个独立的领域，但是两者之间不可避免地纠缠在一起。正如丹尼尔·贝尔所说："随着后工业社会的来临，科学的

---

① 陈英、陈新辉：《女性视界——女性主义哲学的兴起》，中国社会科学出版社 2012 年版，第 6 页。

② Joan W. Scott, Deconstructing Equality-Versus-Difference or the Uses of Post Structuralist Theory for Feminism, *Feminism Studies*. 1988. Spring. No. 1.

政治化和意识形态化变的突出了。"① 哈耶克更是直接指明了历史与政治
互相渗透的现象，他说："我们关于不同政策和制度之是否可取的信念，
主要就是以过去的经验为基础的，而我们现在的政治观点，也不可避免地
会影响和感染我们对过去的解释。我们对不同制度的优劣的看法，主要受
着我们关于它在以往的作用的认识的支配。几乎没有任何政治理想或观念
不含有对过去一系列事件的看法，也几乎没有什么历史的记忆不发挥某种
政治目标之象征的作用。"② 伊格尔斯也认为"那种既要求严格的学术应
该避免价值判断又要求历史学实际上投身于政治社会价值双方之间的紧张
对立"。③

　　笔者认为，意识形态本身具有一种压迫性力量和生产性力量，政治意
识形态对女性教育史学的发展有不可低估的作用。第一，在政治意识形态
的引导下，史学可以提出新的问题，开辟新的研究领域。在美国女性教育
史学的发展中，最明确提出意识形态理论的是 20 世纪 90 年代以后由美国
教育史学家琳达·艾森曼教授在总结的四种意识形态即爱国的意识形态、
文化的意识形态、心理的意识形态以及经济的意识形态，她将这四种意识
形态与社会文化期待对等起来，分析了不同的社会文化期待对于女性教育
的影响，以及意识形态与在教育实践中女性实际行为差异的原因。于是，
艾森曼提出了三个新的研究问题，即"为什么大学中女性数量在不断增
加，可是这些女性仍是'附带的学生'呢？""战后支持女性大量进入高
等教育的本质原因是什么？""1945—1965 年期间一直被教育史学界认为
是平淡的时期，然而这一时期真的没有女性的努力吗？"艾森曼对此一一
进行了回答。第二，从外部引入动力机制，可以刺激学术生长。政治意识
形态的动力机制是一种渗透式的，其政治观点会直接影响史学家的史观，
影响他们观察和思考问题的教育，进而间接影响史学家的研究活动和史学
著作的思想性。艾森曼直言："这四种意识形态都以非常隐蔽的方式影响
了女性的行为方式，也在不断挑战女性传统的行为规范，女性的文化期待

---

① ［美］丹尼尔·贝尔：《后工业社会的来临——对社会预测的一项探索》，高铦译，商务
印书馆 1984 年版，第 47 页。

② ［奥］弗里德里希·冯·哈耶克：《经济、科学与政治——哈耶克思想精粹》，冯克利
译，江苏人民出版社 2000 年版，第 268 页。

③ ［美］伊格尔斯：《二十世纪的历史学——从科学的客观性到后现代的挑战》，何兆武
译，辽宁教育出版社 2003 年版，第 31 页。

与女性实际行为之间的差异给美国女性教育带来了巨大的压力。"①

琳达·艾森曼提出了意识形态对女性教育的影响，笔者认为，在艾森曼之前的美国女性教育史学家虽然没有明确提出意识形态的影响，但是，她们一直深受美国自由主义政治意识形态的影响，只是这种形式更加隐蔽，却也更深入人心。托马斯·伍迪就是早期自由主义政治传统的代言人，美国的《独立宣言》是早期的政治自由主义的纲领，《合众国宪法》使早期的自由主义体制化，尽管两个文件侧重点不同，但都共同地强调个人的权利是天赋的，人生而平等，造物主赋予人们若干不可让渡的权利，以个人的自然权利为由，要建立立宪限制王权或政府权力，目的在于保障个人的自由。自由主义产生的使命就是要反对一切形式的特权和专制。伍迪将这种早期的自由主义政治思想带入了他的史学研究中，他坚信男性和女性拥有平等的受教育权，女性也有自己的教育历史，因此，形成他独特的史学风格——填补女性教育历史的空白。20 世纪 60 年代，美国自由主义实现了从古典走向现代的转折，进步主义运动的兴起和发展，罗斯福新政的实施，使美国自由主义以自由放任的结束和国家开始整体干预经济为标志的。但是这一时期的自由主义出现了分化，一派是充分意识到早期自由主义放任缺陷的新保守派，他们意识到自由放任的自由主义既解放了生产力也造成了不平等的根源，于是开始着力批判这种放任，要求国家对经济进行控制，当然这一时期他们还是采取"左中右的社会反应"②；另一派要求彻底改变资本主义制度的新左派，自进步时代以来新左派支持的自由主义继续左倾，走向激进。这两派在美国女性教育史学领域的代表分别是吉尔·康威和芭芭拉·米勒·所罗门，作为女性主义教育批判派代表的康威着力批判女性教育经历中的不平等，要求改良教育制度、课程设置以及教育过程中的性别主义，而所罗门直接将女性放在史学研究的中心位置，认为女性是历史创造者而不是受害者，史学研究要着眼于女性主体性的发挥。另外，占据主流的新左派将自由主义的原罪归结于多元化，开始从差异的视角来审视女性。20 世纪 90 年代以来，当代自由主义又遭遇困惑，政治学家开始探讨自由与平等的限度是什么？如何在个人与群体之间

---

① Linda Eisenmann, Educating The Female Citizens in a Past-War World: Competing Ideologies for American Women, 1945—1965, *Educational Review*. 2002. Vol. 24. No. 2. pp. 133 – 137.

② 钱满素：《美国自由主义的变迁》，三联书店 2006 年版，第 71 页。

找到平衡？如何处理自由主义与多元化？自由与平等不是绝对的，正如对于人类来说，美好的事物并不总是相容的，这一切的复杂性归根结底来自于人性的复杂。个体主义与社群主义也是矛盾的，个人主义的过度必将遭到社群主义的批判，美国是以个人主义发家的，如何应对这一政治传统的颠覆？自由主义如何在差异的多元化与统一的多元化之间寻求出路？这些都是女性教育史学家要努力思考的问题。艾森曼灵活地运用了公民身份理论统一了女性身份的多元化，也在个体与群体之间找到了平衡点，她甚至希望男女两性合作、以融合的方式预言女性教育史学未来发展的突破口。实际上，自由与平等已经不再是史学家纠结的重点问题了，如何更好地将一部有机融合两性的总体史呈现出来才是未来史学家的重任，也是未来史学的希望。

三、美国女性教育史学对我国教育史研究的启示

（一）应对"学术危机"——教育史研究要提高自身的学术性

美国女性教育史学的研究风格凸显了史学自身的学术性和政治性的特点，真正实践了教育史学科作为"学问的分支"的理论，为消解教育史学科学术危机做了一次有益的尝试。近年来，教育史学界已经开始意识到教育史学科面临的危机主要来源于两个方面，一是作为教学科目的教育史的"学科危机"，更重要的也是被很多史学家忽略的是作为学问分支的教育史的"学术危机"。学术危机是学科危机的内在根源，学科危机是学术危机的外在表现。所谓"学术危机"，主要是指由于教育史学界对教育史学科的对象、性质以及方法论等基本问题的严重的认识偏差以及由于这些偏差而造成的研究范式、研究方法等方面的种种不规范乃至非学术化的问题。① 中国教育史学科的发展同样面临学术危机，这主要是由于，第一，知识的通俗性与特殊性矛盾。史学追求求真和致用两重意境，作为科学领域，史学标示了知识的组织和生产的历史特殊性，这种特殊性也赋予了史学知识自身的权力，即独立性和控制力，从偏狭的意义上而言，学科框限了知识，使其朝着专业化和独立化方向发展，同时也使接受学科规训的人为了谋求学科知识的特殊性地位而刻意设立知识边界。从宽泛的意义上而

---

① 张斌贤、王晨：《教育史研究："学术危机"抑或"学科危机"》，载《教育研究》2012年第12期，第14页。

言，知识的弥散性和渗透性，让林立的学科知识边界毫无意义，知识的价值在于用一种更加隐性的方式促进文化的传播和意识形态的构建。在史学领域中，对于史学家来说，准确把握知识的以上两种方向似乎很难，要么史学过于普及，忽略了其理论性和学术性，成了"通俗读物"，要么史学过于强化理论性和权威性，成了"晦涩读物"。从目前中国教育史学发展来看，消遣史学开辟了更广阔的文化市场，加剧了史学学术危机的恶化，因此我们要矫枉过正，重新加强史学的学术性。第二，史学的学术性和职业性的矛盾。中国教育史学科建立后，其重要任务就是为师范学校编写教材，清末"新教育"时期是如此，民国建立后推行教育改革时亦是如此。① 这说明中国教育史学产生了史学职业化的偏向，忽略了史学的理论创新。这种"短视"的危害是可怕的，理论的创新才是一门学科继续发展的动力，中国教育史学的发展必须用一种长远的眼光来审视，着眼于理论的创新和研究的深入。

　　（二）自由、平等、公正——教育史研究的理性追求

　　人的自由、教育平等与社会公正是美国女性教育史学研究的政治追求，同样这也应成为中国教育史学甚至是中国教育的价值追求。笔者认为，人的自由、教育平等与社会公正三者之间有内在的逻辑，三者是一个有机的整体，人的自由是指人能够按照自己的意愿行事，只有在民主的国家里，公民才有自由可言，因此在民主的政体内，自由与公正的关系表现在肯定每一个公民都应该是自由的前提下，对公民的自由作适当限制，从而构建一个普遍自由的社会，人的自由是社会公正的前提；教育的平等表现在两个方面，一是获得教育资源和机会的平等，二是教育权利的平等，社会公正实质上是肯定每个公民都享有平等的教育权利并获得实质上平等的教育机会。因此，可以看出，社会公正是建立在自由和平等基础上的综合性要求，也是终极追求，它不仅包括平等和自由，同时也包括对自由的限制，对不利人群的最低保障，以及由不平等和不自由造成的社会问题的解决等方面的内涵。

　　中国教育史学中体现自由、平等和公正的原则要求：第一，教育史学家要有意识地将女性的经历纳入教育史学中，批判性地审视中国教育史学

---

① 杜成宪、邓明言：《教育史学》，人民教育出版社2004年版，第17页。

中以主流男性话语叙述的历史故事。美国女性教育史学实际上已经完成了对美国女性教育史著作进行梳理和分析的工作，充分发掘出了女性教育的过去以及现在，并且分别用社会性别、差异和公民身份的理论为我们清晰地呈现了传统、现代与后现代的三重图景，但是，对于未来史学界期望构建一部两性普遍史的愿望来说，美国女性教育史学的研究还只是第一步，但是这也是非常关键的一步。在我国对于女性教育史学的研究仍处于起步阶段，甚至还算不上开始，我国教育史学界对于中国女性教育史学的研究还处在一种零散、片段化的状态，还有很多空白值得去填补，一方面这说明在我国父权制的政治传统下，本质主义的思想根深蒂固，史学家甚至没有勇气去开启这一史学研究的荒地；另一方面也说明中国教育史学研究在实现自由、平等和公正的理想的道路上还有很长的路要走。第二，教育史学家要用公正的立场来重新审视中教育史学中对于教育问题的立场和观点。教育的公正是社会主义制度公正的一个重要组成部分，史学家在肯定人的解放和教育平等的前提下，以公正的立场审视教育的发展，对于教育历史的客观性的发掘和科学性的认证有着极为重要的作用。女权运动和女性主义理论从实践和理论两个方面追求女性的自由和解放，政治的解放是女性解放的前提，人性的解放是女性解放的根本。笔者认为，人性的解放不仅包括女性对自我的肯定，更重要的是社会文化心理对女性地位、权利、作用的认同，这种人性的解放完全超越了女性的政治解放。因此，教育史学家要在认同女性解放的立场上，不再将女性视为被压迫的"边缘人"，政治生活中的"哑巴"、历史发展中的"微小尘埃"，女性是一类自由的群体或个体，女性不再被视为历史的受害者和受压迫者，女性也有自身的主体性和能动性，因此，在教育史学研究中要充分考虑女性的主体性和女性作用的发挥，站在这一立场上重新审视教育史学，可能会颠覆传统的教育史学观点，甚至会重新改写传统的教育史学。

（三）把握史学与政治关系的合理维度——教育史研究的撰史原则

史学与政治的关系问题是我国教育史学界的一个突出问题。综观我国近五十年来史学与政治关系，可以发现有很多值得汲取的经验和教训，我国史学政治化倾向非常严重。从 20 世纪 80 年代开始，我国史学界在反对空论之风和进一步清除影射史学的同时，部分史学家倾向于史学考据，提出"回到乾嘉去"的口号，然而回归考据，实则脱离政治，这无疑弱化了史学的社会功能，也不能为社会所接受，从而使史学陷入了危机。

如何合理把握好史学与政治的关系，这是摆在我国史学家面前的难题，教育史学家也不例外。中国教育史学研究也要正确处理史学与政治的关系，正如司马迁在《资治通鉴》里用"述往事，思来者"表示历史的社会责任感，瞿林东先生对史学与政治的"度"提出三个看法，一是史学要关注社会，二是政治对史学的干预不能影响史学求真的品格，三是史学家要有时代感和历史感。美国女性教育史学具有政治化特点，但却没有完全政治化，其史学的学术性目的要远远高于其政治的目的。

不可否认，作为女性教育史学精髓的女性主义理论来源于美国社会的政治运动，女性主义理论从一开始就具有鲜明的政治色彩，然而这也是女性教育史学关注社会的表现，如果脱离女权政治运动来分析女性教育史学，史学岂不成为无源之水、无本之末？如果抛弃女性主义理论来研究女性教育史学，那么史学岂不是千人一面？如果史学与政治毫无瓜葛，那么史学研究还有意义吗？那么最好的办法就是把握好度，这不仅是史学家的智慧，更是史学的智慧。

参考文献

一、中文类（以作者国别为序）：

1. 鲍晓兰主编：《西方女性主义研究述评》，生活·读书·新知三联书店 1995 年版。

2. 辞书研究编辑部主编：《词典和词典编纂的学问》，上海辞书出版社 1985 年版。

3. 陈嘉明：《现代性与后现代性》，人民出版社 2001 年版。

4. 陈英、陈新辉：《女性视界——女性主义哲学的兴起》，中国社会科学出版社 2012 年版。

5. 程锡麟：《什么是女性主义批评》，上海外语教育出版社 2011 年版。

6. 杜成宪、邓明言：《教育史学》，人民教育出版社 2004 年版。

7. 杜芳琴、余宁平：《不守规则的知识：妇女学的全球与区域视界》，天津人民出版社 2009 年版。

8. 杜学元：《外国女子教育史》，四川人民出版社 2003 年版。

9. 郭娅：《反思与探索——教育史学元研究》，山东教育出版社 2010 年版。

10. 顾明远，梁义忠主编：《世界教育大系——妇女教育》，吉林教育出版社 2000 年版。

11. 何平：《西方历史编纂学史》，商务印书馆 2010 年版。

12. 黄建华：《词典论》，上海辞书出版社 2001 年版。

13. 李剑鸣：《大转折的年代——美国进步主义运动研究》，天津教育出版社 1992 年版。

14. 姜芃：《西方史学的理论和流派》，中国社会科学出版社 2007 年版。

15. 李银河：《女性主义》，山东人民出版社 2005 年版。

16. 李银河：《妇女：最漫长的革命——当代西方女权主义理论精选》，生活·读书·新知三联书店 1997 年版。

17. 彭刚：《叙事的转向：当代西方史学理论的考察》，北京大学出版社 2009 年版。

18. 邱仁宗主编：《女性主义哲学与公共政策》，中国社会科学出版社 2004 年版。

18. 钱满素：《美国自由主义的变迁》，三联书店 2006 年版。

19. 裔昭印：《西方妇女史》，商务印书馆 2009 年版。

20. 滕大春：《美国教育史》，人民教育出版社 1994 年版。

21. 王恩铭：《21 世纪美国妇女研究》，上海外语教育出版社 2002 年版。

22. 王珺：《阅读高等教育，基于女性主义认识论的视角》，天津人民出版社 2007 年版。

23. 王政：《社会性别研究选择》，三联书店 1998 年版。

24. 于沛：《20 世纪的西方史学》，武汉大学出版社 2009 年版。

25. 吴小英：《科学、文化与性别——女性主义的诠释》，中国社会科学出版社 2000 年版。

26. 徐浩、侯建新：《当代西方史学流派》，中国人民大学出版社 2009 年版。

27. 朱刚：《二十世纪西方文论》，北京大学出版社 2006 年版。

28. 朱易安、柏桦：《女性和社会性别》，上海教育出版社 2003 年版。

29. 周采：《美国教育史学：超越与嬗变》，人民教育出版社 2006 年版。

30. 张广智：《西方史学通史》，复旦大学出版社 2012 年版。

31. 张斌贤：《社会转型与教育变革——美国进步主义教育运动研究》，湖南教育出版社 1997 年版。

32. 张进：《新历史主义与历史诗学》，中国社会科学出版社 2004 年版。

33. 张涛：《美国战后"和谐"思潮研究》，人民教育出版社 2002 年版。

34. 郑新蓉、杜芳琴：《社会性别与妇女发展》，陕西人民教育出版社

1999 年版。

　　35. 张之沧：《后现代理念与社会》，南京师范大学出版社 2005 年版。

　　36. ［美］朱迪丝·巴特勒：《性别麻烦，女性主义与身份的颠覆》，宋素凤译，上海三联书店 2009 年版。

　　37. ［美］查尔斯·A. 比尔德：《美国宪法的经济观》，何希齐译，商务印书馆 1989 年版。

　　38. ［美］戴安娜·拉维奇：《美国读本》，林本椿译，三联书店 1995 年版。

　　39. ［美］菲利普·巴格比：《文化：历史的投影》，夏克等译，上海人民出版社 1987 年版。

　　40. ［美］坎迪达·马奇：《社会性别分析框架指南》，社会性别意识资源小组译，香港乐施会，2000 年。

　　41. ［美］托莉·莫娃：《何为女性》，王琳妮译，华东师范大学出版社 2012 年版。

　　42. ［美］佩吉·麦克拉肯主编：《女权主义理论读本》，艾晓明等译，广西师范大学出版社 2007 年版。

　　43. ［美］劳伦斯·A. 克雷明：《美国教育史》，周玉军等译，北京师范大学出版社 2002 年版。

　　44. ［美］鲁滨逊：《新史学》，何炳松译，上海古籍出版社 2012 年版。

　　45. ［美］乔伊斯·阿普尔比、林恩·亨特、玛格丽特·雅各布：《历史的真相》，刘北城等译，中央编译出版社 1999 年版。

　　46. ［美］史蒂文·J. 迪纳：《非常时代——进步主义时期的美国人》，萧易译，世纪出版社 2008 年版。

　　47. ［美］克伯莱：《西洋教育史》，杨亮功译，协志工业丛书出版股份有限公司 1980 年版。

　　48. ［美］路易斯·哈茨：《美国的自由主义传统：独立革命以来美国政治思想阐释》，张敏谦译，中国社会科学出版社 2003 年版。

　　49. ［美］格特鲁德·希梅尔法布：《新旧历史学》，余伟译，新星出版社 2007 年版。

　　50. ［美］童·罗斯玛丽·帕南特：《女性主义思潮导论》，艾晓明等译，华中师范大学出版社 2002 年版。

51. ［美］丹尼尔·贝尔：《当代西方社会科学》，范岱年译，社会科学文献出版社 1988 年版。

52. ［美］凯瑟琳·克莱：《世界妇女史（下卷）：1500 至今》，洪庆明、康凯译，格致出版社 2012 年版。

53. ［美］玛丽琳·J. 波克塞：《当妇女提问时：美国妇女学的创建之路》，余宁平、占盛利等译，天津人民出版社 2006 年版。

54. ［美］阿莉森·贾格尔：《女权主义政治与人的本质》，段忠桥、孟鑫译，高等教育出版社 2013 年版。

55. ［美］伯纳德·贝林：《现代史学的挑战，现代史学的挑战——美国历史协会主席演说集》，王建华等译，上海人民出版社 1990 年版。

56. ［美］理查德·比尔纳其：《超越文化转向》，方杰译，南京大学出版社 2008 年版。

57. ［美］克利福德·吉尔茨：《文化的解释》，纳日比利格译，上海人民出版社 1999 年版。

58. ［美］海登·怀特：《元史学：十九世纪欧洲的历史想像》，陈新译，译林出版社 2004 年版。

59. ［美］格奥尔格·伊格尔斯、王晴佳：《全球史学史：从 18 世纪至当代》，杨豫译，北京大学出版社 2011 年版。

60. ［美］玛丽·克劳福德、罗达·昂格尔：《妇女与性别：一本女性主义心理学著作》，许敏敏、宋婧、李岩译，中华书局 2009 年版。

61. ［美］伊曼努尔·华勒斯坦：《自由主义的终结》，郝名玮、张凡译，社会科学文献出版社 2002 年版。

62. ［美］伊格尔斯：《二十世纪的历史学——从科学的客观性到后现代的挑战》，何兆武译，辽宁教育出版社 2003 年版。

63. ［美］丹尼尔·贝尔：《后工业社会的来临——对社会预测的一项探索》，高铦译，商务印书馆 1984 年版。

64. ［英］彼得·伯克：《历史学与社会理论》，姚朋等译，上海世纪出版集团 2010 年版。

65. ［英］德里克·希特：《何谓公民身份》，郭忠华译，吉林出版集团有限公司 2007 年版。

66. ［英］简·弗里德曼：《女权主义》，雷艳红译，吉林人民出版社 2007 年版。

67. ［英］杰弗里·巴勒克拉夫：《当代史学主要趋势》，杨豫译，北京大学出版社 2006 年版。

68. ［英］露丝·李斯特：《公民身份：女性主义的视角》，夏宏译，吉林出版集团有限公司 2010 年版。

69. ［英］齐格蒙·鲍曼：《后现代性及其缺憾》，郇建立、李静韬译，学林出版社 2002 年版。

70. ［英］西蒙·冈恩：《历史学与文化理论》，韩炯译，北京大学出版社 2012 年版。

71. ［奥］哈耶克：《经济、科学与政治——哈耶克思想精粹》，冯克利译，江苏人民出版社 2000 年版。

72. ［法］利奥塔：《后现代性与公正游戏》，谈瀛洲译，上海人民出版社 1997 年版。

73. ［法］利奥塔：《后现代状态：关于知识的报告》，车槿山译，三联书店 1997 年版。

74. ［俄］卡特林娅·萨利莫娃、［美］欧文·V. 约翰宁迈耶主编：《当代教育史研究与教学的主要趋势》，方晓东译，教育科学出版社 2001 年版。

75. ［苏］德门齐也夫等著，《近代现代美国史学概论》，黄巨兴等译，生活·读书·新知三联书店 1962 年版。

76. 武翠红：《二战后英国女性主义教育史学的价值诉求与借鉴》，载《大学教育科学》2010 年第 2 期。

77. 周采：《战后美国教育史学流派的发展》，载《比较教育研究》2005 年第 1 期。

78. 周采：《当代西方史学的发展》，载《南京师范大学学报》（社会科学版）2009 年第 6 期。

79. 周采：《多元化发展的战后西方教育史学》，载《教育研究与实验》2009 年第 5 期。

80. 周采：《战后西方教育史学流派的发展》，载《教育学报》2010 年第 1 期。

81. 夏志刚：《从〈爱弥儿〉看卢梭的女子教育观》，载《西南民族学院学报》（哲学社会科学版）1998 年第 5 期。

82. 郑崧：《19 世纪法国天主教的女性化和女子教育》，载《浙江师范大学学报》（社会科学版）2001 年第 5 期。

83. 王赳：《维多利亚时期英国女子教育的变化轨迹》，载《浙江师范大学学报》（社会科学版）2002 年第 1 期。

84. 周愚文：《英国教育史学发展初探（1868—1993）》，《台北师大学报》1994 年第 39 期。

85. 胡锦山：《20 世纪美国史学流派》，载《厦门大学学报》（哲学社会科学版）2000 年第 3 期。

86. 王晨、张斌贤：《伯纳德·贝林与美国新教育史——兼论〈教育与美国社会的形成〉》，载《清华大学教育研究》2013 年第 2 期。

87. 王晓玲：《科学史的辉格解释与反辉格解释》，载《郑州航空工业管理学院学报》2009 年第 5 期。

88. 杜芳琴：《妇女/社会性别史对史学的挑战与贡献》，载《史学理论研究》2004 年第 3 期。

89. 刘晶、谷峪：《女性主义批判理论及其对教育的影响》，载《外国教育研究》2009 年第 12 期。

90. 史静寰：《20 世纪英美教育史学研究取向变化的回顾及启示》，载《河北大学学报》（哲社版）2008 年第 3 期。

91. 张斌贤：《整体史观——重构教育史的可能性》，载《清华大学教育研究》2010 年第 1 期。

92. 徐波：《博杜安的整体史观》，载《四川大学学报》（哲社版）2006 年第 3 期。

93. 易林、王蕾：《西方公民身份研究中的文化转向：面向未来的文化公民身份》，载《国外社会科学》2001 年第 5 期。

94. 吴小英：《女性主义的后现代转向》，载《青年研究》1996 年第 12 期。

95. 甘永涛：《传统、现代、后现代：当代女性主义教育的三重视野》，载《教育科学》2007 年第 2 期。

96. 周采：《战后美国教育史学流派的发展》，载《教育学报》2010 年第 2 期。

97. 孙益：《21 世纪以来美国教育史学科新发展》，载《华东师范大学学报》（教科版）2011 年第 4 期。

98. 陈茂华：《史学与政治——美国"共识"史学初探》，载《史学理论研究》2005 年第 1 期。

99. 张斌贤、王晨：《教育史研究："学术危机"抑或"学科危机"》，载《教育研究》2012 年第 12 期。

100. 武翠红：《传统与变革：英国教育史学历史演变研究》，博士学位论文，南京师范大学，2012 年。

101. 高惠蓉：《美国女子高等教育史研究》，博士学位论文，华东师范大学，2007 年。

102. 金利杰：《格尔达·勒纳女性主义史学思想研究》，博士论文，东北师范大学，2011 年。

103. 丁坤：《美国女子高等教育史：1837—2000》，博士论文，河北大学，2010 年。

二、外文类：（以作者姓氏字母顺序为序）

1. Ankersmit, F., Historiography and Post Modernism, *History and Theory*. 1989. Vol. 28. No. 2.

2. Andrew, Ross, ed, *University Abandon*? Minneapolis：University of Minnesota Press. 1988.

3. Antler, Joyce. *Changing Education*：*Women as Radicals and Conservators*. Albany：State University of New York Press. 1990.

4. Arnot, Madeleine, *Race and Gender*：*Equal Opportunities Policies in Education*：*a Reader*. Oxford：Pergamum Press. 1983.

5. Beecher, Catharine, *A Treatise on Domestic Economy*：*for the Use of Young Ladies at Home and at School*, New York：Harper and Brothers Publishers. 1849.

6. Brezinka, W., *Philosophy of Educational Knowledge*：*An Introduction to the Foundations of Science of Education*, *Philosophy of Education and Practical Pedagogies*, London：Springer Limited Press. 1992.

7. Bender, Thomas, Whole and Parts：the Need of Synthesis in American History, *Journal of American History*. 1986. Vol. 73. No 1.

8. Bush, George Gary, *History of Higher Education in Massachusetts*, Washington：Government Printing Office. 1891.

9. Brenzel, Barbara M., *History of 19th Century Women's Education*：*A*

Plea for Inclusion of Class, Race, and Ethnicity. Boston: Center for Research on Women. 1983.

10. Burroughs, Charles, *An Address on Female Education*, Portsmouth: Childs and March Press. 1827.

11. Blackmore, Jill, *Making Educational History: A Feminist Perspective*, Geelong: Deakin University Press. 1992.

12. Boorstin, Daniel J. , *The Genius of American Politics*, Chicago: University of Chicago Press. 1953.

13. Burke, P. , *History of Events and the Revival of Narrative*, in New *Perspectives on Historical Writing*, Cambridge: Polity Press. 1991.

14. Brown, Cynthia Farr, In the Company of Educated Women: A History of Women and Higher Education in America by Barbara Miller Solomon. *The Journal of Interdisciplinary History.* 1987. Vol. 18, No. 2. pp. 381 – 382.

15. Bennett, Judith, *History Matters: Patriarchal and Challenge of Feminism.* Philadelphia: University of Philadelphia Press. 2011.

16. Chalmers, David, *The Crooked Places Male Straight: the Struggle for Social Change in the 1960s.* Baltimor Maryland: the John Hopkins University Press. 1991.

17. Cunningham, McLaughlin Andrew, *History of Higher Education in Michigan*, Washington: Government Printing Office. 1891.

18. Cohen, Elizabeth S. , On Doing the History of Women's Education, *History of Education Quarterly.* 1979. Vol. 19. No. 1.

19. Conway, Jill Ker, Perspectives on the History of Women's Education in the United States, *History of Education Quarterly*, 1974, Vol. 14. No. 1.

20. Child, Lydia Maria Francis, *The History of the Condition Women in Various Ages and Nations*, Boston: John Allen & Co. 1835.

21. Carey, Thomas, The*College Women of the Present and Future*, Published by McClure's Syndicate. 1901.

22. Callahan, Raymond E. , Leonard Ayres and the Educational Balance Sheet, *History of Education Quarterly.* 1961. Vol. 1. No. 1.

23. Chafe, William, *The American Woman: Her Changing Social, Economic, and Political Roles*, 1920—1970, New York: Oxford University Press. 1972.

24. Campbell, Craig and Sherrington, Geoffrey, The History of Education: the Possibility of Survival, *Change: Transformations in Education*. 2002. Vol. 5. No. 1.

25. Davies, Emily, *the Higher Education of Women.* London and New York: Alexander Strahan Publisher. 1866.

26. Devault, Marjorie, *Liberating Method: Feminism and Social Research*, Philadelphia: Temple University Press. 1999.

27. Dzuback, Mary Ann, Book Review: Higher Education for Women in Postwar America: 1945—1965. *Journal of Social History*. 2007. Vol. 41, No. 1.

28. Eisenstein, Zillah, *The Radical Future of Liberal Feminism*, Boston: Northeastern University Press. 1986.

29. Eisenmann, Linda, *Higher Education for Women in Postwar America*, 1945—1965, Baltimore: the John Hopkins University Press. 2006.

*Historical Dictionary of Women's Education in the United*States, West port: Greenwood Press. 1998.

Reconsidering a Classic: Assessing the History of Women's Higher Education a Dozen Years after Barbara Solomon, *Harvard Educational Review*. 1997. Winter.

Creating a Framework for Interpreting US Women's Educational History: Lessons from Historical Lexicography. *History of Education*, 2001, Vol. 30, No. 5.

30. Flexber, Eleanor and Fitzpatrick, Ellen, *Century of Struggle*, New York: Harvard University Press. 1959.

31. Friedan, Betty, *The Feminine of Mystique*, New York: Dell Press. 1974.

32. Friedan, Betty, *The Second Stage*, New York: Summit Book Press. 1981.

33. Goodsell, Willystine, *The Education of Women-its Social Background and its Problems*. New York: The Macmillan Company. 1923.

34. Gaither, Milton, *American Educational History Revisited: a Critique of Progress*, New York: Teacher College Press. 2003.

35. Gould, Carol C. , *Rethinking Democracy: Freedom and Social Cooperation in Politics, Economy, and Society*. Cambridge: Cambridge University

Press. 1988.

36. Goodman, J., and Martin, J., Editorial: Breaking Boundaries: Gender, Politics, and the Experience of Education', *History of Education*. 1999. Vol. 29. No. 5.

37. Hanks, Merry E. Wiesner, *Gender in History Global Perspectives*. New York: the Wiley-Blackwell Press. 2011.

38. Hingham, John, *History Professional Scholarship in American*, Baltimore and London: the John Hopkins University Press. 1983.

39. Harding, Sandra G. , *Feminism and Methodology: Social Science Issues*, Bloomington: Indiana University Press. 1987.

40. Hooks, Bell, *Feminist Theory: From Margin to Center*, London: Pluto Press. 1984.

41. Howe, Julia Ward, *Sex and Education: A Reply to Dr. E. H. Clarke's "Sex in Education"*, Boston: Roberts Brothers Press. 1874.

42. Herbert, Butterfield, *The Whig Interpretation of History*. London: G. Bell and Sons Ltd. 1931.

43. Handlin, Lilian, Memoirs: Barbara Miller Solomon, *Massachusetts Review*. 1992. Vol. 14. No. 3.

44. Indiana Asbury Female College, *Proceedings on the Occasion of the Opening of Indiana Asbury Female College*, New Albany: Norman&Matthews Printers. 1852.

45. Irwin, Unger, The "New Left" and American History, *American Historical Review*. 1967. Vol. 72. No. 7. pp. 12 – 37.

46. James, Woodburn Albert, *Higher Education in Indiana*. Washington: Government Printing Office. 1891.

47. Jipson, Karen and Jones, Petra Munro, Gretchen Rowland, Susan-Victor, *Repositioning Feminism & Amp; Education: Perspectives on Educating for Social Change*, Westport: Greenwood Press. 1995.

48. Joan, Kelly, *Women, History and Theory*, Chicago: University of Chicago Press. 1989.

49. Jenkins, John Stilwell, *Heroines of History*, Auburn: Alden Beardslev Press. 1853.

50. Jensen, Joan M. , Not only ours but others: The Quaker Teaching Daughters of the Mid-Atlantic, 1790—1850. *History of Education Quarterly*. 1984. Vol. 24. No. 1.

51. Jana, Nidiffer, *Pioneering Deans of Women: More than Wise and Pious Matrons*. New York: Teachers College Press. 2000.

52. Kelly, Gail Paradise, *Women's Education in the Third World: Comparative Perspectives*. Albany: State University of New York Press. 1982.

53. Kelly, Joan, *Women, History and Theory*, Chicago: Chicago University Press. 1984.

54. Lerner, Gerda, *The Creation of Patriarchy*, New York: Oxford University Press. 1986.

Fireweed: a Political Autobiography, Philadelphia: Temple University Press. 2002.

The Majority Finds its Past, Placing Women in History. Oxford: Oxford University Press. 1979.

The Female Experience: an American Documentary. New York: Oxford University Press. 1977.

55. Lech, Mary, Toward Writing Feminist Scholarship into History of Education, *Educational Theory*. 1990. Vol. 40. No. 4.

56. Lebsock, Suzanne, "Reading Mary Beard", *Review in American History*. 1989. Vol. 17. No. 2.

57. Littlefield, George Emery, *Early Schools and School-Books of New England*. Boston: The Club of Odd Volumes. 1545.

58. Lord, John, *The Life of Emma Willard*, New York: D. Appleton and Company. 1873.

59. Lyon, Mary, *General View of the Principles and Design of the Mount Holyoke Female Seminary*. Boston: Perking and Marvin. 1989.

60. Lange, Helene, *Higher Education of Women in Europe*, New York: Thoemmes Press. 1890.

61. Lazerson, Marvin and Donato, Ruben, New Directions in American Educational History: Problems and Prospects. *Educational Researcher*. 2000. Vol. 11.

62. Maclear, Martha, *The History of the Education of Girls in New York and in New England*, 1800—1870, Washington. D. C: Harvard University Press. 1926.

63. Machugh, Thomas Francis, *Thomas Woody: Teacher, Scholar , Humanist, Doctor Dissertation, Graduate School of Arts and Sciences*, University of Pennsylvania, Doctoral Dissertation. 1973.

64. Mabel, Newcomer, *A Century of Higher of American Women*, New York: Harper Press. 1959.

65. Morgan, Sue. ed, *The Feminist History Reader*, London: Routledge Press. 2006.

66. Montrose Louris, Renaissance Literacy Studies and the Subject of History. *English Literary Renaissance*. 1986. Vol. 16.

67. Munro, Doug, What is History Now? *Journal of Social History*. 2004. Vol. 37. No. 3.

68. Marshall, T. H. , *Citizenship and Social Class: and Other Essays*. Cambridge: The Cambridge University Press. 1950.

69. Mackinnon, A. , Shaking the Foundations: on the Impossibility of Writing a History of Women in Higher Education, *History of Education Review*. 1999. Vol. 28. No. 1.

70. New England Female Medical College, *Annual Announcement of the New-England Female Medical College*, Boston: New England Female Medical College Press. 1860.

71. New England Female Medical College, *Annual Catalogue and Report of the New England Female Medical College*, 1862—1871, Boston: New England Female Medical College Press. 1867.

72. Plexner, E. , *Center of Struggle: the Women's Right Movement in the United States*, Cambridge: Harvard University Press. 1975.

73. Rossi, Alice S. , *The Feminist Papers: from Adams to De Beauvoir*, New York: Bantam Books Press. 1974.

74. Rosenberg, Rosalind, *Divided Lives: American Women in the Twentieth Century*, New York: Hill and Wang Press. 1992.

75. Rutgers Female College, *Proceedings of the meeting held at the inau-*

guration of Rutgers Female College, New York: Agathynian Press. 1867.

76. Rooke, Patricia T. , Review: In the Company of Educated Women: The History of Women and Higher Education in America by Barbara Miller Solomon. *Canadian Journal* of *Education*, 1999. Vol. 15. No. 3.

77. Schwartz, Maxine Seller, A History of Women's Education in the United States: Thomas Woody's Classic-Sixty Years Later, *History of Education Quarterly*. 1989. Vol. 29. No. 1.

78. Schwartz, Maxine Seller, *Immigrant Women*. Albany: State University of New York. Press. 1994.

79. Shulamit, Reinharz, *Feminist Methods in Social Research*, New York: Oxford University Press. 1922.

80. Stock, Phyllis, *Better than Rubies. A History of Women's Education*, Putnam: The State of New York University Press. 1978.

81. St. Mary's Hall, *An Appeal To Parents For Female Education on Christian Principles: With a Prospectus of St. Mary's Hall*, *Green Bank*, *Burlington*, Burlington: J. L. Powell Missionary Press. 1837.

82. Stanton, Elizabeth Cady, *Eighty years and More: Reminiscences*, 1815—1897, Lebanon: Northeastern University Press. 1898.

83. Sikes, Patricia J. , Measor Lynda, *Gender and Schooling*, London: Cassel Press. 1992.

84. Solomon, Barbara Miller, *In Company of Educated Women: a History of Women and Higher Education in America*, New Heaven: Yale University Press. 1985.

85. Sadker, Myra and Sadker, David, *Failing at Fairness: How America's Schools Cheat Girls*. New York: Simon and Schuter Press. 1994.

86. Sadker, David Zittlemen, Karen. R. , *Still Failing At Fairness: How Gender Bias Cheats Girls and Boys in School and what we can do about it?* New York: Simon and Schuter Press. 2009.

87. Sinha, Marinalini, *Gender and Nation in Women's and Gender History in Global Perspective*, Washington. D. C. The American Historical Association's Committee on Women's Historians. 2006.

88. Smith, Bonnie G. , *Women's History in Global Perspective*. Illinois:

University of Illinois Press. 2005.

89. Sandel, Michael J. , *Liberalism and its Critics*. New York: New York University Press.

90. Stanford, Susan Friedman, *The Postmodern History Reader*, London: Routledge. 1997. pp. 231 – 236.

91. Tuttle, *Encyclopedia of Feminism*. London: Arrow Books Press. 1986.

92. Townshend, Stith. *Thought of Female Education*, Philadelphia: Clark Raser Press. 1831.

93. Urban, Wayne J. , Book Review: Milton Gaither. American Educational History Revisited: A Critique of Progress, *History of Education Quarterly*. 2007. Vol. 47. No. 4.

94. Vinovskis, Maris A. and Bernard, Richard M. , Beyond Catharine Beecher: Female Education in the Antebellum Period, *Signs*. 1978. Vol. 3, No. 4.

95. Vreisach, Ernst, *Historiography*: *Ancient*: *Medical &Modern*, Chicago: The University of Chicago Press. 1867.

96. Vassar Female College, *Prospectus of the Vassar Female College*, New York: C. A. Alvord Press. 1865.

97. Vassar College, *Vassar College*: *For the Higher Education of Women*. Poughkeepsie. N. Y. Press. 1877.

98. Welch, Lynne, *Perspectives on Minority Women in Higher Education*, New York: Praeger Publishers. 1992.

99. Weiner, Gany, *Feminism in Education*, Buckingham: Open University Press. 1994.

100. Wallach, Joan Scott, Gender: A Useful Category of Historical Analysis, *American Historical Review*. 1986, Vol. 91, No. 5.

101. Willard, Emma, *Advancement of Female Education, Or, A Series of Addresses, In Favor of Establishing at Athens, In Greece, a Female Seminary, Especially Designed to Instruct Female Teachers*. Troy: Norman Tuttle Press. 1833.

102. Watson, Henry Clay, *Heroic Women of History*: *Comprising Some of the Most Remarkable Examples of Female Courage, Disinterestedness, and Self-Sacrifice, of Ancient and Modern Times*, Philadelphia: Games L. Gihon

Press. 1857.

103. Woody, Thomas, *A History of Women's Education in the United States*, New York: The Science Press. 1929.

104. White, Joyce L. , *Background of the Woody History of Education Seminar Collection.* Norwood, Pa: the Science Press. 1974.

105. Wallach, Joan Scott, *Gender and the Politics of History.* New York: Columbia University Press. 1999.

106. Wallach, Joan Scott, Deconstructing Equality-Versus-Difference or the Uses of Post Structuralism Theory for Feminism, *Feminism Studies.* 1988. Spring. No. 1.